Danila Piotti · Giulia de Savorgnani

UniversItalia
Corso di italiano

Guida per l'insegnante

Hueber Verlag

3. 2. 1. | Die letzten Ziffern
2011 10 09 08 07 | bezeichnen Zahl und Jahr des Druckes.
Alle Drucke dieser Auflage können, da unverändert, nebeneinander benutzt werden.
1. Auflage

Umschlaggestaltung: Büro Sieveking, München
Layout, Satz und Herstellung: Kerstin Ramsteiner, Hueber Verlag, Ismaning
Druck und Bindung: Himmer AG, Augsburg
Printed in Germany
ISBN 978-3-19-015378-7

UniversItalia è un corso di italiano per principianti o discenti con modeste conoscenze pregresse ideato appositamente per studenti: può dunque essere utilizzato in università, politecnici, scuole interpreti, conservatori, accademie musicali e artistiche. Si rivolge tanto a romanisti che necessitino di una formazione linguistica di base, quanto a studenti di altre facoltà che scelgano l'italiano come materia complementare e desiderino conseguire un certificato UNIcert®.
Il corso persegue gli obiettivi didattici previsti dal Quadro comune europeo per i livelli di competenza A1, A2, B1, B2.1: cura, cioè, lo sviluppo delle quattro abilità fondamentali (ascoltare, leggere, parlare e scrivere), accompagnato dall'apprendimento delle strutture morfosintattiche, e presta particolare attenzione ad una quinta abilità, la capacità di imparare (*savoir-apprendre*). Testi ed esercizi mirati favoriscono inoltre lo sviluppo della competenza interculturale.
Il corso può dunque preparare lo studente al conseguimento dei certificati UNIcert® I e, opportunamente integrato con materiale specifico per le diverse discipline, UNIcert® II.

UniversItalia è composto da
- un manuale per le lezioni da svolgere in classe,
- 2 CD contenenti tutti i testi auditivi e le attività di fonetica del manuale,
- un eserciziario con CD-audio integrato, destinato sia al lavoro individuale a casa che all'integrazione delle attività svolte in classe,
- la presente guida per l'insegnante.

UniversItalia offre materiale didattico per quattro ‹blocchi› o semestri di 50/60 ore ciascuno, è però abbastanza flessibile da consentire adattamenti in base alle esigenze delle diverse istituzioni ed al profilo degli utenti (università, politecnici o altro; romanisti o non romanisti). Grazie alla sua progressione può essere adottato anche in corsi intensivi.

STRUTTURA DEL MANUALE

Il manuale comprende 18 unità tematiche, quattro test di autovalutazione, un glossario italiano-tedesco per ogni unità ed un glossario alfabetico.

Le unità tematiche

Le 18 unità tematiche riguardano la vita quotidiana, i rapporti interpersonali e il mondo del lavoro, ma soprattutto la realtà degli studenti universitari. Le situazioni e le funzioni comunicative proposte (per esempio orientarsi nell'università, studiare o fare uno stage all'estero, cercare un alloggio in Italia) sono state concepite per rispondere alle esigenze di questo particolare pubblico – sia in funzione degli esami da dare ‹in casa›, sia in vista di un soggiorno di studio o di lavoro in Italia. Gli argomenti e i testi sono stati scelti in modo tale da far sì che i discenti si confrontino con la cultura italiana – intesa in senso antropologico, ma anche come cultura ‹alta› che si occupa di libri, cinema, musica, questioni linguistiche, ecc. – mettendola costantemente in rapporto con la propria cultura d'origine per favorire, sin dal primo approccio, lo sviluppo della consapevolezza e della competenza interculturale. Anche nelle attività di produzione si è cercato di creare un ‹aggancio› con l'esperienza concreta dello studente per garantire coinvolgimento, motivazione e, non ultima, utilità pratica. Ogni unità offre materiale didattico per 8-10 ore di lezione.

I test di autovalutazione

I test si trovano alla fine del libro (pp. 216–219) e sono quattro, uno per ogni livello di competenza coperto dal manuale. Si tratta di test per l'autovalutazione dei progressi nell'apprendimento della lingua, formulati in tedesco per i due livelli inferiori e in italiano per i due livelli superiori, da svolgere a conclusione delle unità 5, 10, 14 e 18. In linea con la filosofia del Quadro comune e del Portfolio europeo delle lingue (vedi «Biografia linguistica»), si articolano in cinque ‹rubriche›, quattro dedicate alle competenze linguistico-comunicative (ascoltare, leggere, parlare e scrivere) e una dedicata alle strategie ed alle abilità di studio. Per ogni abilità e livello di competenza, i test contengono dei descrittori che consentono al discente di valutare che cosa sa già fare in lingua italiana (non si tratta dunque di test grammaticali). S'intende così fornire allo studente uno strumento utile a monitorare il proprio processo d'apprendimento, uno strumento che lo aiuti a rendersi consapevole sia dei propri punti di forza che delle proprie difficoltà, a riconoscere i propri bisogni e a definire i propri obiettivi, a sfruttare sempre meglio le proprie capacità e risorse.

Se svolti regolarmente, con l'opportuna serietà e sincerità, i test di autovalutazione possono rappresentare tappe significative sulla strada che porta all'autonomia del discente. Si consiglia perciò di spiegare bene la loro funzione e di farli svolgere in classe.

I glossari

Il manuale contiene due glossari. Il primo (pp. 220–253) è organizzato per unità e riporta i vocaboli nell'ordine in cui sono comparsi in ogni singola attività, accompagnati dalla traduzione in tedesco. Il secondo (pp. 254–270) riporta gli stessi vocaboli in ordine alfabetico con l'indicazione dell'unità e dell'attività in cui sono apparsi per la prima volta. Sarà bene far presente agli studenti che entrambi i glossari sono destinati alla consultazione e non sono assolutamente adatti allo studio. Per distogliere i discenti dalla cattiva abitudine di studiare a memoria le liste di vocaboli contenute nel libro di testo, sono state inserite in vari punti del manuale e dell'eserciziario attività dedicate alla riflessione sugli stili di apprendimento e sulle tecniche di archiviazione e memorizzazione delle parole nuove. Si raccomanda perciò di dare l'opportuno spazio a tali momenti di riflessione, soprattutto nelle fasi iniziali del corso.

STRUTTURA DI UN'UNITÀ

È importante sottolineare, innanzi tutto, che il sillabo delle funzioni comunicative presentate in ogni unità scaturisce dalle indicazioni del Quadro comune e di UNIcert®, il sillabo lessicale e grammaticale ne è la diretta conseguenza.
Ogni unità è costruita intorno ad un tema centrale che si sviluppa attraverso le varie attività e costituisce la cornice all'interno della quale si svolge il processo di apprendimento. Quest'ultimo è strutturato in quattro momenti: ricezione ▹ analisi ▹ fissaggio delle strutture ▹ produzione. Questo ciclo si ripete più volte nel corso dell'unità conferendole una struttura a spirale. Gli elementi costitutivi ricorrenti in tutte le unità sono dunque:

▸ Input, costituiti da letture ed ascolti autentici destinati sia allo sviluppo dell'abilità di comprensione globale sia all'introduzione del lessico e delle strutture necessari per l'esecuzione di un determinato compito comunicativo. In ogni unità sono presenti almeno un ascolto e una lettura, in diversi casi anche di più.

▸ Seguono momenti di analisi e riflessione linguistica che compaiono sotto i titoli *Ritorno al testo* e *Occhio alla lingua!* e si riconoscono facilmente grazie a riquadri verdi.

▸ Ci sono poi attività dedicate al fissaggio e consolidamento delle strutture appena introdotte. Si tratta di esercizi sempre contestualizzati e in gran parte comunicativi che andranno opportunamente integrati con altri (anche strutturali e più ‹classici›) tratti dall'eserciziario. Agli esercizi individuali segue, di regola, un confronto fra studenti.

▸ Ogni fase si conclude con un'attività di produzione orale e / o scritta. La produzione libera orale e quella scritta sono presenti, entrambe, in ogni unità.

▸ Le prime 9 unità contengono inoltre una pagina dedicata alla fonetica (sempre l'ultima).

Malgrado la costante presenza di tutti gli elementi appena citati, le unità, la cui lunghezza va dalle 10 alle 14 pagine, non hanno una struttura rigida e sempre uguale perché una maggiore varietà garantisce più curiosità e quindi più motivazione consentendo, nel contempo, di sviluppare il tema centrale in modo più creativo. Ciò non toglie che ogni unità abbia una sua logica interna, motivo per cui si raccomanda di svolgere le attività nell'ordine in cui appaiono nel libro.

▶II INPUT ORALI

Caratteristiche

La tipologia degli input orali è stata selezionata in base alle indicazioni del Quadro comune europeo per i livelli A1, A2, B1 e B2.1 e di UNIcert® per gli esami dei livelli I e II. Essi sono costituiti prevalentemente da conversazioni faccia a faccia (di tipo privato o più formale), telefonate, interviste. In due casi – unità 11 e 14 – ci sono invece estratti di trasmissioni radiofoniche. La durata (in media 3 minuti) e la complessità di tali input aumentano gradualmente: laddove sono più brevi e più semplici, ne compaiono anche due per unità; a partire dall'unità 10 ne compare sempre solo uno, più lungo e più complesso sia dal punto di vista linguistico che da quello concettuale. Le registrazioni sono

state eseguite in studio solo in quei pochi casi in cui ciò s'imponeva per motivi tecnici, nella stragrande maggioranza, invece, sono state eseguite in loco (l'intervista dell'unità 12, per esempio, si è realmente svolta in una libreria italiana).
Tranne quella al punto 21 dell'unità 2 e quella al punto 20 dell'unità 9, in cui compaiono studentesse tedesche, sono registrazioni effettuate da persone di madrelingua italiana che parlano con la loro normale velocità ed intonazione. Si è cercato di garantire una certa varietà di voci, facendo però prevalere quelle giovani, allo scopo di favorire l'identificazione da parte del discente. Eccenzion fatta per le attività di fonetica, si è preferito non ricorrere a speaker professionisti per dare allo studente la possibilità di allenarsi nella comprensione della lingua realmente parlata in Italia, con la sua varietà di cadenze ed inflessioni regionali: per la loro provenienza (Nord-Est, Nord-Ovest, Centro e Sud), gli speaker offrono una buona panoramica dell'italiano corrente. La tipologia prevalente è dunque la conversazione o ‹intervista› privata perché in questo caso chi parla non deve recitare una parte, ma semplicemente essere se stesso, il che garantisce spontaneità e autenticità di espressione. Anche laddove il dialogo viene «messo in scena», si è cercato di far sì che i parlanti dovessero solo ‹interpretare› se stessi: nell'ascolto dell'unità 10, per esempio, parlano una vera erborista ed una sua cliente abituale. Va da sé che gli speaker non leggono né recitano a memoria, ma si esprimono liberamente, motivo per cui gli ascolti presentano tutti quei segnali discorsivi e quelle ‹imperfezioni› che caratterizzano il parlato autentico (pause, autocorrezioni, usi regionali della lingua, ecc.).
È evidente che input di questo tipo creano al discente maggiori difficoltà rispetto ai dialoghi scritti e poi recitati, essi però gli consentono di imparare gradualmente a comprendere quella lingua che dovranno realmente affrontare quando si troveranno in Italia e dovranno cavarsela da soli. Per vincere eventuali resistenze e prevenire la frustrazione, sarà dunque opportuno evidenziare l'efficacia di quest'attività e tranquillizzare gli studenti dicendo loro che

- lo scopo di quest'attività NON è quello di capire tutto, primo perché non è possibile e secondo perché non è realistico: quando si assiste ad una conversazione, anche nella propria lingua madre, è normale che sfuggano dei particolari;
- lo scopo di quest'attività è semplicemente quello di abituare l'orecchio e la mente ai suoni dell'italiano: solo ascoltandoli spesso e in una

versione autentica essi impareranno a riconoscerli e a conferire loro un senso. Si tratta di un vero e proprio allenamento e l'obiettivo sarà raggiunto se ognuno si sforzerà di capire ogni volta un po' di più;

- per allenarsi bene è importantissimo non fidarsi esclusivamente dell'orecchio perché l'acustica può sempre ingannare; è indispensabile mettere in gioco la propria esperienza di vita (domandandosi per esempio: Di che situazione si tratta? Cosa si dice di solito in una situazione del genere?) e la propria fantasia;
- altrettanto importante è utilizzare le informazioni raccolte come ‹appiglio› a cui appoggiarsi per associare altre idee, come se si dovesse comporre un puzzle;
- nello svolgere quest'attività gli studenti non saranno mai soli perché sono previste diverse fasi di interazione con i compagni: si scambieranno le informazioni raccolte, si aiuteranno a sciogliere i dubbi, potranno fare insieme delle supposizioni da verificare durante l'ascolto successivo. E siccome non lavoreranno con un unico compagno, ma con diversi, tutta la classe contribuirà a far sì che ognuno si possa ‹allenare› efficacemente.

Le trascrizioni dei testi orali si trovano nella presente Guida ad uso esclusivo dell'insegnante. Si raccomanda di non fornirle alla classe.
A quegli studenti che dovessero richiederle si risponderà che le attività di ascolto devono simulare la vita reale, immergendo il discente in situazioni analoghe a quelle che si troverà ad esperire in Italia in modo che egli impari ad orientarsi e a cavarsela da solo. Perciò in classe non potrà leggere il testo esattamente come nella vita reale non può vedere ciò che le persone dicono. La mancanza della trascrizione non è quindi una cattiveria, bensì un aiuto: finché si rimane legati alla parola scritta, infatti, non si può imparare a decodificare i suoni perché il cervello umano li elabora diversamente dai segni.
Lo sviluppo della comprensione auditiva richiede tempo, pazienza ed esercizio. È indispensabile che gli studenti svolgano quest'attività in modo consapevole, motivo per cui abbiamo inserito nel manuale e nell'eserciziario attività dedicate alla riflessione sulle strategie che possono favorire l'acquisizione di questa competenza. Si raccomanda perciò di dare l'opportuno spazio a tali momenti di riflessione e di incitare i discenti ad esercitarsi autonomamente con il CD dell'eserciziario.

UniversItalia presenta due tipologie principali di input orali che prevedono modalità di svolgimento diverse.

Tipologia A – Comprensione generale

Quest'attività mira allo sviluppo della comprensione auditiva e si svolge normalmente in due fasi.

Fase di comprensione generale: si ascolta più volte il testo per capire ogni volta un po' di più, ma senza pretendere di capire tutto. Dopo ogni ascolto ci si consulta con un compagno per mettere in comune le informazioni raccolte. Questa fase si deve svolgere a libro chiuso, affinché i discenti si possano concentrare solo su ciò che sentono senza venire distratti. Se è prevista un'attività di pre-ascolto, si potrà riprodurre la pagina su lucido e proiettarla alla parete, in modo che non sia necessario usare i libri; se ciò non è possibile, dopo aver svolto l'attività occorrerà assicurarsi che tutti abbiano chiuso il libro prima di avviare il lettore CD. Se la conformazione dell'aula lo consente, è consigliabile far disporre gli studenti in modo tale che i banchi rimangano alle loro spalle e ogni accessorio sparisca dalla loro visuale (si può per esempio formare un semicerchio, con o senza le sedie, all'interno dello spazio fra i banchi disposti a ferro di cavallo).

Procedimento:
Assicuratevi che tutti i libri siano chiusi, poi dite agli studenti che ascolteranno due volte una registrazione: la prima volta dovranno semplicemente farsi un'idea di come ‹suona›, la seconda dovranno cercare di immaginare la situazione in generale ‹proiettandola› davanti agli occhi della mente come se fosse una scena di un film.
A tale scopo potranno chiedersi: Quante persone parlano? Dove sono? Si tratta di una conversazione formale o informale? Quale sembra essere il tema principale? Riesco a cogliere qualche parola che mi aiuti a chiarirmi le idee o a fare delle supposizioni? Raccomandate agli studenti di non trascurare gli elementi extra-linguistici che riescono a cogliere (come tono di voce, rumori di sottofondo, ecc.). Sottolineate che NON si tratta di capire i singoli vocaboli e neanche, per ora, di ricavare determinate informazioni, ma solo di ottenere un'immagine generale, ancora sfocata, che andrà via via precisandosi con i diversi ascolti. Avviate quindi il lettore CD e spostatevi in un angolo.
Dopo i primi due ascolti, formate delle coppie, chiedete agli studenti di porsi faccia a faccia e di scambiarsi le prime impressioni e informazioni; invitateli a fare delle supposizioni sulle parti di testo che non

hanno capito ricorrendo anche alla fantasia ed alla propria esperienza di vita, riflettendo cioè su che cosa si potrebbe fare e dire nella situazione che gli pare di aver identificato.
Quando notate che alcune coppie hanno finito di parlare, richiamate l'attenzione di tutti e fate ascoltare ancora il testo. Invitateli poi ad un nuovo scambio di informazioni con il medesimo compagno.
Fate ascoltare di nuovo il testo, poi formate nuove coppie per un ulteriore scambio (in modo che le informazioni e le idee circolino).
Alternate ascolto e socializzazione (formando ogni volta nuove coppie) ancora un paio di volte, finché notate che c'è uno scambio di informazioni reale ed arricchente.
Sarà importante invitare gli studenti, fin dall'inizio, a svolgere lo scambio di informazioni in italiano.

Fase di comprensione più dettagliata: si risponde a domande o si svolgono altri esercizi al fine di ricavare determinate informazioni. Quest'attività mira a preparare gli studenti a tipiche prove d'esame. Anche in questa fase sono previsti momenti di interazione con i compagni. È importante avvertire gli studenti che anche qui si tratta di puro allenamento e che se per caso non riusciranno a risolvere qualche quesito non dovranno farsene un cruccio: l'orecchio e la mente saranno stati allenati comunque.

Procedimento:
Informate gli studenti che è ora di fare un passo avanti, dal generale al particolare: ascolteranno di nuovo la registrazione per ricavare, questa volta, alcune informazioni. Fate quindi aprire il libro e leggere le consegne relative al compito da svolgere; dopo esservi accertati che il compito sia chiaro, avvertite gli studenti che lo dovranno svolgere, in un primo momento, da soli (in silenzio).
Fate riascoltare il dialogo: gli studenti svolgono il compito individualmente. Dite agli studenti di confrontare le proprie soluzioni con quelle di un compagno.
Alternate ascolto e confronto fra compagni sempre diversi finché notate che ci sono notevoli divergenze d'opinione.
Se gli studenti desiderano la soluzione giusta (per cosí dire ‹ufficiale›), non fornitela voi, ma cercate di ottenerla da loro facendo esporre le varie risposte fino a raggiungere una soluzione condivisa.
Concludete con un ultimo ascolto a libro chiuso, affinché, dopo l'analisi dei dettagli, nella mente dei discenti si ricomponga il quadro generale.

Tipologia B - Analisi

Dall'input generale sono stati estratti alcuni brani che vengono riproposti con parziale trascrizione e costituiscono la base per l'analisi linguistica (vedi sotto *Analisi linguistica*). Compito dello studente sarà quello di ricomporre il testo operando come di volta in volta specificato nella consegna dell'attività. Nel manuale si alternano due modalità:
a) Completare o ricomporre il testo ascoltando più volte la registrazione (come nell'unità 2 ai punti 3, 4 e 22).
b) Provare a completare il testo da sé e poi verificare la correttezza di quanto scritto ascoltando la registrazione (come nell'unità 4, punto 17).

Procedimento per la modalità a:
Fate ascoltare la registrazione una volta a libro chiuso per richiamare alla memoria il contenuto.
Fate aprire il libro e leggere le consegne relative al compito da svolgere: dopo esservi accertati che il compito sia chiaro, avvertite gli studenti che lo dovranno svolgere, in un primo momento, da soli (in silenzio).
Ribadite l'assoluta necessità di non fidarsi solo dell'orecchio, ma di sfruttare tutte le informazioni e conoscenze di cui si dispone.
Fate riascoltare la registrazione: gli studenti svolgono il compito individualmente. Dite poi agli studenti di confrontare le proprie soluzioni con quelle di un compagno.
Alternate ascolto e confronto fra compagni sempre diversi finché notate che ci sono notevoli divergenze d'opinione.
Fatevi dettare la soluzione e trascrivetela nel testo che avrete riprodotto su lucido (o copiato alla lavagna) oppure invitate uno o più studenti a venire a scriverla loro stessi. La classe intera avrà il compito di controllare la correttezza di ciò che si andrà scrivendo. Chi non è d'accordo dovrà fare controproposte. Se ci sono divergenze (o se c'è totale accordo su soluzioni sbagliate: in tal caso direte che non siete d'accordo voi), guidate gli studenti nel ragionamento fino a farli giungere ad una versione condivisa e corretta. Date voi la soluzione solo se proprio nessuno riesce a fornirla.

Procedimento per la modalità b:
Formate delle coppie e dite di provare a formulare le battute che mancano in base alle informazioni che trovano scritte, aiutandosi con tutto quello che ancora ricordano del brano ascoltato.

Fate poi ascoltare la registrazione un paio di volte per verificare se vi siano delle differenze fra il dialogo originale e quello elaborato dai discenti. Avvertite gli studenti che se sentono delle differenze dovranno prenderne nota a margine o sul quaderno senza cancellare quello che hanno scritto loro.
Confrontate in plenum procedendo come illustrato per la modalità a (ultima fase); qualora gli studenti avessero formulato delle battute non identiche a quelle originali, ma ugualmente accettabili (nel contesto), trascrivetele alla lavagna, complimentatevi con gli ‹autori› e invitateli a metterle ben in evidenza nel libro.

LETTURE

Caratteristiche

La tipologia delle letture è stata selezionata in base alle indicazioni del Quadro comune europeo per i livelli A1, A2, B1 e B2.1 e di UNIcert® per gli esami dei livelli I e II: sono stati perciò inseriti moduli, lettere, e-mail, articoli tratti da quotidiani e riviste, estratti di siti internet, annunci economici, brani di letteratura. Si tratta di testi autentici, di lunghezza e difficoltà graduali, che presentano una gamma piuttosto ampia di generi testuali e registri stilistici per consentire agli studenti di familiarizzare il più possibile con l'italiano scritto nelle sue varie forme e funzioni. La scelta di presentare brani autentici o al massino – in via eccezionale – leggermente adattati nasce dalla convinzione che solo confrontandosi regolarmente e fin dal principio con la lingua scritta nella sua naturale complessità lessicale e sintattica si potrà imparare a comprenderla. È chiaro che letture di questo tipo creano al discente maggiori difficoltà rispetto a testi redatti appositamente per stranieri al fine di introdurre determinati elementi linguistici: nel nostro caso, infatti, al lettore potrà capitare di trovare anche vocaboli, forme o strutture che ancora non conosce. Davanti alla pagina stampata, inoltre, egli sarà più che mai tentato di voler capire ogni parola. Occorrerà dunque preparare con cura gli studenti a quest'attività facendo presente che
▸ lo scopo NON è quello di capire tutto, primo perché non è possibile e secondo perché non è necessario: per cogliere il significato generale di un testo non occorre identificare tutte le parole;

- lo scopo di quest'attività è semplicemente quello di abituare l'occhio e la mente a ‹districarsi› fra i segni dell'italiano: soltanto misurandosi con essi di frequente e in una versione autentica è possibile sviluppare le strategie adatte a decodificarli. Si tratta quindi di un vero e proprio allenamento e l'obiettivo sarà raggiunto se ognuno si sforzerà di capire ogni volta un po' di più;
- per allenarsi bene è importantissimo concentrare la propria attenzione innanzi tutto su ciò che si capisce e non su ciò che non si capisce. Raccomandate dunque agli studenti di non cominciare subito a sottolineare le parole a loro ignote (come fanno di solito): se proprio vogliono sottolineare qualcosa, sottolineino pure le parti che riescono a comprendere;
- altrettanto importante è utilizzare le informazioni raccolte e le parole chiave che si scoprono come ‹appiglio› a cui appoggiarsi per associare altre interpretazioni, come se si dovesse comporre un puzzle;
- un ulteriore aiuto può venire dagli elementi formali caratterizzanti: indicazioni relative alla fonte e all'autore, titoli e sottotitoli, intestazioni, ecc. È indispensabile mettere in gioco la propria esperienza di vita per cercare di identificare, innanzi tutto, il genere di testo che si dovrà affrontare e poi chiedersi per esempio: che cosa potrei aspettarmi di leggere in un testo di questo tipo?
- non è un aiuto, invece, il glossario che si trova in fondo al libro: consultarlo per chiarire ogni parola nuova è anzi un errore che il discente commette a proprio danno, prima di tutto perché la consultazione interrompe il flusso di lettura e quindi anche il processo mentale di comprensione, e poi perché in questo modo ci si autoimpedisce di sviluppare la propria capacità di deduzione;
- fra le strategie di comprensione ha invece un ruolo di primo piano la fantasia che, unita alla capacità di deduzione, potrà aiutare il discente a ricavare il significato di vocaboli ignoti con l'ausilio del contesto in cui essi compaiono;
- esattamente come accade quando si legge nella propria lingua madre, nel corso del tempo sarà necessario sviluppare strategie di comprensione diverse in base alle caratteristiche del testo: un articolo di giornale, per esempio, si legge per scopi e con metodi differenti rispetto ad un brano letterario;
- nello svolgere quest'attività gli studenti non saranno mai soli perché sono previste diverse fasi di interazione con i compagni: si scambieranno le informazioni raccolte, si aiuteranno a sciogliere i dubbi,

potranno fare insieme delle supposizioni da verificare durante la lettura successiva. E siccome non lavoreranno con un unico compagno, ma con diversi, tutta la classe contribuirà a far sì che ognuno si possa ‹allenare› efficacemente.

Lo sviluppo della comprensione della lingua scritta richiede tempo, pazienza ed esercizio. È indispensabile che gli studenti svolgano quest'attività in modo consapevole, motivo per cui abbiamo inserito nel manuale e nell'eserciziario attività dedicate alla riflessione sulle strategie che possono favorire l'acquisizione di questa competenza. Particolarmente importanti, a questo fine, sono le strategie di decodificazione delle parole nuove. Si raccomanda perciò di dare l'opportuno spazio a tali momenti di riflessione e di incitare i discenti ad esercitarsi autonomamente con le letture dell'eserciziario.

UniversItalia presenta due tipologie principali di letture che prevedono modalità di svolgimento diverse.

Tipologia A – Comprensione generale

Quest'attività mira allo sviluppo della comprensione della lingua scritta e si svolge normalmente in due o tre fasi.

a. **Fase di comprensione generale**: si legge più volte il testo per capire ogni volta un po' di più, ma senza pretendere di capire tutto. Dopo ogni lettura ci si consulta con un compagno per mettere in comune le informazioni raccolte. Se è prevista un'attività di pre-lettura, si potrà riprodurre la pagina su lucido e proiettarla alla parete (o copiarla alla lavagna) affinché gli studenti si concentrino su quest'attività a libro chiuso, evitando così che comincino già a leggere il testo. In alcuni casi – come al punto 23 dell'unità 4 o al punto 1 dell'unità 5 – sarà addirittura indispensabile procedere in questo modo per non fornire in anticipo delle soluzioni.

Procedimento:
Dite agli studenti che dovranno leggere un testo, individualmente e in silenzio, per farsene un'idea generale partendo dalle caratteristiche formali e domandandosi per esempio: Che tipo di testo è? Chi l'ha scritto? A che scopo? A chi si rivolge? Qual è il tema principale? Sottolineate che gli state chiedendo di concentrarsi esclusivamente

sul contenuto e sul suo significato complessivo, lasciando perdere le parole e le forme nuove che eventualmente incontrano, e specificate che per far ciò è sufficiente un certo numero di minuti (suggerito di volta in volta nella presente guida): quello sarà dunque il tempo a loro disposizione per svolgere tale compito.
Invitate gli studenti ad aprire il libro e a leggere. Mentre lo fanno, tenete d'occhio l'orologio in modo da poter rispettare i tempi da voi stessi stabiliti.
Scaduto il tempo, dite agli studenti di chiudere il libro (se qualcuno non lo fa, invitatelo gentilmente – magari scherzosamente – ma con fermezza a seguire l'esempio dei compagni).
Formate quindi delle coppie, chiedete agli studenti di porsi faccia a faccia e di scambiarsi le prime impressioni e informazioni; invitateli a fare delle supposizioni sulle parti di testo che non hanno capito ricorrendo anche alla fantasia ed alla propria esperienza di vita, ma senza rileggere il testo (se cogliete qualcuno a sbirciare intervenite, anche in questo caso con gentile – e magari scherzosa – decisione).
Quando notate che alcune coppie hanno finito di parlare, richiamate l'attenzione di tutti e invitateli a leggere il testo ancora una volta (fissando un limite di tempo), poi invitate gli studenti ad un nuovo scambio di informazioni con il medesimo compagno (a libro chiuso).
Fate rileggere il testo (sempre con un limite di tempo), poi formate nuove coppie per un ulteriore scambio a libro chiuso (in modo che le informazioni e le interpretazioni circolino).
Alternate lettura e socializzazione (ricordando di stabilire un tempo massimo per la lettura, di formare ogni volta nuove coppie e di far chiudere il libro durante lo scambio) ancora un paio di volte, finché notate che c'è uno scambio di informazioni reale ed arricchente.
Sarà importante invitare gli studenti, fin dall'inizio, a svolgere lo scambio di informazioni in italiano.

b. **Fase di comprensione più dettagliata**: si risponde a domande o si svolgono altri esercizi al fine di ricavare determinate informazioni. Quest'attività mira a preparare gli studenti a tipiche prove d'esame. Anche in questa fase sono previsti momenti di interazione con i compagni. È importante avvertire gli studenti che anche qui si tratta di puro allenamento e che se per caso non riusciranno a risolvere qualche quesito non dovranno farsene un cruccio: l'occhio e la mente saranno stati allenati comunque.

Procedimento:
Informate gli studenti che è ora di fare un passo avanti, dal generale al particolare: leggeranno di nuovo il testo per ricavare, questa volta, alcune informazioni. Sottolineate che si tratta di lavorare ancora sul contenuto, non sulle forme, ma che adesso dovranno leggere in maniera selettiva, mirata, cioè con l'occhio rivolto alla ricerca di determinati dettagli (tutto il resto si può ignorare). Fate quindi aprire il libro e leggere le consegne relative al compito da svolgere; dopo esservi accertati che il compito sia chiaro, avvertite gli studenti che lo dovranno svolgere, in un primo momento, da soli (in silenzio). Stabilite un tempo massimo e date il via alla lettura: gli studenti svolgono il compito individualmente.
Dite poi agli studenti di confrontare le proprie soluzioni con quelle di un compagno.
Alternate lettura e confronto fra compagni sempre diversi finché notate che ci sono notevoli divergenze d'opinione.
Se gli studenti desiderano un controllo della soluzione giusta (per così dire ‹ufficiale›), non fornitela voi, ma cercate di ottenerla da loro facendo esporre le varie risposte fino a raggiungere una soluzione condivisa.

c. **Fase di analisi lessicale**: alla lettura è spesso abbinato un esercizio in cui si chiede al discente di chiarire il significato di alcune espressioni tratte dal testo abbinandole ai rispettivi sinonimi (da scegliere fra quelli proposti). Lo scopo di quest'attività è abituare gli studenti a decodificare da soli i vocaboli nuovi con l'aiuto del contesto. Per lo svolgimento seguite le istruzioni del manuale.
Se il testo risulta complesso dal punto di vista lessicale, potete aggiungere un'ulteriore fase di analisi adottando il seguente procedimento: invitate gli studenti a scegliere, ognuno per conto proprio, alcune parole (2–4) che non hanno capito e che suppongono utili per comprendere meglio il testo: raccomandate loro di compiere una scelta oculata, selezionando con cura i vocaboli che gli paiono più importanti ai fini della comprensione, e di non ricorrere al glossario.
Formate quindi dei gruppi di 4 persone nell'ambito dei quali si cercherà di spiegare, con il contributo di tutti e possibilmente in italiano, le parole scelte da ognuno.
Stabilite un tempo massimo per lo svolgimento del compito e dite agli studenti che voi rimanete a disposizione come ultima istanza, da consultare una volta esaurite tutte le proprie risorse.

Tipologia B – Analisi

Una volta esaurito il lavoro sul contenuto, si passerà all'analisi delle forme e dei loro usi partendo dal brano letto (vedi sotto *Analisi linguistica*). Compito dello studente sarà quello di rintracciare nel testo determinati elementi linguistici (per esempio al punto 20 dell'unità 3 i possessivi, al punto 4 dell'unità 5 i passati prossimi), trascriverli negli appositi spazi e poi analizzarli per ricavarne una regola grammaticale.

Procedimento:
Seguendo la traccia fornita dalle consegne delle singole attività, chiedete agli studenti di rintracciare nel testo gli elementi in questione. Invitateli poi a confrontare i risultati con un compagno.
Fatevi dettare la soluzione e trascrivetela nel testo che avrete riprodotto su lucido (o copiato alla lavagna) oppure invitate uno o più studenti a venire a scriverla loro stessi. La classe intera avrà il compito di controllare la correttezza di ciò che si andrà scrivendo. Chi non è d'accordo dovrà fare controproposte. Se ci sono divergenze (o se c'è totale accordo su soluzioni sbagliate: in tal caso direte che non siete d'accordo voi), guidate gli studenti nel ragionamento fino a farli giungere ad una versione condivisa e corretta. Date voi la soluzione solo se proprio nessuno riesce a fornirla.

ANALISI LINGUISTICA

UniversItalia propone una progressione grammaticale rapida che tiene conto dei tempi ristretti tipici del curriculum accademico. Si è quindi cercato di evitare il più possibile la parcellizzazione dei fenomeni morfosintattici, che tuttavia vengono costantemente ripresi secondo un procedimento a spirale. Tali fenomeni vengono sempre estratti da un testo autentico (orale o scritto) e sono dunque inseriti in un preciso contesto, del quale è necessario tenere conto anche nella fase di analisi.
La grammatica è presentata in modo induttivo: non sarà cioè l'insegnante a fornire la regola, ma sarà il discente che, analizzando un input già compreso a livello di contenuto, cercherà di individuare le regolarità della lingua e di formulare le norme scrivendole negli appositi riquadri. Compito dell'insegnante sarà invece quello di stimolare e, soprattuto nelle prime unità, guidare tale ricerca incoraggiando

gli studenti a fare delle ipotesi e ad esporle. Qualora tali ipotesi si rivelassero errate, sarà importante, nel dirlo, lodare esplicitamente il tentativo compiuto, fornendo poi eventualmente un indizio utile per un nuovo tentativo. In questo modo lo studente conquisterà autonomamente il dominio della lingua, il che favorirà l'apprendimento consapevole e duraturo. Ogni regola formulata è una piccola conquista, un successo che aiuta il discente ad acquisire maggiore sicurezza e aumenta la motivazione. Tuttavia, poiché il metodo induttivo costa allo studente più fatica, si consiglia di spiegare fin dall'inizio i suoi vantaggi (a breve e a lungo termine).
I momenti di analisi linguistica previsti in ogni unità sono di due tipi, simili ma non identici, che illustriamo qui di seguito e che sono intitolati, per lo più, *Ritorno al testo* e *Occhio alla lingua!* Per evitare la monotonia, si è preferito non usare esclusivamente questi due titoli, ma formularne altri in armonia con il tema dell'unità. Grazie ai riquadri verdi, sarà comunque facile riconoscere i momenti di analisi linguistica e il tipo di procedimento da adottare.

Ritorno al testo

Sotto questo titolo si trovano brani estratti da una lettura o da un ascolto già noti ai quali si tratta appunto di ‹ritornare› per soffermarsi, questa volta, su determinati aspetti della grammatica. Tali brani però non sono stati trascritti interamente: prima di iniziare l'analisi, lo studente dovrà ricomporre il testo, ascoltando o rileggendo l'originale (nel caso degli input orali ascolterà solo il brano in questione, non tutto il dialogo). Le parole o espressioni eliminate nella trascrizione sono in genere proprio quelle sulle quali si intende focalizzare l'attenzione del discente. Una volta ricomposto il testo, si procederà all'osservazione ed analisi di un determinato aspetto della grammatica o del lessico o delle funzioni comunicative che vengono introdotte, seguendo la traccia fornita dalla consegna presente nel manuale.
Il lavoro si concluderà con la formulazione di una regola che verrà scritta nel riquadro verde. Per il procedimento da seguire di volta in volta si rimanda alle pagine di questa guida relative alle singole unità. Per ora basti dire che, al contrario di quanto avviene nelle fasi di comprensione generale, gli estratti devono essere capiti completamente: sarà dunque importante guidare gli studenti alla comprensione senza però fornire loro la traduzione dell'intero brano.

Procedimento:
Per la ricostruzione del brano procedete come indicato nei paragrafi precendenti (*Input orali tipologia B* e *Letture tipologia B*).
Passate poi ai quesiti linguistici invitando gli studenti a risolverli lavorando in coppia.
Fatevi dettare la soluzione e trascrivetela nel testo che avrete riprodotto su lucido (o copiato alla lavagna) oppure invitate uno o più studenti a venire a scriverla loro stessi. La classe intera avrà il compito di controllare la correttezza di ciò che si andrà scrivendo. Chi non è d'accordo dovrà fare controproposte. Se ci sono divergenze (o se c'è totale accordo su soluzioni sbagliate: in tal caso direte che non siete d'accordo voi), guidate gli studenti nel ragionamento fino a farli giungere ad una versione condivisa e corretta. Date voi la soluzione solo se proprio nessuno riesce a fornirla.

Occhio alla lingua!

Anche qui l'analisi linguistica prende le mosse da estratti di ascolti e letture, che però sono trascritti per intero. In qualche caso (come ai punti 6 e in parte 21 dell'unità 7), si tratta invece di esempi in più. Gli elementi sui quali si vuole focalizzare l'attenzione degli studenti sono normalmente evidenziati in grassetto. L'analisi in sé funziona come nel *Ritorno al testo*.

Funzione dei riquadri verdi

I riquadri verdi contengono le riflessioni grammaticali e le regole che i discenti sono chiamati a formulare o completare nelle fasi di analisi appena descritte. Una volta formulate, le regole andranno scritte negli appositi spazi in modo da diventare ufficiali e dunque oggetto di studio. Nei riquadri si usa esclusivamente la lingua italiana, sia per le domande che introducono la riflessione sia per le regole da completare: questa scelta è dovuta alla volontà di far sì che l'italiano sia non solo materia di studio, ma diventi anche lingua veicolare, strumento di reale comunicazione fra discenti e docenti. Ciò non impedisce, tuttavia, che nelle prime unità gli studenti usino anche la propria lingua madre per formulare le regole.
I riquadri hanno innanzi tutto uno scopo pratico, quello di rendere facilmente rintracciabile la grammatica per facilitare il lavoro tanto

allo studente sotto esame quanto al docente che si prepara la lezione. In secondo luogo, hanno una funzione psicologica: rappresentano la grammatica che gli studenti scrivono di proprio pugno, costruendola insieme passo per passo, ed evidenziano quindi il contributo del singolo e della classe alla ‹conquista› della lingua italiana. Sono una sorta di visualizzazione delle tappe e dei successi personali sulla strada dell'apprendimento.

Specchietti rosa

Questo accorgimento grafico ricorre prevalentemente nelle prime unità, in cui tutto è nuovo, ma non tutto può essere oggetto di lunghe riflessioni perché altrimenti la concentrazione si disperderebbe e la lezione risulterebbe pesante. Gli specchietti rosa servono allora a evidenzare dei dettagli, come la coniugazione di alcuni verbi irregolari o certe particolarità lessicali, che vanno ugualmente chiariti perché necessari alla comunicazione. Sarà l'insegnante stesso, valutando la situazione della classe, a decidere di volta in volta se e in quale misura sottoporre tali dettagli alla riflessione degli studenti.

ESERCIZI

All'analisi linguistica seguono degli esercizi scritti e orali, sempre contestualizzati, che mirano al fissaggio, al consolidamento o all'espansione delle strutture introdotte. Essi sono di diverso tipo:
Esercizi ‹classici› da eseguire individualmente e/o in plenum come quelli ai punti 6, 17, 21a e 21b dell'unità 1. Agli esercizi individuali segue, di regola, un confronto fra studenti.
Esercizi che prevedono una fase di interazione con uno o più compagni, come al punto 21c dell'unità 1, al punto 13 dell'unità 2 e al punto 9 dell'unità 3. Non si tratta di vere e proprie produzioni libere, ma di applicazioni delle regole appena formulate o di una pratica guidata delle funzioni comunicative appena scoperte. Non aspettatevi, dunque, che gli studenti parlino o scrivano a lungo.
Esercizi di espansione e/o sistematizzazione del lessico in cui gli studenti sono chiamati ad introdurre autonomamente vocaboli nuovi e/o a raccoglierli in base a determinati criteri (linguistici, per esempio sinonimi e contrari, o tematici), come al punto 6a dell'unità 3,

al punto 10 d dell'unità 4 e al punto 14 dell'unità 7. Lo scopo di tali attività è molteplice:

- attivare le eventuali preconoscenze;
- consentire agli studenti di costruirsi il proprio vocabolario personale, quello di cui hanno bisogno per parlare della propria vita reale e individuale (che dunque non può essere uguale per tutti) costruendo così un ponte fra l'attività in classe e la realtà quotidiana dei discenti;
- favorire la memorizzazione del lessico grazie al legame ‹affettivo›: se il vocabolo riguarda la mia vita, mi interessa e me lo ricorderò più facilmente;
- avviare gli studenti ad un lavoro intelligente e proficuo con il lessico distogliendoli dalla deleteria abitudine di studiare a memoria i glossari dei libri di testo;
- favorire la collaborazione fra compagni di studio;
- rendere gli studenti il più possibile attivi e consapevoli, affinché capiscano che ciò che possono imparare non dipende solo dal libro o dall'insegnante, ma anche e soprattutto da loro stessi e che ci si aspetta da loro un contributo attivo: il programma si costruisce, almeno in parte, insieme;
- soprattutto nelle prime fasi del corso, favorire l'uso dell'italiano come lingua veicolare attraverso la frequente utilizzazione di formule tipo «Come si dice?», «Come si scrive?», «Come si pronuncia?», ecc.

Come nelle fasi di analisi linguistica, anche negli esercizi le consegne sono formulate in italiano per far sì che esso diventi il più presto possibile strumento di reale comunicazione fra discenti e docenti. Nelle prime fasi di studio sarà necessario tradurle, ma poiché si ripetono spesso le stesse frasi, gli studenti impareranno ben presto a riconoscerle. Sarà comunque importante sottolineare che devono solo capire il significato dell'istruzione per poterla eseguire, senza fermarsi ad analizzarne la struttura linguistica.
Per lo svolgimento seguite le istruzioni del manuale e le indicazioni della presente guida, ricordando di dire agli studenti che possono rivolgersi a voi in qualsiasi momento per chiedere le parole che non conoscono, a patto che lo facciano in italiano.
Gli esercizi del manuale vanno integrati con altri (anche strutturali e più ‹classici›) tratti dall'Eserciziario, a cui rimanda costantemente l'apposito simbolo (vedi *Funzione dei simboli*).

LE STRATEGIE

Le attività contrassegnate dalla lente d'ingrandimento sono dedicate alla riflessione sulle strategie e abilità di studio (ascolto, lettura, decodificazione di vocaboli sconosciuti, archiviazione e memorizzazione delle parole nuove, strategie di compensazione, ecc.), che vengono poi riprese ed approfondite nell'eserciziario nella rubrica *Strategie di apprendimento* del *Bilancio* (vedi sotto *Eserciziario*). Attraverso le 18 unità del manuale e dell'eserciziario si snoda così un'articolata riflessione volta a sviluppare la capacità di imparare, che è fondamentale ai fini dell'autonomia del discente. Il percorso compiuto nello sviluppo di tale abilità si rispecchia anche nei test di autovalutazione presenti nel manuale, che dedicano alle strategie un'apposita rubrica.

Procedimento
Partendo dalla riflessione sulle proprie abitudini di studio, lo studente si confronta con uno o più compagni al fine di ricevere consigli e spunti per sperimentare nuove strategie: in questa fase lascerete che le coppie o i gruppi lavorino da soli, raccomandando loro di farlo, il più possibile, in italiano; riporterete quindi il discorso in plenum per raccogliere i risultati del lavoro di gruppo (in modo che possano tornare utili a tutti) ed eventualmente approfondire la discussione. Per lo svolgimento delle singole attività seguite le istruzioni del manuale e le indicazioni della presente guida.

PRODUZIONE ORALE

La tipologia delle produzioni orali libere, che compaiono in ogni unità, è stata selezionata in base alle indicazioni del Quadro comune europeo per i livelli A1, A2, B1 e B2.1 e di UNIcert® per gli esami dei livelli I e II. Gli obiettivi comunicativi previsti in ogni unità sono specificati nell'indice e le produzioni orali sono sempre legate al tema dell'unità. Alcune hanno un'impostazione più pragmatica, come quando si tratta per esempio di chiedere indicazioni stradali (unità 4), altre invece coinvolgono lo studente in modo più personale. Si è cercato comunque di offrire una gamma piuttosto ampia di attività orali (dialoghi, giochi di ruolo, discussioni, esposizioni, ecc.) nella convinzione che sia necessario invitare lo studente ad esprimersi fin dal principio nella lingua che sta studiando, per quanto scarse o addirittura

minime possano essere le sue conoscenze. Sarà infatti proprio lo sforzo che compirà per raggiungere un determinato obiettivo comunicativo con i suoi modesti mezzi a consentirgli di acquisire progressivamente sicurezza e scioltezza nell'uso della lingua, sviluppando nel contempo l'accuratezza formale. Per poter raggiungere tale scopo lo studente deve avere la possibilità di esprimersi liberamente, senza sentirsi controllato o valutato dall'insegnante: solo così infatti troverà il coraggio di fare esperimenti, commettendo errori e riformulando quanto detto. Sarà bene evidenziare con chiarezza questo punto facendo una netta distinzione fra le attività che richiedono soprattutto correttezza morfosintattica e prevedono dunque una correzione ‹ufficiale› (cioè gli esercizi di cui sopra) e le produzioni libere, che si chiamano così appunto perché dedicate alla libera sperimentazione linguistica. Al fine di garantire tale libertà, le produzioni non prevedono la partecipazione dell'insegnante, che dovrà limitarsi ad organizzare l'attività (per esempio formando le coppie o i gruppi in maniera oculata), fissare il tempo per lo svolgimento e tenersi a disposizione come consulente: dopo aver dato il via all'attività, provvederete perciò a sistemarvi in un punto dell'aula che vi consenta di non disturbare il lavoro degli studenti e di segnalare, nel contempo, la vostra disponibilità a rispondere a qualsiasi domanda.
Le produzioni libere orali di **UniversItalia** prevedono un lavoro di coppia oppure un lavoro di gruppo oppure gli studenti devono intervistare i compagni girando per la classe. Durante l'attività potete mettere una musica strumentale di sottofondo e aumentare il volume per segnalare la fine dell'attività.
Per lo svolgimento seguite le istruzioni del manuale e le indicazioni della presente guida, ricordando di dire agli studenti che possono rivolgersi a voi in qualsiasi momento a patto che lo facciano in italiano.

PRODUZIONE SCRITTA

Caratteristiche

La tipologia delle produzioni scritte libere, che compaiono in ogni unità, è stata selezionata in base alle indicazioni del Quadro comune europeo per i livelli A1, A2, B1 e B2.1 e di UNIcert® per gli esami dei livelli I e II: si tratta per esempio di moduli da compilare, lettere, e-mail, brevi temi analoghi a quelli che spesso si devono svolgere agli esami, curriculum vitae, brevi relazioni, ecc. Le produzioni previste in ogni unità sono specificate nell'indice con un'apposita segnalazione. Si tratta comunque di attività sempre contestualizzate, cioè legate al tema e agli obiettivi comunicativi dell'unità, che si ispirano a un modello dato e analizzato (si vedano per esempio unità 3 punto 25, unità 7 punto 10, unità 13 punto 5b, unità 16 punto 10) e portano il discente ad esercitare l'uso della lingua scritta nelle sue diverse forme e funzioni.

Le produzioni richieste hanno spesso un'impostazione pragmatica vicina all'esperienza degli studenti (si vedano per esempio unità 4 punto 27, unità 8 punto 27, unità 9 punto 9, unità 15 punto 12b, unità 16 punto 10) e presentano anche generi testuali accademici come il riassunto, che compare, seppure in forma breve e giocosa, nell'unità 12 ai punti 3d e 17 o la narrazione della trama di un film che compare nell'unità 13 al punto 5b. Altre volte invece si tratta di attività più creative (come al punto 21 dell'unità 14). Si è cercato, insomma, di variare la tipologia per andare incontro alle diverse personalità degli studenti e per aumentare la motivazione in un'attività che non di rado risulta ostica.
Nelle consegne è indicato, a volte, anche il numero delle parole da scrivere in modo che lo studente si abitui sia ai compiti da svolgere negli esami sia ad altri tipi di testi che gli potrà capitare di dover produrre rispettando una lunghezza data (per esempio relazioni di stage o domande di ammissione a corsi di laurea o di specializzazione a numero chiuso).

Procedimento:
La produzione scritta chiede allo studente di mettere in gioco tutte le proprie conoscenze linguistiche con una precisione ed un'accuratezza maggiori rispetto alla produzione orale. Essa richiede anche un livello di progettazione più alto e dunque più tempo. Per questi motivi e in considerazione dei tempi a disposizione durante il semestre, diverse attività scritte potranno essere svolte a casa; alcune tuttavia sono ideate appositamente per lo svolgimento in classe (per esempio quella al punto 25 dell'unità 11 e quella al punto 13 dell'unità 12). Seguite dunque le istruzioni del manuale e le indicazioni della presente guida.
In ogni caso vi consigliamo di:
- tranquillizzare gli studenti circa il prodotto che vi attendete da loro: stanno facendo degli «esperimenti linguistici» in base a deter-

minati criteri, ciò che conta è soprattutto lo sforzo volto ad attivare tutte le proprie conoscenze per raggiungere un determinato obiettivo;

- sottolineare che in quanto esperimento la produzione non può risultare subito perfetta, motivo per cui è bene che i discenti si abituino fin dall'inizio a dividere il lavoro in fasi ben precise (che nel corso dei loro studi impareranno ad affinare sempre più): progettazione – prima elaborazione – revisione – scrittura in bella copia. L'automatizzazione di questo procedimento, che verrà col tempo, costituisce una valida preparazione agli esami;
- evidenziare che, proprio per il motivo appena citato, chi non svolge le produzioni risparmia forse tempo, ma nuoce al proprio apprendimento;
- evidenziare che la lettura e correzione da parte dell'insegnante non rappresenta una ‹sentenza› da temere, ma un contributo al miglioramento dell'abilità di scrittura dei discenti;
- dire che anche in questo caso possono (o meglio, dovrebbero) ricorrere alla collaborazione dei compagni discutendo con loro quanto scritto.

Questo tipo di collaborazione può essere favorito svolgendo la correzione in classe con il seguente procedimento:

- formate delle coppie, appena possibile (cioè appena cominciate a conoscere un po' gli studenti), non a caso: fate in modo di mettere insieme due persone che si possano realmente aiutare (per esempio evitando eccessivi dislivelli e tenendo conto della dinamica di gruppo);
- invitate i partner a leggere insieme i loro testi, prima uno e dopo l'altro;
- dite che ognuno ha il compito di fare delle proposte per il miglioramento del testo scritto dal partner, il quale, a sua volta, dovrà riflettere per decidere se accettare o no tali proposte;
- specificate che sono ben gradite vivaci discussioni sui consigli dati e che se i partner non riescono a mettersi d'accordo possono interpellare voi come arbitri;
- sistematevi in un punto dell'aula che vi consenta di non disturbare il lavoro delle coppie e di segnalare, nel contempo, la vostra disponibilità a rispondere a qualsiasi domanda.

Questo tipo di correzione consente allo studente, fra l'altro, di tranquillizzarsi in vista della correzione da parte dell'insegnante perché non sarà più l'unico responsabile degli eventuali errori.

FONETICA

Nelle prime nove unità vengono trattati sistematicamente i principali fenomeni della fonetica italiana. Partendo, ogni qualvolta sia possibile, da elementi comparsi nel corso di una determinata unità o delle unità precedenti (in caso contrario, sarà l'insegnante a spiegare, se richiesto, il significato delle parole sconosciute), si procede all'identificazione e formulazione delle regole. Segue l'applicazione pratica in appositi esercizi di pronuncia e intonazione. I fenomeni trattati sono indicati di volta in volta nell'indice dell'unità.
Prima di affrontare questo argomento, accertatevi che gli studenti conoscano l'alfabeto fonetico: in questo manuale è stato adottato quello dell'A.F.I. (Associazione Fonetica Internazionale).
Le attività che riguardano la fonetica sono raccolte nell'ultima pagina dell'unità, che si distingue dalle altre per lo sfondo verde. Questa scelta è stata dettata da esigenze pratiche, prima fra tutte quella di agevolare all'insegnante l'individuazione di tali attività. Si è preferito, inoltre, non spezzettare il flusso logico dell'unità tematica. Ciò non significa, però, che la fonetica debba essere per forza proposta in blocco alla fine dell'unità: l'insegnante potrà inserirla nel momento che riterrà più opportuno.

FUNZIONE DEI SIMBOLI

Nel manuale compaiono i seguenti simboli:

⏯ rinvia al track del CD da ascoltare. Il primo CD contiene gli ascolti delle unità 1–8; il secondo quelli delle unità 9–18. A partire dall'unità 9 (attività 10) si riparte quindi dal track numero 1;
≡ rimanda all'eserciziario;
🔍 contrassegna le attività dedicate alle strategie di apprendimento.

ESERCIZIARIO

L'eserciziario è parte essenziale del corso: presenta, cioè, non solo attività supplementari, ma anche e soprattutto materiale didattico concepito per completare in maniera esauriente il processo di apprendimento avviato nel manuale. Esso è perciò destinato tanto allo studio autonomo a casa quanto all'integrazione delle attività svolte in classe. Comprende l'indice dei temi grammaticali trattati in ogni capitolo, 18 capitoli corrispondenti alle unità del manuale, le spiegazioni grammaticali dell'unità, il bilancio dell'unità con attività per il Portfolio, tabelle riassuntive, le chiavi degli esercizi, un CD integrato e le trascrizioni degli ascolti ivi contenuti.

Esercizi

Ogni capitolo segue la progressione della corrispondente unità del manuale e presenta, innanzi tutto, numerosi esercizi di consolidamento delle funzioni comunicative e degli elementi morfosintattici introdotti nell'unità, nel corso della quale il simbolo (≡́) rinvia appunto all'eserciziario. Come gli esercizi del manuale, anche quelli dell'eserciziario sono sempre contestualizzati e contribuiscono perciò ad approfondire il tema centrale dell'unità; a differenza dei primi – che sono più comunicativi – questi sono però più ‹classici›, anche se si è cercato di variarne il più possibile la tipologia: vi sono esercizi di completamento, di abbinamento, di applicazione delle funzioni comunicative, di trasformazione, attività con domanda e risposta, formulazione di dialoghi, cruciverba, ecc.
Particolarmente importanti sono le attività che prevedono la compilazione di una tabella o di uno schema accompagnata dalla riflessione su un determinato elemento linguistico (p. es. unità 2, esercizio 2, pp. 19–20 o unità 3, es. 13, p. 37). Tali esercizi servono non solo a ricapitolare, ma anche ad approfondire quanto ‹scoperto› nel corso dell'unità: non di rado, infatti, essi presentano approfondimenti che nel manuale, a causa della rapida progressione, non hanno trovato spazio (per esempio nel già citato esercizio 2 dell'unità 2 il plurale dei nomi in *-ista* o nell'es. 13 dell'unità 3 le preposizioni che si usano con il verbo *andare*). Nel presentare il libro agli studenti, sarà dunque importante avvertirli di questo particolare e sarà poi opportuno svolgere tali esercizi in classe, almeno nelle prime fasi del corso.
Questo tipo di attività costituisce, inoltre, un importante aiuto sia per quei discenti un po' più lenti che in classe fatichino a seguire il ritmo dei compagni sia per coloro che siano assenti quando vengono introdotti certi elementi morfosintattici.
Tutti gli esercizi sono concepiti in modo che lo studente li possa svolgere autonomamente a casa, correggendoli poi da solo grazie alle solu-

zioni riportate a pp. 260–281. Alcuni, tuttavia, comprendono anche un momento di socializzazione con i compagni, per esempio uno scambio di informazioni (p. es. unità 2, es. 12, punto b, p. 25 o unità 7, es. 7, punto b, p. 89): si consiglia perciò all'insegnante di controllare con cura ogni capitolo dell'eserciziario per sapere quando è necessario prevedere un po' di tempo per svolgere delle attività in classe. Indicazioni in merito compaiono comunque nelle pagine di questa guida relative alle singole unità.
Le consegne degli esercizi sono formulate in tedesco nei primi dieci capitoli (cioè per i livelli A1 e A2), in quelli successivi sono invece in italiano.

Letture ed ascolti

L'eserciziario offre al discente anche la possibilità di consolidare la propria competenza nella lettura e nell'ascolto esercitandosi autonomamente a casa.
I testi orali si trovano nel CD-audio integrato, a cui rimanda lo stesso simbolo (▶II) che compare nel manuale. Diversamente da quanto accade nel manuale, però, qui vengono fornite anche le trascrizioni (pp. 282–291), affinché il discente possa lavorare realmente da solo risolvendo tutti i suoi dubbi e soddisfacendo tutte le sue curiosità.
Se vorrà, potrà utilizzare alcune registrazioni anche per esercitare la pronuncia e l'intonazione, recitandole dopo averle ascoltate o durante l'ascolto. Tutti i testi, ma in particolare quelli scritti, contribuiscono, fra l'altro, ad approfondire ulteriormente il tema centrale dell'unità e la conoscenza dell'Italia e degli italiani.

Punto.it

In questa rubrica compaiono attività da svolgere con l'aiuto di Internet utilizzando i siti italiani che vengono di volta in volta presentati. Considerata la fugacità che caratterizza buona parte dell'informazione virtuale, si è cercato di scegliere indirizzi affidabili e piuttosto stabili (siti di grandi quotidiani, di università, di manifestazioni culturali con una certa tradizione, come il Festival della letteratura di Mantova ecc.) di cui si può ragionevolmente prevedere una lunga sopravvivenza. Si provvederà inoltre a fornire appositi aggiornamenti nel sito della casa editrice (*www.hueber.de*).

C'è almeno un esercizio di questo tipo in ogni capitolo, in modo da abituare gradualmente lo studente ad orientarsi nella rete. Scopo di queste attività è, innanzi tutto, quello di immergere il discente – soprattutto chi studia nel proprio Paese – in un ambiente linguistico autenticamente italiano favorendo così l'acquisizione della lingua straniera. Esse consentono inoltre di approfondire la conoscenza dell'Italia e di imparare ad usare in modo autonomo e ragionevole uno strumento di ricerca che risulta importante per gli studi universitari in generale. In diversi casi *punto.it* prevede che i risultati della ricerca vengano presentati in classe (p. es. unità 8, es. 21. p. 108), motivo per cui sarà necessario dedicare a questa attività un po' di tempo durante la lezione.

Lo sapevate che ...?

È l'ultima rubrica del capitolo e si riconosce facilmente grazie allo sfondo verde. Contiene informazioni supplementari di costume e cultura legate al tema centrale dell'unità. Sono formulate in italiano e sono perciò di lunghezza e difficoltà progressivamente maggiori.

Grammatica

Alla fine di ogni capitolo si trovano due o più pagine con spiegazioni e tabelle che riguardano la grammatica dell'unità. In queste pagine, di colore verde, vengono riassunti e spiegati in tedesco sia gli argomenti introdotti nel manuale sia gli approfondimenti svolti nell'eserciziario, in modo da fornire una panoramica generale utile per lo studio sistematico.

Bilancio

L'ultima pagina di ogni capitolo è costituita da un *Bilancio* dell'unità. Non si tratta di un test linguistico, ma di un momento in cui lo studente è chiamato a fermarsi un attimo per «fare il punto» prima di andare avanti. Egli dovrà qui ‹misurare› i progressi compiuti e documentarli attraverso un dossier, valutare la propria partecipazione al lavoro in classe, individuare gli obiettivi raggiunti e gli argomenti da ripetere, riflettere sul proprio stile di apprendimento e sulle strategie di studio più adatte.

Ogni *Bilancio* contiene quattro rubriche fisse e precisamente:
In questa unità ho imparato a ...: qui vengono elencati gli obiettivi d'apprendimento più importanti di ogni unità in modo che il discente possa valutare se li ha raggiunti oppure no, documentando la sua valutazione con una crocetta sotto l'apposita faccina (in fondo al primo *Bilancio*, a p. 18, c'è una legenda, ma le faccine si spiegano da sé). Nell'ultima colonna a destra, sotto il simbolo del libro, si trova il rimando all'attività del manuale in cui viene trattato l'argomento in questione. Seguono due righe vuote che lo studente potrà riempire aggiungendo di suo pugno obiettivi che non trova nella lista ma che gli sembra di aver raggiunto.

Il mio diario d'apprendimento: riflessione sui temi dell'unità appena svolta e sulla propria partecipazione (attiva o meno) al lavoro in classe.

Strategie di apprendimento. Per riflettere su come imparare le lingue: rubrica complementare alle attività sulle strategie inserite nel manuale, che in questa sede vengono riprese ed approfondite. L'Eserciziario ‹dialoga› qui apertamente con il manuale per far sì che attraverso le 18 unità si snodi un'articolata riflessione volta a sviluppare la capacità di imparare.

Per il mio dossier: in linea con i principi del Portfolio europeo delle lingue, si invita il discente a raccogliere in un apposito quaderno (meglio se ad anelli) i lavori che riesce a realizzare in lingua italiana. Le attività proposte sono di vario tipo, ma sempre legate al tema centrale dell'unità, e presentano ampiezza e complessità gradualmente maggiori. Tale dossier costituirà per lo studente, innanzi tutto, una documentazione cronologica dei progressi compiuti e quindi una prova tangibile dei piccoli e grandi successi conseguiti nell'apprendimento dell'italiano. Esso potrà, inoltre, rivelarsi utile quando lo studente vorrà presentare domanda per una borsa di studio e soprattutto per uno stage poiché gli consentirà di dimostrare concretamente quali compiti sa svolgere in lingua straniera.

I *Bilanci* rappresentano dunque un importante strumento concepito per favorire l'autonomia del discente, che imparerà a ‹monitorare› costantemente il proprio processo d'apprendimento. Essi sono complementari ai test di autovalutazione presenti nel manuale: i test scandiscono il raggiungimento di ‹grandi› obiettivi (i livelli A 1, A 2, B 1 e B 2.1), i *Bilanci* delle unità servono a controllare il percorso che conduce a tali obiettivi, tappa per tappa, come una sorta di mappa che ci aiuta a non perdere la strada (o a ritrovarla se la si è persa). Si consiglia perciò di spiegare bene la loro funzione e di far svolgere in classe almeno quello della prima unità.

In questi elementi costitutivi del manuale e dell'eserciziario si rispecchia particolarmente, inoltre, l'adesione di **UniversItalia** ai principi del Quadro comune europeo e del Portfolio nella sua versione accademica.

Appendice

Oltre alle soluzioni degli esercizi ed alle trascrizioni dei testi orali registrati sul CD dell'eserciziario, in appendice si trovano i seguenti strumenti pratici:

- una lista delle espressionioni usate nel manuale per parlare di grammatica e di fonetica (pp. 254–255),
- una lista dei numeri fondamentali (p. 255),
- una tabella dei principali verbi irregolari (pp. 256–259).

GUIDA PER L'INSEGNANTE

Il presente volume ha lo scopo di guidarvi nell'uso di **UniversItalia** indicandovi il tema principale di ogni unità, le funzioni comunicative, gli elementi morfosintattici e le strategie di apprendimento in essa introdotti nonché gli elementi di fonetica trattati nelle prime nove unità. Viene inoltre spiegato il procedimento da seguire per ogni attività del manuale, con costante riferimento alle modalità già illustrate nell'introduzione. Spetterà a voi il compito di apportare eventuali modifiche in base al profilo dei vostri studenti.
La Guida fornisce anche la trascrizione degli input orali, la soluzione degli esercizi del manuale, informazioni di carattere socioculturale e geografico utili nel corso delle singole unità nonché informazioni sugli autori dei testi letterari presentati.

ALCUNE RIFLESSIONI PRELIMINARI

Gli utenti-modello di **UniversItalia** sono studenti universitari, una categoria di discenti dalla quale spesso ci si attende un «funzionamento automatico»: studiare è il loro lavoro, se si applicano non fanno altro che il loro dovere; l'insegnante, perciò, deve badare ai risultati, non al buon umore della classe, si pensa. Niente di più sbagliato, soprattutto per quanto riguarda l'insegnamento di una lingua straniera, che vive di comunicazione: essa infatti non può avere luogo in modo efficace fra persone che intrattengono al massimo rapporti ‹di servizio›. All'università, creare una buona atmosfera in classe è addirittura più importante che altrove perché gli studenti passano la giornata ad immagazzinare nozioni che riguardano le discipline più diverse e arrivano a lezione con la mente occupata da vari impegni che li fanno stare sulle spine (esami imminenti, tesine da scrivere o da consegnare urgentemente, ecc.), il che può facilmente indurli ad una certa distrazione e passività, nemiche giurate della comunicazione: la prima difficoltà che dovrete affrontare ogni volta sarà dunque quella di destare e catturare la loro attenzione. Può inoltre capitare che il corso di italiano sia ‹schiacciato›, poniamo, fra una lezione di inglese e una di economia: all'inizio dell'ora dovrete quindi ‹traghettare› i discenti verso i suoni e l'universo della lingua italiana. Tutto ciò non si può realizzare senza una buona dinamica di gruppo e una bella intesa fra docente e discenti, tanto più indispensabile in quanto lavorando con **UniversItalia** gli studenti dovranno collaborare fra di loro e con l'insegnante per andare insieme alla scoperta della lingua: se non funziona l'atmosfera, è difficile che funzioni l'apprendimento. È perciò consigliabile dedicare costante attenzione a questi aspetti, curando in modo particolare il primo approccio con la classe all'inizio del corso e le fasi di apertura e chiusura di ogni lezione.

Il primo approccio con la classe

Per i motivi appena illustrati, converrà investire del tempo per creare l'atmosfera e per dare modo alla classe di cominciare a trasformarsi da un insieme disordinato e anonimo di sconosciuti in un gruppo capace di fare «gioco di squadra». Tenete presente che potrebbero esserci molte matricole, magari al loro primo giorno di lezione e quindi forse un po' sperdute ed emozionate: se si troveranno bene all'università dipenderà anche dalla vostra accoglienza. Se possibile, cercate dunque di sistemare i banchi in modo tale che tutti possano vedersi in faccia. Iniziate quindi con un saluto in italiano e poi presentatevi spiegando agli studenti, fra l'altro, dove e quando possono rintracciarvi (se avete un orario di ricevimento o no, ecc.) affinché capiscano subito che possono contare sul vostro aiuto. Formate quindi delle coppie o dei gruppetti ed invitate gli studenti a raccontare qualcosa di sé ai compagni, dicendo in particolare a quale corso di laurea sono iscritti, perché studiano l'italiano, quali altre lingue straniere conoscono, se sono già stati in Italia, ecc. Potrete anche consegnare ad ogni gruppo un foglio in formato A 3 ed un pennarello invitando gli studenti a scrivere le parole italiane che conoscono (specificando che l'ortografia non ha alcuna importanza). Lasciate ai gruppi una decina di minuti per parlare liberamente nella loro lingua madre o in una lingua franca. Alla fine chiedete ad ogni studente di presentare uno dei compagni con cui ha parlato, cosa che vi permetterà di ottenere importanti informazioni sulla composizione della classe (se vi sono persone di diverse nazionalità, se si tratta di veri o falsi principianti, quali sono le aspettative, ecc.). Raccoglierete anche i fogli con le parole italiane e li appenderete in un punto dell'aula visibile a tutti, evidenziando nel contempo la ‹porzione› d'Italia che i discenti portano con sé: sarà questo il loro primo contributo alla buona riuscita del corso. Potrete poi presentarvi in italiano ed invitare gli studenti a fare altrettanto. Presentate poi il manuale, l'eserciziario, gli obiettivi didattici perseguiti e la metodologia. È bene che gli studenti sappiano fin dall'inizio come si lavorerà in classe, ma al fine di evitare un lungo monologo vi converrà usare la prima unità per illustrare le modalità di esecuzione e lo scopo di ogni attività: è fondamentale che i discenti abbiano sempre chiaro che cosa devono fare e perché gli si propone una certa attività.

Per iniziare l'ora

Per i motivi citati più sopra è importante concedere agli studenti qualche minuto per ‹arrivare› al corso d'italiano anche mentalmente. Questi minuti iniziali potranno essere dedicati, per esempio, ad un'attività rompighiaccio e ad un ripasso da fare in coppia in modo da riprendere il filo del discorso: gli studenti potranno rivedere insieme il contenuto dell'ultima lezione e gli esercizi svolti a casa, sciogliendo eventuali dubbi, eventualmente con l'aiuto dell'insegnante. Un effetto secondario di quest'attività è che l'insegnante, rispondendo alle richieste d'aiuto dei discenti, può instaurare un rapporto più diretto con i singoli anche se il gruppo è numeroso. A seconda dei casi, si potranno anche formare delle coppie in cui uno studente presente all'ultima lezione metterà al corrente un compagno assente in quell'occasione.

Per chiudere

È consigliabile programmare i tempi di lavoro con una certa cura in base alle caratteristiche del gruppo in questione: si eviterà così di lasciare delle attività in sospeso. Così come un'accoglienza iniziale, sarebbe bene prevedere anche un congedo, cioè una fase finale in cui si tirano le somme del lavoro svolto e si annuncia come si proseguirà la volta successiva.

Tema: fare conoscenza
Obiettivi comunicativi: salutare; presentarsi; scambiarsi informazioni di genere personale (nazionalità, età, residenza, studi); motivare una scelta; *lingua scritta:* compilare un formulario; *in classe:* chiedere il significato, la traduzione e l'ortografia di parole nuove.
Elementi morfosintattici: pronomi personali soggetto (presente); indicativo presente (singolare) dei verbi regolari e di alcuni irregolari (*essere, avere*); le forme singolari di sostantivi, aggettivi e articoli (determinativi e indeterminativi); i numeri fino a 100; alcune preposizioni (*di, a, da, in, per*); alcuni pronomi interrogativi (*come, dove, di dove, che cosa, quanti, perché, chi*).
Fonetica: l'alfabeto; i suoni /k/, /tʃ/ e /kw/

1. L'Italia per me è ...

Obiettivo: introduzione di formule utili in classe per chiedere il significato, la traduzione e la grafia di una parola. Quest'attività è stata inoltre pensata come introduzione a quello che sarà il tema principale del corso: l'universo ‹Italia› e la sua lingua.
Procedimento:
a. Chiedete agli studenti di scrivere almeno tre parole che gli vengono in mente quando pensano all'Italia; dovessero pensare a qualcosa che non sanno dire in italiano, spiegate attraverso l'esempio riportato come fare per ottenere la parola in italiano. Provate a dire il tutto in italiano, magari aiutandovi con la mimica, chiarendo eventuali dubbi nella lingua comune del corso. Cercate comunque di trasmettere l'informazione che la lingua veicolare del corso sarà l'italiano.
▶II *b.* Per svolgere il compito di cui sopra gli studenti dovranno conoscere l'alfabeto. Fatelo quindi prima sentire e in un secondo momento ripetere. Fate presente che le lettere raggruppate a destra non appartengono propriamente all'alfabeto italiano, ma si riscontrano in casi di forestierismi.
c. Chiedete agli studenti di dettarvi le parole che hanno scritto e dopo averle scritte alla lavagna, esortateli a chiedere il significato di quelle che non conoscono usando l'esempio riportato.
Alla fine di questo punto sarà bene tematizzare la questione delle consegne in italiano per tranquillizzare gli studenti spiegando loro il motivo e lo scopo di questa scelta e come affrontare tali consegne

(dicendo per esempio che ricorrono sempre le stesse formule per cui ben presto le identificheranno da soli, che NON devono cercare di farne l'analisi linguistica ecc.).

▶II 2. Alla festa di Chiara (Ascolto tipologia A)

Trascrizione del dialogo:

□ Ciao, io mi chiamo Claudio.
■ Ciao.
□ Sei un'amica di Chiara?
■ Sì. Anche tu?
□ Beh, sì. Studio matematica come lei. E tu, che cosa studi?
■ Economia.
□ E sei di Firenze?
■ No, non proprio di Firenze, sono di Prato. E tu, di dove sei?
□ Io sono di Casinalbo, in provincia di Modena.
■ Ah... Ma abiti qua a Firenze?
□ Sì, sì, sì, ho... ho un appartamento con un altro ragazzo, uno studente di medicina. E tu..., come ti chiami?
■ Stefi.

Obiettivo: sviluppo della comprensione auditiva.
Procedimento:
a. Per lo svolgimento dell'attività di ascolto procedete come indicato nell'introduzione a pagina 11 (Input orali, Tipologia A). Naturalmente a questo livello gli ‹scambi› avverranno nella lingua madre degli studenti: l'insegnante può però esortarli ad usare l'italiano in ogni occasione possibile, fosse anche per una breve frase o espressione.
Soluzione: *Stefi, Prato, Economia; Claudio, Matematica*

b. Spiegate agli studenti che ora potranno leggere il dialogo che hanno appena sentito; solo le battute di Claudio sono però in ordine, quelle di Stefi sono in disordine all'inizio. Gli studenti leggeranno le battute prima singolarmente poi, dopo aver formato delle coppie, chiedete loro di ricomporre il dialogo. Raccomandate agli studenti di aiutarsi con le informazioni che possiedono già e di abituarsi a non pensare per singoli vocaboli bensì nel contesto, raccomandazione valida d'ora in poi per tutte le attività. Date qualche minuto (tre dovrebbero bastare).
c. Per lo svolgimento dell'attività di controllo procedete come indicato nell'introduzione a p. 13 (Input orali, Tipologia B, Analisi, Procedimento per la modalità b).

3. Ciao! Conoscete altre forme di saluto in italiano?

Obiettivo: presentazione delle forme di saluto.
Procedimento: Chiedete agli studenti di dirvi quali forme di saluto conoscono e scrivetele alla lavagna. Dovrebbero uscire almeno: *buongiorno*, *buonasera*, *arrivederci*, forse anche *arrivederla* e *buonanotte*. Se non dovessero arrivare dagli studenti, completate voi la lista. Scrivete le parole alla lavagna e chiedete agli studenti quando si usano le singole formule, ponendo l'accento sulla differenza del registro formale e informale.

4. Ritorno al testo

Questo primo *Ritorno al testo* presenta per la prima volta nel manuale un riquadro verde. È importante che l'insegnante spieghi agli studenti la funzione di tali riquadri, affinché siano chiari sin dall'inizio e per il resto del corso il come e il perché di un'analisi linguistica fatta in questo modo. A questo proposito si veda l'introduzione a p. 19 (Analisi linguistica) e a p. 21 (Funzione dei riquadri verdi).
Obiettivo: analisi delle forme verbali per l'individuazione delle desinenze per le persone *io* e *tu*.
Procedimento:
a. Chiedete agli studenti di rileggere il dialogo al punto 2b e di sottolineare le parole che secondo loro sono verbi.
b. Fate completare la tabella e controllate poi in plenum.
Per lo svolgimento dell'attività si veda anche l'introduzione a p. 20 (Analisi linguistica, Ritorno al testo).
Lo specchietto «desinenza=Endung» è stato pensato per fornire agli studenti lo strumento necessario per capire la domanda formulata in italiano. Si veda anche l'introduzione a p. 22 (Specchietti rosa).
Soluzione: *vedi Eserciziario a p. 17*

5. Occhio alla lingua!

Obiettivo: presentazione e differenziazione delle preposizioni *di* e *a*.
Procedimento: Chiedete agli studenti di leggere la frase data come esempio, fateli riflettere sull'uso delle preposizioni *di* e *a* e chiedetegli di scrivere la regola: a questo livello gli studenti probabilmente la scriveranno nella loro lingua madre. Darete voi la soluzione in italiano

alla lavagna. Per lo svolgimento dell'attività si veda anche l'introduzione a p. 21 (Analisi linguistica, Occhio alla lingua!).
Soluzione: *(uso la preposizione di) per indicare la mia città d'origine; (uso la preposizione a) per indicare la città dove abito*

6. Presentazioni (Esercizio orale e in parte scritto)

Obiettivo: fissaggio delle strutture del punto 5.
Procedimento: Dopo aver letto gli esempi e aver chiarito eventualmente cosa significa *ma*, fate svolgere l'esercizio oralmente, a coppie. L'ultima figura, una silouette, rappresenta lo studente stesso: qui prima dovrà scrivere i nomi delle due città e poi dire la frase. A questo punto probabilmente non conoscerà la versione in italiano (ammesso che esista) delle due città. Si suggerisce quindi, prima di far dire l'ultima frase, di passare al punto 7.
Soluzione: *Sono di Napoli e abito a Napoli. Sono di Torino, ma abito a Firenze. Sono di Venezia, ma abito a Civitavecchia. Sono di Milano, ma abito a Londra.*

7. Milano, Milan, Mailand

Obiettivo: presentazione di alcuni nomi geografici in italiano.
Procedimento: Fate leggere singolarmente i diversi nomi, poi formate delle coppie e chiedete agli studenti di individuare nella loro lingua le città menzionate. Chiarite eventuali dubbi ed esortate gli studenti a chiedere (in italiano) il nome della loro città d'origine qualora questo non fosse nella lista.

8. Che cosa studi?

Obiettivo: presentazione delle facoltà e dei corsi di laurea in Italia.
Procedimento: Fate leggere singolarmente agli studenti le facoltà e i corsi di laurea (qui vengono presentati i più frequenti, per una lista più completa fate riferimento a offf.miur.it, chiarite eventuali dubbi e chiedete se hanno trovato il loro corso di laurea o la loro facoltà. In caso contrario esortate gli studenti a chiederlo (in italiano, naturalmente). Fate comunque presente che non sempre le facoltà o i corsi di laurea corrispondono esattamente nelle diverse lingue e nazioni.

9. Mi chiamo (Produzione guidata orale)

Obiettivo: sviluppo della competenza comunicativa orale.
Procedimento: Formate delle coppie e chiedete agli studenti di presentarsi al vicino usando i verbi della tabella al punto 4 e le strutture apprese finora. Dopo aver ricordato che l'unico mezzo di comunicazione possibile è l'italiano ed aver presentato voi stessi per fornire un esempio, lasciate gli studenti liberi di parlare. Per lo svolgimento dell'attività si veda anche l'introduzione a p. 24 (Produzione orale).

10. Ritorno al testo

Obiettivo: presentazione di alcuni pronomi interrogativi e della funzione comunicativa «fare conoscenza».
Procedimento:
a. Chiedete agli studenti di rileggere il dialogo del punto 2b e di sottolineare le domande.
b. Fate ora scrivere negli spazi appositi quelle domande che normalmente si usano per fare conoscenza e chiedete poi di confrontare con un compagno. Per lo svolgimento dell'attività si veda anche l'introduzione a p. 20 (Analisi linguistica, Ritorno al testo).
Soluzione: *2. (E tu,) di dove sei?; 3. Abiti qua a …?; 4. Come ti chiami?*
Può darsi che qualche studente dia come soluzione del punto 3. *Dove abiti?*, in questo caso accettate naturalmente la proposta, aggiungendola a quella derivata dal dialogo.

11. E tu? (Produzione guidata orale)

Obiettivo: sviluppo della competenza comunicativa orale.
Procedimento: Chiedete agli studenti di fare le domande del punto 10 a un compagno diverso da quello con cui hanno lavorato finora. Lasciateli liberi di parlare. Per lo svolgimento dell'attività si veda anche l'introduzione a p. 24 (Produzione orale).

12. Ritorno al testo

Obiettivo: trattazione dell'articolo indeterminativo.
Procedimento: *a.* Fate rileggere il dialogo del punto 2b, gli studenti dovranno cercare gli articoli indeterminativi e scriverli con i nomi

che li accompagnano. Chiedete poi di definire il genere di questi sostantivi: gli studenti vi scriveranno accanto una *m.* o una *f.* Seguirà un controllo in plenum (la trattazione del genere dei sostantivi in base alle desinenze verrà tematizzata al punto 24, ma già a questo punto gli studenti saranno in grado di darvi una risposta corretta).
b. Fate lavorare a coppie. Gli studenti dovranno completare la tabella. Seguirà un controllo in plenum.
Per lo svolgimento dell'attività si veda anche l'introduzione a p. 21 (Analisi linguistica, Ritorno al testo).
Soluzione:
a. *un'amica (f.), un appartamento (m.), un altro ragazzo (m.), uno studente (m.);*
b. *si veda l'Eserciziario a p. 16*

13. Esercizio (Esercizio scritto)

Procedimento: Chiedete agli studenti di scrivere gli articoli indeterminativi davanti alle parole chiarendo eventuali dubbi riguardo a vocaboli sconosciuti.
Soluzione: *un aeroporto, un'aula, una ragazza, una scuola, un libro, una studentessa, uno scandalo, un professore, un amico, un momento, una casa, un lavoro*

▶II 14. Intervista (Ascolto tipologia A)

Trascrizione del dialogo:

- □ Giuliana, tu fai l'insegnante, no?
- ■ Sì, faccio l'insegnante da una decina d'anni.
- □ E... che cosa insegni?
- ■ Insegno italiano come lingua straniera all'università e francese nelle scuole medie e superiori.
- □ Ah, e dove?
- ■ Insegno all'università La Sapienza, e all'Università di Roma 3 e poi anche in un istituto privato.
- □ Quindi penso che i tuoi studenti sono stranieri, no?
- ■ Sì, sì, quando insegno italiano sì.
- □ E dimmi, di solito di che nazionalità sono?
- ■ Mah, la maggior parte spagnoli, tedeschi, portoghesi, ci sono francesi, belgi, olandesi, finlandesi, polacchi, a volte anche lituani, turchi. Nella classe che ho in questo momento, per esempio, che è

una bella classe di livello intermedio alto, ho una ragazza polacca che studia giurisprudenza e poi c'è una ragazza olandese che fa matematica, una ragazza tedesca che vive qui a Roma da 5 mesi e studia lettere antiche, poi... poi ho un ragazzo tedesco che studia architettura, una francese, sì, che studia fisica e 3 portoghesi che studiano design industriale.

□ E dimmi, l'età media qual è?

■ Mah, va dai 20 ai 25 anni, a volte qualcuno ne ha di più.

□ Un'altra domanda, quanto tempo durano i corsi?

■ Dunque, alla Sapienza durano 3 mesi con lezioni di 4 o 6 ore la settimana, a Roma 3 sono corsi intensivi che durano 3 settimane con 15 ore di lezione in classe ogni settimana e 15 ore di laboratorio.

□ E questi studenti perché studiano l'italiano?

■ Eh, perché sono a Roma con delle borse di studio, dei progetti comunitari che si chiamano ‹Erasmus› e ‹Socrates›, devono sostenere degli esami in lingua italiana oppure scrivere delle tesine o, a volte, devono fare delle ricerche per le loro tesi.

Obiettivo: sviluppo della comprensione auditiva.
Procedimento: Procedete come indicato nell'introduzione alle pp. 11–12 (Input orali, Tipologia A).
Soluzione: *Giuliana è insegnante. Lavora a Roma. L'età media degli studenti è 20–25 anni.*

15. Strategie di ascolto

Obiettivo: riflettere sul processo mentale che si attiva durante un ascolto.
Procedimento: Formate dei gruppi e, dopo esservi accertati che le domande della consegna siano ben chiare, lasciate discutere gli studenti per alcuni minuti. Riportate poi l'attività in plenum e chiedete ad un rappresentante per gruppo di riferirvi i risultati. Aggiungete eventualmente altri suggerimenti. È molto importante che gli studenti si rendano conto che per svolgere il compito dato, quindi per capire il significato generale di un ascolto, non è assolutamente necessario capire tutte le parole. Si veda anche l'introduzione a p. 24 (Strategie).

▶II 16. Ritorno al testo (Ascolto tipologia B)

Obiettivo: presentazione e trattazione degli aggettivi di nazionalità al singolare.
Procedimento:
a. Fate leggere la consegna e chiarite eventuali dubbi. Prima di far sentire l'intervista un'altra volta chiedete agli studenti di leggere gli aggettivi di nazionalità dati. Dopo un primo ascolto, chiedete di confrontare con un compagno: dovessero esserci divergenze, fate sentire l'intervista un'altra volta. Seguirà un controllo in plenum.
Soluzione: *spagnolo, tedesco, francese, portoghese, turco, olandese, polacco*

b. Chiedete ora di completare la tabella con gli aggettivi trovati al punto *a*. Seguirà un controllo in cui saranno gli studenti a leggere, in modo da chiarire eventuali problemi di pronuncia.

c. Per lo svolgimento dell'attività procedete come indicato nell'introduzione a p. 13 (Input orali, Tipologia B, Analisi, procedimento per la modalità a).
Fate notare l'uso temporale della preposizione *da*.
Specchietto: l'insegnante faccia presente che nella lingua parlata si usa spesso il verbo *fare* al posto di *studiare* quando questo è seguito dal nome della facoltà.
Soluzione: *per la soluzione si veda la trascrizione del dialogo.*

d. In questo punto si trova il momento di riflessione con la ricerca delle regolarità linguistiche. Date agli studenti un po' di tempo per lo svolgimento del punto, seguirà un controllo in plenum e la trattazione completa degli aggettivi facendo riferimento alla grammatica dell'Eserciziario (punto 3, p. 16).
e. Esercizio scritto. Fate completare agli studenti e controllate poi in plenum.

17. Esercizio (Esercizio orale)

Obiettivo: fissaggio orale degli aggettivi di nazionalità; ripresa delle forme conosciute e introduzione della terza persona del verbo *essere*.
Procedimento: Fate completare lo specchietto con le prime due forme del verbo *essere* (trattate al punto 4 di questa lezione) e chiedete agli studenti di svolgere l'esercizio a coppie, alternandosi. Chiarite eventuali dubbi (probabilmente il verbo *descrivere*).

Soluzione: *Paul è francese di Tolone. Maria è spagnola di Salamanca. Amalia è portoghese di Lisbona. Peter è tedesco di Colonia. Jan è olandese di Amsterdam. Jasmin è turca di Ankara. Iwan è russo di Mosca. Marianne è austriaca di Linz. Joao è portoghese di Coimbra.*

▶II 18. I numeri da 1 a 30

Obiettivo: presentazione dei numeri fino a 30.
Procedimento:
a. Chiedete agli studenti di lavorare a coppie e di abbinare i numeri alle parole. Anche se finora i numeri non sono stati trattati, l'attività risulterà fattibile, poiché si basa su preconoscenze normalmente comuni nel pubblico accademico.
b. Fate ascoltare ora la registrazione per un controllo e chiarite eventuali dubbi. A questo punto portate gli studenti, attraverso alcune domande (Che cosa notate con il suffisso *-dici*?, Vedete delle regolarità?) a formulare da soli le osservazioni sulla formazione dei numeri da 11 a 19.
c. Con questo punto si completa la presentazione dei numeri fino a 30. Fate ascoltare più volte e controllate scrivendo alla lavagna le soluzioni che vi detteranno gli studenti. Procedete poi come al punto *b.* per le osservazioni riguardo all'elisione della ‹i› in *ventuno* e *ventotto*.

19. Occhio alla lingua!

Obiettivo: presentazione e fissaggio della funzione comunicativa «chiedere l'età»; ripresa delle forme conosciute e introduzione della terza persona del verbo *avere*.
Procedimento: Fate leggere la vignetta e chiarite eventuali dubbi. Fate presente che normalmente nella risposta non si ripete il verbo. Chiedete di completare lo specchietto con il verbo *avere* e poi di fare la domanda a un compagno.

20. Ritorno al testo

Obiettivo: presentazione e fissaggio delle desinenze dei verbi alla terza persona singolare. Ripresa delle altre desinenze al singolare.
Procedimento:
a. Chiedete agli studenti di cercare nel testo al punto 16c le forme della terza persona singolare e fatele scrivere. Poi gli studenti ve le

detteranno. Chiarite che le due forme verbali appartengono rispettivamente alla prima (con desinenza all'infinito in *-are*) e alla seconda coniugazione (con desinenza in *-ere*), e passate al punto successivo.
b. Spiegate che in italiano esiste una terza coniugazione in *-ire*, le cui prime tre forme corrispondono a quelle della seconda coniugazione. Chiedete ora agli studenti di completare la tabella e fate seguire un controllo in plenum.
Soluzione: *si veda l'Eserciziario a p. 17*

21. Un'intervista (Esercizio scritto e produzione guidata orale)

Procedimento:
a. Chiedete agli studenti di completare l'intervista.
I vocaboli sono conosciuti, solo *vicino a* compare per la prima volta, può darsi che ci sia bisogno di un chiarimento in questo senso. Fate seguire un controllo in plenum.
Soluzione: *ti chiami; Sei; sono, vivo; studi; abiti; Abito; hai*

b. Ora chiedete agli studenti di presentare Joao in base alle informazioni che hanno letto nell'intervista. Controllate poi in plenum.
Soluzione: *... è brasiliano, ma vive in Italia da cinque anni. Studia fisica e abita in centro vicino all'università. Ha 23 anni.*

c. Dopo i primi due punti in cui il fissaggio è scritto, è il momento di far parlare gli studenti. Chiedetegli di intervistare un vicino e di presentarlo poi ad un altro compagno. Lasciate gli studenti liberi di parlare, ma accertatevi che eseguano il compito seguendo le vostre istruzioni.

22. Perché studi l'italiano? (Lettura tipologia A)

Obiettivo: sviluppo della comprensione della lingua scritta e presentazione delle funzioni comunicative «chiedere il perché di qualcosa» e «motivare una scelta».
Procedimento: Per lo svolgimento dell'attività in generale si veda anche l'introduzione alle pp. 14–18 (Letture, Caratteristiche, Tipologia A).
a. Questo punto è da intendersi come pre-lettura: da un lato introduce il tema trattato dalla lettura, dall'altro presenta le parole-chiave utili per la comprensione generale. Accertatevi quindi che sia la consegna che le espressioni di questo punto siano chiare e fate svolgere il compito richiesto. Si consiglia di riprodurre il punto 22a su lucido, in modo che gli studenti non vengano distratti nelle loro supposizioni

dal testo che segue. Potranno scrivere gli abbinamenti richiesti sul quaderno. Quando gli studenti avranno finito, potete chiedere di confrontare le loro supposizioni con un compagno. Procedete poi col punto *b*.
b. Chiedete agli studenti di leggere il testo per verificare se le supposizioni da loro fatte sono corrette. Dategli circa due minuti di tempo, che saranno sufficienti per effettuare la verifica, poiché il fatto di avere un compito ben preciso porterà gli studenti a concentrarsi sulle informazioni sostanziali, senza soffermarsi su quei punti che saranno più oscuri.
c. Chiedete ora di rileggere il testo cercando per ogni categoria data di scrivere i diversi motivi nominati. Seguirà un controllo in plenum e il chiarimento di eventuali dubbi. Prima di passare al punto *d*. fate cercare le formule che servono per chiedere il motivo di una scelta e per rispondere a tale domanda (*Perché? per + infinito / per + sostantivo / perché + verbo coniugato*).
d. A questo punto l'insegnante chiederà se ci possono essere altri motivi che spingono allo studio della lingua italiana e aiuterà gli studenti nella loro formulazione in italiano.
e. Lo scopo di questa indagine è quello, da una parte, di fissare oralmente le funzioni comunicative viste in questo punto e dall'altro quello di rendere partecipi gli studenti (e l'insegnante) dei vari motivi che spingono la classe a studiare l'italiano. Chiedete dunque agli studenti di svolgere il compito, specificando che, se vogliono, possono intervistare anche più di tre studenti.
f. Formate dei gruppi di tre o quattro studenti e chiedete di confrontare le risposte raccolte e di analizzarle: prendendo in considerazione 10 casi sarà facile fare una statistica. I numeri nello specchietto e l'esempio riportato serviranno alla formulazione orale. I risultati saranno riferiti in plenum da un portavoce.

23. Strategie di lettura

Obiettivo: riflettere sul processo mentale che si attiva durante una lettura.
Procedimento: Formate dei gruppi e, dopo esservi accertati che le domande della consegna siano ben chiare, lasciate discutere gli studenti per alcuni minuti. Riportate poi l'attività in plenum e chiedete ad un rappresentante per gruppo di riferirvi i risultati. Aggiungete even-

tualmente altri suggerimenti. È molto importante che gli studenti si rendano conto che per svolgere il compito dato al punto 22c non è assolutamente necessario capire tutte le parole del testo. Si veda anche l'introduzione a p. 24 (Strategie).

24. Occhio alla lingua!

Obiettivo: trattazione del genere dei sostantivi in base alle desinenze e degli articoli al singolare.
Procedimento:
a. Fate leggere le parole date e chiedete di svolgere il compito. Controllate in plenum e fate completare la regola nel riquadro verde. Per lo svolgimento dell'attività si veda anche l'introduzione a p. 21 (Analisi linguistica, Occhio alla lingua!).
Soluzione: *si veda l'Eserciziario a p. 16*

b. Chiedete adesso di rileggere il testo del punto 22 e di cercare e scrivere gli articoli determinativi delle parole viste al punto precedente.
c. Formate delle coppie e fate scrivere la regola. Seguirà un controllo in plenum e l'approfondimento della regola facendo riferimento alla grammatica a p. 16 dell'Eserciziario.
Per accertarvi che la regola sia chiara potete scrivere alcuni vocaboli alla lavagna e chiedere agli studenti di aggiungere gli articoli.
Soluzione: *si veda l'Eserciziario a p. 16*

25. Esercizio (Esercizio scritto)

Procedimento: Seguite le indicazioni del manuale. In caso di dubbi l'insegnante rappresenta l'ultima istanza.

26. Imparare l'italiano in Italia (Lettura tipologia A, produzione scritta)

Obiettivo: sviluppo della comprensione della lingua scritta e dell'abilità di scrittura.
Procedimento: Fate leggere il titolo dell'attività e accertatevi che la consegna sia chiara. Fate leggere il modulo riportato (si veda l'introduzione a p. 16, Letture, Tipologia A): basteranno uno o due minuti. Chiedete poi agli studenti di che cosa si tratta e, dopo aver chiarito eventuali dubbi, fatelo compilare. Per la correzione si vedano le riflessioni a p. 25 dell'introduzione (Produzione scritta).

FONETICA

Come già specificato nell'introduzione (si veda la p. 28, Fonetica), il fatto che la trattazione della fonetica si trovi sempre nell'ultima pagina dell'unità non significa che dobbiate aspettare la fine dell'unità per proporla. In questo primo caso la trattazione /k/ ≠ /tʃ/ viene proposta partendo dall'analisi fonetica del dialogo del punto 2. Dunque già dopo la presentazione di questo punto potrete affrontare, se lo riterrete necessario, la fonetica dell'unità.

▶II 1. /k/ o /tʃ/?

Obiettivo: trattazione della pronuncia e ortografia dei suoni /k/ e /tʃ/.
Procedimento:
a. Chiedete agli studenti di ascoltare e contemporaneamente leggere il dialogo facendo particolare attenzione alla pronuncia delle parole in rosso. Potrà essere necessario un secondo ascolto.
b. Chiedete di riflettere ora sulla pronuncia dei gruppi di lettere riportati e di scrivere la regola. Seguirà un controllo in plenum.
Soluzione: /tʃ/; /k/; /k/

c. Spiegate che la regola appena vista vale anche nel caso che la ‹c› sia doppia. Fate ascoltare le parole e in seguito fatele ripetere.
d. Chiedete agli studenti di leggere le parole della lista e di ordinarle secondo la pronuncia: dategli qualche minuto di tempo. Il controllo seguirà alla lavagna (o su lucido): saranno gli studenti a leggere le parole, dando così la soluzione.
Soluzione: /k/: *casa, Chianti, perché, ecco, chiedere, curriculum, continuare, cultura, categoria;* /tʃ/: *società, città, partecipare, percentuale, certo*

▶II 2. Il suono /kw/

Obiettivo: presentazione e fissaggio della pronuncia di /kw/.
Procedimento:
a. Fate ascoltare le parole e chiedete di fare attenzione alla pronuncia del gruppo *qua, que, qui, quo.*
b. Ora fate ripetere le parole riportate.

Tema: muoversi all'interno dell'università (bar, segreteria)
Obiettivi comunicativi: chiedere come uno sta e rispondere; presentare qualcuno; scegliere e ordinare spuntini e bevande in un bar; chiedere l'ora e rispondere; chiedere informazioni in una segreteria (all'università); scambiare con un interlocutore informazioni generali sulla propria persona; *lingua scritta:* scrivere una breve e-mail con dati personali; *in classe:* chiedere di ripetere una parola
Elementi morfosintattici: indicativo presente (singolare e plurale) dei verbi regolari e di alcuni irregolari (*essere, avere, fare, stare, bere*); le forme plurali di sostantivi, aggettivi e articoli; la concordanza di sostantivo e aggettivo; alcune preposizioni articolate (*a, da*); alcuni pronomi interrogativi (*che, quale*).
Fonetica: i suoni /g/, /dʒ/ e /gw/

1. Bevande e spuntini

Obiettivo: Quest'attività è pensata come momento introduttivo al tema del bar.
Procedimento: Molto probabilmente i vostri studenti conoscono già molte delle parole elencate in questo punto. Fosse necessaria una traduzione, potete ricorrere, quando possibile, alle fotografie.
Il punto *b.* va visto come momento di ampliamento del lessico strutturato in tre fasi: ognuno scrive le parole che conosce (non comparse al punto *a.*), poi confronta con un compagno e infine si passa a una raccolta di lessico in plenum.

▶II 2. Ciao, Stefano! (Ascolto tipologia A)

Trascrizione del dialogo:

□ Ciao, Stefano!
■ Ciao, come va?
□ Bene. E tu, come stai?
■ Eh, non c'è male dai, senti... questa è Lucia.
□ Ah, ciao, sono Marco.
▸ Ciao!
■ Senti, noi... noi andiamo al bar, vieni anche tu?
□ Eh... che ore sono?
■ Sono le 2 e 10...

□ Eh, la mensa chiude alle 2 e mezzo, beh, sì, mangio qualcosa con voi al bar.

■ Allora, faccio io lo scontrino?
□ Sì, e poi dividiamo.
■ Tu che cosa prendi?
▸ Che cosa c'è da mangiare? Le hanno le pizzette?
■ Le pizzette... credo di no, però ci sono panini, tramezzini, anche toast credo...
▸ I panini sono caldi?
■ Mah, non lo so, però posso chiedere.
▸ Ah, sì, grazie. Allora... io prendo un panino se c'è con pomodoro e mozzarella, caldo, se possibile.
□ Io prendo un tramezzino.
■ E da bere?
▸ Per me un bicchiere d'acqua minerale.
□ Per me una Coca.
■ Allora ... un panino, due tramezzini, due bicchieri d'acqua minerale e una Coca cola.
▹ Sono 8 € e 30.
■ Ecco a Lei.

■ Eccomi!
◇ Prego!
■ Allora ... un panino con pomodoro e mozzarella... è possibile averlo caldo?
◇ Sì, certo.
■ Due tramezzini...
◇ I tramezzini come? Tonno e pomodoro, abbiamo prosciutto e mozzarella, spinaci e mozzarella...
□ Per me spinaci e mozzarella.
■ Per me prosciutto e mozzarella, per piacere.
◇ E da bere, l'acqua, naturale, gassata?
▸ Gasata.
■ Anche per me.
□ Per me una Coca.
◇ Ecco.
□ Grazie.
■ Vediamo se c'è un tavolo libero... Ah, sì guarda, là in fondo.

Obiettivo: sviluppo della comprensione auditiva.
Procedimento: Per lo svolgimento dell'attività di ascolto procedete come indicato nell'introduzione a pagina 11 (Input orali, Tipologia A). Il dialogo qui presentato va affrontato innanzitutto come ascolto globale (ascolti di tipologia B di brani dello stesso dialogo seguono ai punti 3, 4, 10).
I punti *a.* e *b.* sono molto importanti e vanno visti come presentazione di strategie d'ascolto: se guidati in questo senso gli studenti impareranno a raccapezzarsi da soli di fronte ad ascolti più lunghi e complicati facendo leva su conoscenze e intuizioni che non sempre sono da ascrivere all'ambito puramente linguistico.
Soluzione del punto c: *I ragazzi sono al bar. Lucia prende un panino con pomodoro e mozzarella, caldo, e un bicchiere d'acqua minerale. Marco prende un tramezzino con spinaci e mozzarella e una Coca. Stefano prende un tramezzino con prosciutto e mozzarella e un bicchiere d'acqua minerale. È possibile avere panini caldi. Lucia e Stefano prendono un'acqua minerale gassata. C'è un tavolo libero.*
Elementi di civiltà: Fate presente che molto spesso in Italia nei bar si deve fare lo scontrino alla cassa prima di consumare qualcosa. Interessante è anche l'abbreviazione ‹Coca› per ‹Coca-Cola›.

▶II 3. Questa è… (Ascolto tipologia B)

Obiettivo: presentazione, analisi e fissaggio delle funzioni comunicative «chiedere come uno sta + risposta» e «presentare qualcuno».
Elementi morfosintattici: forme singolari del verbo *stare*; *questo/questa*.
Procedimento: *a.* Per lo svolgimento dell'attività di ascolto procedete come indicato nell'introduzione a pagina 13 (Input orali, Tipologia B, Analisi, Procedimento per la modalità a).
Soluzione: *si veda la trascrizione del dialogo al punto 2*

b. e *c.* Entrambi i punti sono un momento di analisi delle funzioni comunicative di cui sopra: l'insegnante chiede agli studenti di rileggere il dialogo, di cercare le domande e le risposte che mancano (*b*) e di completare lo schema (*c*). Segue un momento di controllo in plenum con l'insegnante.
A questo punto gli studenti saranno in grado di svolgere il punto *d.*
d. Fissaggio delle strutture viste ai punti *a.*, *b.*, *c.* L'insegnante si accerti che si formino gruppi di tre. Se necessario si dovrà formare un gruppo (o forse due) di quattro persone. In questo caso l'insegnante spiegherà che le persone da presentare saranno due.

⏯ 4. Tu cosa prendi? (Ascolto tipologia B)

Obiettivo: presentazione delle forme plurali dei sostantivi e delle funzioni comunicative «scegliere qualcosa da mangiare e da bere in un bar», «chiedere che cosa uno prende» e «ordinare».
Procedimento: L'insegnante chiederà di lavorare a coppie e farà ascoltare il dialogo più volte. Prima però sarà bene avvertire gli studenti che in questa fase devono limitarsi a numerare le frasi nell'ordine in cui le ascoltano e non riscriverle. Dopo le prime tre, quattro volte l'insegnante farà una pausa per permettere agli studenti di lavorare insieme e scambiarsi informazioni utili, facendo presente che è importante che il lavoro di ricostruzione si basi non solo sulla comprensione auditiva, ma anche su un momento di riflessione linguistica (a una domanda segue una risposta, a una richiesta può seguire un ‹sì› o un ‹no›, ecc.). Seguirà ancora qualche ascolto fino a che il testo sarà ricostruito. Si concluderà con un controllo in plenum dove gli studenti daranno la soluzione (per esempio un gruppo di quattro leggerà il testo messo in ordine).
Soluzione: *si veda la trascrizione del dialogo al punto 2*

Una volta ottenuto il testo, è opportuno far seguire un momento di analisi delle funzioni comunicative presenti nello stesso.
L'insegnante chiederà agli studenti di cercare nel testo le espressioni utili per chiedere chi prende cosa, informarsi su cosa c'è da mangiare e per ordinare qualcosa. Le risposte corrette verranno scritte alla lavagna. Questa riflessione sarà utile per lo svolgimento del punto 8.

5. Ritorno al testo

Obiettivo: analisi delle forme plurali dei sostantivi.
Procedimento: L'insegnante farà cercare agli studenti le corrispondenti forme plurali dei sostantivi nel testo del punto 4 facendo presente di fare attenzione alle desinenze. Esorterà poi gli studenti a scrivere la regola. Seguirà un controllo in plenum.

6. Esercizio

Soluzione: *Anna e Rita prendono due bicchieri d'acqua minerale, due cappuccini e un cornetto. Mario, Luca e Daniela prendono due aperitivi, due espressi, una birra, un bicchiere d'acqua, due tramezzini e una pizzetta.*

7. Ritorno al testo

Obiettivo: analisi delle forme plurali degli articoli, la concordanza degli aggettivi al plurale.
Procedimento:
a. Per prima cosa gli studenti devono completare lo schema degli articoli al singolare (momento di ripasso delle forme già viste nell'unità 1). Segue la ricerca delle forme plurali degli articoli nel testo del punto 4 e infine la definizione della regola con completamento della tabella e il controllo in plenum. L'insegnante poi completerà la regola facendo riferimento alla tabella di pagina 29 dell'Eserciziario (grammatica). A questo proposito è consigliabile fare in classe l'esercizio 2 alle pp. 19–20.
b. Qui l'insegnante chiederà agli studenti di leggere le frasi e di riflettere sulle desinenze dei sostantivi e degli aggettivi.
c. In seguito si passerà al completamento del punto *c.* con successiva definizione delle regole della concordanza sostantivo-aggettivo.
Soluzione: *una birra; due birre piccole, medie, grandi; un panino; due panini caldi; un'aranciata; due aranciate dolci, amare*

8. Al bar (Produzione libera orale)

Obiettivo: sviluppo della competenza comunicativa orale.
Procedimento: Dividete la classe in gruppi di tre o quattro. Spiegate la situazione e lasciate che gli studenti parlino liberamente. Accertatevi che avvenga uno scambio di ruoli.

9. Essere o avere?

Obiettivo: presentazione delle forme plurali e ripresa di quelle singolari dei verbi *essere* e *avere*.
Procedimento: Fate completare la parte con le forme singolari dei verbi (trattate nell'unità 1) e fate cercare le altre forme rimanenti nel testo del punto 4. Seguirà un controllo in plenum.

▶II 10. Le ore (Ascolto tipologia B)

Procedimento: Fate sentire più volte il brano fino a quando gli studenti avranno completato le lacune. Seguirà un controllo in plenum e la definizione dei due modi possibili per chiedere l'ora.
Soluzione: *si veda la trascrizione del dialogo al punto 2*

11. Che ora è?

Procedimento:
a. Dopo che gli studenti avranno svolto il compito, chiedete loro di rileggere le espressioni di tempo e fateli riflettere sul funzionamento delle stesse nella lingua italiana. Potete fare delle domande precise, come per esempio: «Cosa notate nell'uso dei verbi? E nell'uso degli articoli?». Dategli alcuni minuti e raccogliete poi in plenum le risposte a cui sono arrivati, formulando così le regole.
b. Fate notare agli studenti che in contesti ufficiali, come forse anche nella loro lingua madre, il modo di esprimere l'ora differisce da quello visto al punto 11 a. Fategli leggere il primo esempio e chiedetegli di scrivere le altre quattro espressioni. Seguirà un controllo in plenum.
Soluzione: a. *(da sinistra a destra) h, e, c, a, f, d, b, g, i;* b. *sono le sedici e quindici; sono le ventiquattro; sono le diciotto e quarantacinque; sono le ventuno e cinquanta*

12. Ritorno al testo

Obiettivo: trattazione delle forme *c'è* e *ci sono*.
Procedimento: Fate completare le frasi cercando gli elementi mancanti nel testo del punto 4. Dopo un controllo in plenum, l'insegnante chiederà agli studenti di riflettere sul diverso uso di *c'è* e *ci sono* e di completare la regola. Seguirà un controllo in plenum.
Soluzione: *c'è; ci sono; c'è; Si usa ‹c'è› con i nomi o espressioni al singolare, si usa ‹ci sono› con i nomi o espressioni al plurale.*

13. C'è o ci sono? (Esercizio orale)

Procedimento: Date 30 secondi di tempo. Gli studenti dovranno leggere il listino del punto 13 e cercheranno di memorizzare il maggior numero di parole. Fate chiudere il libro e formate dei gruppi di tre o quattro studenti: ogni gruppo dovrà scrivere le parole che si ricorda. Date due minuti. Allo scadere del tempo ogni gruppo attraverso un portavoce dirà una parola che ha scritto formulando una frase intera «da mangiare c'è / ci sono..., da bere c'è / ci sono...» e l'insegnante la scriverà alla lavagna. Si comincia con il primo gruppo e si passa poi al prossimo, che naturalmente non potrà dire una parola già detta e scritta alla lavagna. Si procederà così fino ad esaurimento delle parole (sarebbe utile che i gruppi cambiassero portavoce ad ogni giro). Vince il gruppo che resiste più a lungo. Alla fine del gioco l'insegnante potrà chiedere se tutti i vocaboli letti sono chiari: in caso contrario chiarirà le lacune cercando di far dire la soluzione agli studenti stessi.

14. Occhio alla lingua!

Obiettivo: differenza fra *essere* ed *esserci*.
Procedimento:
a. Chiedete agli studenti di leggere le frasi riportate e di rispondere alla domanda. Se la differenza non fosse chiara, potete fare altri esempi, magari scrivendoli alla lavagna.
b. Esercizio. A questo punto gli studenti completano le frasi inserendo le forme corrette. Seguirà un controllo in plenum.
Soluzione: *1. ci sono, sono; 2. è, ci sono; 3. c'è, è; 4. sono, c'è, ci sono*

15. Alla salute! (Lettura tipologia A)

Obiettivo: sviluppo della comprensione della lingua scritta.
Procedimento: Per lo svolgimento dell'attività si veda l'introduzione a pagina 16 (Letture, Tipologia A).

a. È sempre importante che lo studente sappia qual è il compito che deve svolgere prima di iniziare qualsiasi tipo di attività: qui è quello di individuare, attraverso una prima lettura veloce, il tema principale, e per far questo non sarà necessario capire dettagliatamente il testo. Quindi potrete suggerire agli studenti che basterà scorrere con gli occhi il testo per individuare elementi utili (è diviso in paragrafi e quindi è facile).

b. Questo punto è da considerare un momento di riflessione per l'individuazione delle strategie di comprensione: dopo averne parlato in piccoli gruppi, si tireranno le somme in plenum. Le risposte potranno variare da gruppo a gruppo, tuttavia è importante che escano le seguenti constatazioni: nonostante non conosca attivamente diverse parole in una frase, sono riuscito a capirne il senso facendo leva sull'intuizione (alcune parole sono simili nella mia lingua madre o in un'altra lingua straniera che conosco), sulle preconoscenze (p. es. conoscevo la parola *piazza*) o deducendolo dal contesto.

c. Per svolgere il punto *c.* è necessaria un'altra lettura. L'insegnante si accerterà che la domanda sia chiara e scriverà alla lavagna:
bar: pub: birreria: enoteca:
invitando gli studenti a completare con le informazioni che troveranno nel testo. Seguirà un controllo in plenum.

Soluzione:
Bar: caffè, panini, aperitivo, gelato. Pub: birra, panini, patatine, a volte primi piatti. Birreria: birre di tutto il mondo. Enoteca: vini delle migliori qualità

Alla fine dell'attività l'insegnante potrà chiedere se ci sono domande, potrà tradurre parole che per gli studenti sono di assoluta importanza per la comprensione generale del testo, ma non lo tradurrà tutto.
A questo proposito si veda anche l'introduzione a p. 18 (fase c).

16. Ritorno al testo (Lettura tipologia B)

Obiettivo: trattazione delle forme plurali dei verbi e ripresa di quelle singolari.
Procedimento:
a. Chiedete agli studenti di rileggere il testo del punto 15 e di sottolineare tutte le parole che secondo loro sono forme di verbi al plurale. Seguirà un controllo in plenum.
b. Chiedete di completare la tabella prima con le forme trovate nel testo e poi di scrivere le rimanenti forme (trattate nell'unità 1).
c. e *d.* In questi due punti si trova il momento di riflessione con la ricerca delle regolarità linguistiche. Date agli studenti un po' di tempo per lo svolgimento del punto *c.*, seguirà un controllo in plenum, fate poi la domanda del punto *d.*, accompagnando l'espressione «fra parentesi» con un gesto, in modo che sia chiara.
Alla fine seguirà la trattazione completa facendo riferimento alla grammatica dell'Eserciziario (tabella punto 4 p. 30).
Soluzione: c. *io (-o), tu (-i), noi (-iamo)*

17. Esercizio (Esercizio scritto)

Soluzione:
io: chiudo, mi chiamo, faccio, mangio
tu: ti chiami, metti, abiti, vivi
lui / lei: è, fa, mangia, ha
noi: partiamo, abbiamo, abitiamo, viviamo
voi: prendete, studiate, partite, fate
loro: hanno, fanno, aprono, servono

18. Esercizio (Esercizio scritto)

Soluzione: *Sono, è, incontra, decidono, prende, prendono, ordinano*

19. Occhio alla lingua!

Obiettivo: trattazione e fissaggio dei verbi in *-isc-*.
Procedimento: Fate leggere la frase riportata come esempio e in seguito la coniugazione di *preferire*. Chiedete poi agli studenti di confrontare questo verbo con *aprire* (visto al punto 16): cercheranno di determinare le differenze, parlandone poi in plenum. Fategli poi completare le tabelle, seguirà un controllo in plenum.

20. E nella vostra città? (Produzione libera orale)

Obiettivo: sviluppo della competenza comunicativa orale.
Procedimento: Chiedete agli studenti di lavorare a coppie. Spiegate la situazione e accertatevi che il compito sia chiaro. Lasciate che gli studenti parlino liberamente.

Il punto *b.* dell'esercizio 12 nell'Eserciziario (p. 25) – da farsi dopo il punto 20 – è una produzione libera orale, per cui l'insegnante dovrà prevedere un po' di tempo per farlo in classe (usandolo magari come warm-up all'inizio di una lezione).

▶II 21. Informazioni (Ascolto tipologia A)

Trascrizione del dialogo:

□ Buongiorno!
■ Buongiorno!
□ Senta, io vorrei iscrivermi a questa università, sono una studentessa tedesca.
■ Lei è una studentessa Erasmus?
□ Sì.
■ E che cosa studia?
□ Ingegneria.
■ Ha tutti i certificati?
□ Sì, questo è il certificato della mia università, e questo è quello del mio professore.

- Va bene... Qual è il suo indirizzo qui a Pisa?
- ○ Via Della Pura 13.
- Sì, ... dunque può ritirare il libretto fra due settimane.
- ○ Va bene, senta, io vorrei anche alcune informazioni su questa università.
- Sì, se va sul nostro sito unipi.it trova tutto lì.
- ○ Ci sono anche informazioni sulla biblioteca?
- Certo. Comunque, la biblioteca di ingegneria è in via Diotisalvi.
- ○ Ah! Ed è aperta...?
- Dalle 8.00 alle 20.00, mi sembra.
- ○ Va bene, grazie!
- Prego!

Obiettivo: sviluppo della comprensione auditiva.
Procedimento: Per lo svolgimento dell'attività di ascolto procedete come indicato nell'introduzione a pagina 11 (Input orali, Tipologia A).

a. e *b.* Lo scopo di queste domande è quello di indicare allo studente una delle strategie di comprensione orale, e cioè una volta individuata la situazione (in questo caso dialogo in una segreteria) aiutarsi nella comprensione ricostruendo un contesto extralinguistico: Che cosa si dice normalmente in una situazione del genere? Quali possono essere le domande? Ecc.

c. Con il terzo ascolto gli studenti cercheranno di completare il punto *c.* Prima di procedere, accertatevi che gli studenti abbiano capito la parola *indirizzo* (le altre sono conosciute). Potranno essere necessari più ascolti. L'attività si conclude con un controllo finale.
Soluzione: *tedesca, ingegneria, Via Della Pura 13*

▶II 22. Ritorno al testo (Ascolto tipologia B)

Obiettivo: presentazione e analisi delle forme verbali usate per la forma di cortesia.
Procedimento:
Procedete come indicato nell'introduzione a p. 21 (Ritorno al testo).
a. Fate ascoltare il dialogo diverse volte. Dopo le prime volte fate fare un confronto a piccoli gruppi. Seguono altri ascolti fino a quando vedrete che le lacune sono state riempite. Finite con un controllo in plenum, dove potrete scrivere le domande alla lavagna.

Soluzione: *si veda la trascrizione del dialogo al punto 21*

b. Questo punto è visto come momento di riflessione linguistica. Conoscendo le coniugazioni dei verbi, gli studenti saranno in grado di dare la risposta.
Soluzione: *la terza persona singolare*

c. Momento di fissaggio della funzione «fare domande usando la forma di cortesia» e ripresa della stessa funzione con la forma del *tu*. Dopo che gli studenti avranno scritto le domande, ci sarà un momento di controllo.

A questo punto potete tirare le somme sull'uso dei verbi per la forma di cortesia al singolare e al plurale, facendo riferimento alla grammatica nell'Eserciziario (punto 4 p. 30).

23. Hai il cellulare? (Produzione guidata orale)

Obiettivo: fissaggio orale della funzione linguistica «chiedere il numero di telefono».
Procedimento: Se avete con voi il vostro cellulare, potete prenderlo in mano e chiedere «Come si chiama questo in italiano?», normalmente gli studenti conoscono almeno una delle espressioni. Potete fargli presente, esortandoli a guardare il disegno, che in italiano esistono due espressioni. Chiedetegli poi di scambiare il loro numero di telefonino con almeno due compagni.

24. Cambiate identità! (Produzione guidata scritta e orale)

Obiettivo: fissaggio della funzione linguistica «fare domande nella forma di cortesia».
Procedimento: Chiedete agli studenti di guardare le fotografie e domandate se le parole *piazza*, *piazzale*, *largo*, *corso*, *viale*, *via* sono chiare. Probabilmente ci sarà bisogno di qualche spiegazione. In seguito esortateli a costruirsi una nuova identità italiana inventando nome e indirizzo (con la città) e scrivendo il tutto sul quaderno. In un secondo tempo cercheranno di scoprire l'identità del vicino ponendogli le domande viste al punto 22.

▶II 25. A che ora? (Ascolto tipologia B)

Obiettivo: presentazione e trattazione della funzione «chiedere a che ora».
Procedimento: Dopo aver fatto ascoltare diverse volte il minidialogo, fate un controllo in plenum. Chiedete poi agli studenti di riflettere sulle preposizioni articolate *alle* e *dalle* e di cercare di risalire alle loro componenti: si completerà così la prima parte dello specchietto in verde. In seguito, dopo aver richiamato l'attenzione sull'uso dell'articolo nella funzione «dire l'ora», fate completare il resto dello specchietto. Concludete con un controllo in plenum.
Soluzione: *alle; dalle, alle*

26. Orari (Esercizio scritto)

Procedimento:
a. Dopo esservi accertati che gli studenti abbiano capito la parola *orari*, fate leggere i cartelli raffigurati nelle foto, rispondendo, se necessario, a eventuali domande. Fate poi completare le frasi e controllate infine in plenum.
Soluzione: 1. *alle, alle, alle;* 2. *alle;* 3. *dalle, alle;* 4. *dalle, alle, dalle, alle*

b. Esortate ora gli studenti a scrivere frasi simili, ma con gli orari della loro università. Seguirà un controllo in plenum.

27. Occhio alla lingua!

Obiettivo: presentazione e uso di *vorrei*.
Procedimento: Fate leggere le frasi riportate come esempi e chiedete di completare lo specchietto. Seguirà un controllo in plenum.
In questo punto viene presentato anche l'uso di *senti!/senta!*. Potete chiedere agli studenti se e quando l'hanno già sentito (era nel dialogo del punto 21).
Soluzione: *vorrei + verbo all'infinito; vorrei + sostantivo al singolare o al plurale*

28. Le professioni

Obiettivo: presentazione di alcuni nomi di professioni e della funzione «chiedere la professione».

Procedimento: Chiedete agli studenti di guardare le fotografie e di leggere i nomi di professione.
a. Chiedete agli studenti di immaginare la professione delle persone raffigurate e di scriverla sotto la foto corrispondente.
b. Chiedete ora di controllare se il vicino ha avuto la stessa idea ponendo la domanda come nell'esempio. Chiarite il senso di *secondo me* e ponete l'accento sulla differenza dell'uso dell'articolo nelle espressioni *è architetto* e *fa l'architetto*.

29. Cerchiamo... (Lettura tipologia A e produzione guidata scritta)

Obiettivo: sviluppo della comprensione della lingua scritta e dell'abilità di scrittura.
Procedimento:
a. Fate leggere l'annuncio agli studenti e chiarite eventuali incertezze.
b. Fate ora scrivere un'e-mail di risposta all'annuncio. L'inizio e la fine dell'e-mail sono dati, chiarite eventuali domande in proposito. Questa attività può essere proposta anche come compito a casa.
Per la correzione si vedano le riflessioni a p. 27 dell'introduzione (Produzione scritta).

FONETICA

▶II 1. /g/ o /dʒ/?

Obiettivo: trattazione della pronuncia e ortografia dei suoni /g/ e /dʒ/.
Procedimento: Chiedete agli studenti di riassumere le regole di pronuncia di /k/ e /tʃ/ e spiegate che le stesse regole valgono per la pronuncia di /g/ e /dʒ/. Fate ascoltare poi le parole del punto 1, chiedendo di fare attenzione alla pronuncia dei suoni suddetti. In seguito gli studenti completeranno la regola. Seguirà un controllo in plenum. Alla fine di questo punto potete far leggere le parole ad alta voce agli studenti.
Soluzione: /g/; /g/; /dʒ/

▶II 2. Il suono /gw/

Obiettivo: presentazione e fissaggio della pronuncia di /gw/.
Procedimento: Fate sentire la pronuncia delle parole e fatele ripetere agli studenti.

▶II 3. /tʃ/ o /dʒ/?

Obiettivo: differenziazione dei due suoni.
Procedimento: Spiegate agli studenti che sentiranno gruppi di due parole le quali hanno significati diversi a seconda che contengano il suono /tʃ/ o il suono /dʒ/. Ditegli che la prima crocetta è già stata messa. Probabilmente saranno necessari due ascolti. Controllate poi in plenum. La lista delle parole è la seguente: *cucina, cugina, giro, Ciro, città, gita, celato, gelato, genere, cenere, ciglio, giglio, Gina, Cina*

▶II 4. «gi+vocale» e «ci+vocale»

Obiettivo: trattazione dell'‹i muta› nei gruppi *cia, cio, ciu, cie, gia, gio, giu, gie*, quando non accentata.
Procedimento: Fate ascoltare le parole e chiedete agli studenti di fare attenzione alla pronuncia dei gruppi *gia, giu, gio, cia* e *cio*. Chiedete di segnare le parole dove in questi gruppi si pronuncia la ‹i›. Fate un controllo in plenum e spiegate che normalmente in questi gruppi la ‹i› si pronuncia solo quando è portatrice di accento tonico.
Soluzione: *biologia, farmacia, Lucia*

Tema: il tempo libero e la vita quotidiana
Obiettivi comunicativi: parlare del tempo libero e della vita quotidiana; descrivere abitudini; indicare la frequenza con cui si svolgono delle attività; esprimere gusti e preferenze; augurare a qualcuno buona fortuna; *lingua scritta:* descrivere la propria vita quotidiana (da studenti) in una breve e-mail ad un amico.
Elementi morfosintattici: il presente di alcuni verbi irregolari (*andare, sapere, uscire*); il verbo *piacere*; pronomi oggetto atoni indiretti; i verbi servili (*dovere, potere, volere*); le preposizioni articolate; i verbi riflessivi; *ogni / tutti i...*; la doppia negazione; gli aggettivi possessivi (I).
Fonetica: l'accento tonico e grafico; l'accentazione dei verbi al presente; l'intonazione: frasi interrogative ed enunciative.

1. Tempo libero (Esercizio scritto e orale)

Obiettivo: introduzione del lessico relativo al tempo libero e preparazione all'ascolto.
Procedimento: Dite agli studenti di abbinare ogni disegno ad una delle espressioni sottostanti e fate poi confrontare in coppia. Per controllare in plenum potrete proiettare un lucido su cui avrete riprodotto la pagina 38 e porre domande come «Che cosa fanno questi ragazzi? / Che cosa fa questo/-a ragazzo/-a?» (indicando il relativo disegno). Prima di passare alle domande, fate però notare lo specchietto con la coniugazione di *andare* e *uscire*, utile per le risposte. Infine, sarà bene evidenziare la differenza fra *giocare* e *suonare*. Chiedete poi se c'è qualcuno che suona la chitarra (come il ragazzo del disegno) o un altro strumento e se c'è qualcuno che gioca a calcio o a tennis, così potrete ampliare ulteriormente il lessico in base agli interessi degli studenti. Non soffermatevi invece sull'uso delle preposizioni con il verbo *andare*, che verrà trattato più avanti nell'Eserciziario (esercizio 13).
Concludete questa fase invitando gli studenti a chiedere al proprio vicino «E tu che cosa fai?».

Soluzione: *A. uscire con gli amici; B. fare un giro in bici; C. andare in discoteca; D. andare in montagna; E. navigare in Internet; F. giocare a calcio; G. leggere; H. suonare uno strumento; I. andare a un concerto; L. andare a una festa*

▶II 2. E tu che cosa fai? (Ascolto tipologia A)

Trascrizione del dialogo:

□ E tu che cosa fai nel tempo libero?
■ Mah, veramente non ne ho molto, perché dopo l'università lavoricchio un po' per guadagnare qualche soldo...
□ Ah, anche tu...
■ Eh, beh, che vuoi... devo!
□ Eh, ormai dobbiamo lavorare un po' tutti, mi sa... più o meno...
■ Eh! Fra tasse universitarie, libri e tutto il resto... qua, se uno non si arrangia un po'...
□ E che cosa fai? Dove lavori?
■ Mah, ho un lavoretto in un bar, niente di speciale, due ... due – tre sere alla settimana sto dietro il banco...
□ Ah.
■ E tu, tu invece?
□ Io invece lavoro durante il giorno, di pomeriggio, anch'io due volte alla settimana, in una libreria.
■ Mhhm, è una cosa seria... e ti piace?
□ Beh, seria... È un lavoretto come un altro, però sì, mi piace. Poi, sai, magari... può anche essere utile per il futuro, chissà... perché io studio lettere, no...
■ Ah, lettere, allora sei del ramo proprio...
□ Sì, beh, mi piace leggere, parlare di libri... e allora è carino poter consigliare i clienti, ogni tanto, no? E poi così mi avvicino un po' al mondo dell'editoria, pian piano...
■ Ma vuoi lavorare in questo campo?
□ Mah, veramente io non so ancora bene che voglio ... che lavoro voglio fare, però questa è un'idea che mi piace, sì. E comunque mi piacciono i libri in generale, quindi in libreria faccio volentieri anche cose come, non so, mettere in ordine gli scaffali...
■ Aha...
□ Non ti vedo entusiasta...
■ Eh ... no, beh... è che i libri non sono di certo il mio forte...
□ Ah! Ma tu studi.... cosa studi, già, che non mi ricordo più?
■ Fisica.
□ Ah già, è vero!
■ Eh, mi piacciono le scienze esatte a me...

- ▫ Che non sono il mio forte... ma che cosa fai quando non sei all'università o dietro il banco? Cioè, un po' di tempo libero ce l'avrai anche tu, no? Prima o poi...
- ▪ Sì, beh, la sera esco con gli amici, qualche volta andiamo in discoteca, ogni tanto a un concerto... in genere sono io sinceramente che ci voglio andare, ai concerti, perché mi piace molto la musica. Però visto che fra studio e lavoro sono sempre chiuso dentro, quando sono libero mi piace anche fare qualcosa all'aperto, vado a fare un giro in bicicletta, per esempio, oppure vado in montagna... Tu però, invece, sempre fra i libri...
- ▫ Macché... no! Esco anch'io con gli amici, però non andiamo mai in discoteca, beh insomma quasi mai, perché ci piacciono di più le feste private. Qualche volta andiamo anche al cinema...

Obiettivo: sviluppo della comprensione auditiva.
Procedimento: Procedete come indicato nell'introduzione alle pp. 11–12 (Input orali, Tipologia A).
Soluzione:
b. *Marina esce con gli amici, legge e va a feste private; Paolo esce con gli amici, fa giri in bicicletta, va in discoteca, in montagna e a concerti.*
c. *Marina studia lettere e lavora in una libreria; Paolo studia fisica e lavora in un bar.*

3. Ritorno al testo

Obiettivo: presentazione e uso del verbo *piacere*.
Procedimento: Avviate l'attività seguendo le istruzioni del manuale, poi procedete come indicato nell'introduzione a p. 21 (Ritorno al testo).
Soluzione:
a. *si veda la trascrizione del dialogo al punto 2;*
b. *La 3ª persona singolare e la 3ª persona plurale; mi piace + verbo all'infinito / + sostantivo singolare; mi piacciono + sostantivo plurale.*

Una volta controllate le soluzioni, fate notare lo specchietto con i pronomi oggetto atoni indiretti e chiedete agli studenti qual è, secondo loro, la posizione di tali pronomi nella frase (davanti al verbo coniugato, come risulta dagli esempi). Precisate che i pronomi verranno trattati più approfonditamente nelle unità successive (4, 6, 8, 12), qui si tratta solo di un primo approccio legato all'uso del verbo *piacere* e quindi alla funzione comunicativa «esprimere gusti e preferenze».

4. Tutti i gusti sono gusti (Esercizio orale)

Procedimento: Formate delle coppie e fate leggere le istruzioni del manuale risolvendo eventuali dubbi. Fate leggere anche l'esempio, evidenziando le possibili risposte (*molto / moltissimo*, non *bene / benissimo*) e la posizione di *non*; passate poi allo specchietto, specificando che sull'uso delle preposizioni ivi riportate si tornerà più avanti.

5. In classe (Produzione libera orale)

Obiettivo: per gli studenti, sviluppo della competenza comunicativa orale e riflessione sugli stili d'apprendimento; per l'insegnante, conoscere meglio abitudini ed esigenze della classe.
Procedimento: Formate dei gruppi di quattro persone, fate leggere le istruzioni del manuale e chiarite eventuali problemi di lessico. Lasciate quindi alcuni minuti di tempo per la discussione, poi chiedete ad un rappresentante per gruppo di riferirvi i risultati (di cui vi converrà prender nota). Prendendo spunto dalle motivazioni addotte, potrete anche chiarire meglio lo scopo di determinate attività previste dal manuale. A seconda di ciò che verrà detto, potrete porre infine ulteriori domande per ricavare informazioni che vi aiutino ad organizzare sempre meglio il lavoro con quella classe.

6. Ho un lavoretto in un bar (Esercizio orale)

Obiettivo: ampliamento del lessico (lavoretti per studenti); presentazione e fissaggio di alcune indicazioni di tempo e di frequenza (*di mattina / pomeriggio / sera; x volte alla settimana*).
Procedimento:
a. Seguite le istruzioni del manuale, indicando il tempo a disposizione per il lavoro.
b. Leggete la prima riga della consegna (fino a «...nell'esempio») e chiedete a due studenti di leggere il mini-dialogo dell'esempio. Richiamate l'attenzione sulle parole evidenziate in grassetto (le preposizioni *in*, *di* e *alla*) specificando che si tratta di elementi utili alla comunicazione in questo contesto: le preposizioni articolate verranno trattate al punto 10 (alcune forme di *a* + articolo sono state già presentate nell'unità 2). Fate quindi notare la presenza dello specchietto come elemento di consultazione. Date il via all'attività precisando che dovranno cercare

di ottenere più informazioni possibile intervistando diversi compagni. Trascorsi cinque minuti, interrompete le interviste, formate gruppi di quattro persone e invitate gli studenti a stilare una breve statistica in base alle risposte ottenute. Potete concludere facendovi riferire i risultati in modo da ottenere una statistica complessiva per la classe.

▶II 7. Tempo libero? Magari! (Ascolto tipologia B)

Trascrizione del dialogo: si veda la trascrizione al punto 2 fino a «... questa è un'idea che mi piace, sì.»
Obiettivo: introduzione dei verbi *dovere, potere* e *volere* (forme e uso).
Procedimento:
a. Leggete il titolo dell'attività e chiedete agli studenti se riescono ad indovinare il significato di *Magari!* Se nessuno ci riesce, invitate uno di loro a chiedervi se avete tempo libero e accompagnate la risposta *Magari!* con un'espressione del viso ed un gesto che illustrino il desiderio inesaudito. Annunciate quindi che ascolteranno alcune volte di seguito una parte del dialogo fra Marina e Paolo (fino a «... questa è un'idea che mi piace, sì.») e che dovranno cercare di completare le frasi di pagina 40 (che compaiono in quell'ordine, ma non una dopo l'altra). Quindi procedete come indicato nell'introduzione a p. 21 (Ritorno al testo).
Dopo che le frasi saranno state completate, accertatevi che vengano capite del tutto soffermandovi sui seguenti elementi, che ricorrono di frequente nella lingua parlata:
eh, beh: segnale discorsivo qui usato per esprimere ovvietà e rassegnazione;
eh: segnale discorsivo qui usato per esprimere accordo con l'interlocutore e rassegnazione;
ormai: avverbio che indica un punto di «non ritorno» (= a questo punto);
mi sa: si usa per indicare che ciò che si sta dicendo è un'impressione soggettiva;
sai: formula usata all'inizio o durante un discorso per richiamare l'attenzione di chi ascolta su ciò che ci si appresta a dire;
magari: chiedete agli studenti se secondo loro ha la stessa funzione comunicativa che ha nel titolo dell'attività (no: nel titolo esprimeva, da solo, un desiderio irrealizzato; qui invece introduce una frase che esprime una possibilità);
chissà: esprime qui una vaga speranza;
mah: segnale discorsivo che esprime indecisione.

b., *c.* e *d.* Seguite le istruzioni del manuale.
Soluzione:
a. 1. *devo;* 2. *dobbiamo;* 3. *può;* 4. *vuoi;* 5. *voglio;*
b/c. *si veda la tabella a p. 42 dell'Eserciziario;*
d. *I tre verbi sono seguiti da un infinito (anche nella prima frase è sottinteso ‹lavorare›).*

8. Messaggi (Esercizio scritto)

Procedimento: Fate leggere le consegne ed accertatevi che il compito sia chiaro. Fate svolgere l'esercizio individualmente, poi confrontare in coppia e infine controllate in plenum per chiarire le alternative possibili. Lasciate perdere lo specchietto rosa, che userete invece come ‹ponte› fra il punto 9 e il punto 10.
Soluzione: *Manu, per favore...: puoi, posso, devo; Ragazze...: vogliamo, dobbiamo / possiamo; Manu, c'è...: vuole / deve; Ragazzi...: volete, voglio*

9. Oggi (Esercizio orale)

Procedimento: Seguite le istruzioni del manuale.
Concluso l'esercizio, ritornate allo specchietto rosa di pagina 41. Chiedete agli studenti da che cosa è formato *al* (dovrebbero capirlo, dato che conoscono già *all'*, *alla* e *alle*) e perché, secondo loro, in una espressione c'è l'articolo e nell'altra no: di regola la preposizione si usa con l'articolo se il sostantivo a cui essa si riferisce è accompagnato da una specificazione, in questo caso l'aggettivo *studentesco*. Potete aggiungere qualche altro esempio come *Il signor Rossi è direttore di banca / Il signor Rossi è direttore della Banca Antoniana* o *Il signor Rossi è direttore della banca di via Garibaldi.*

10. Occhio alla lingua!

Obiettivo: presentazione delle preposizioni articolate.
Procedimento: Seguite le istruzioni del manuale e quelle contenute nell'introduzione a p. 21 (Occhio alla lingua!). Per il punto *b.* dite agli studenti che nel testo «Alla salute» troveranno anche altre preposizioni articolate, ma dovranno limitarsi a cercare *in* e *di* (+ articolo).
Soluzione: b. *nel, nella, nei; del, dei, delle;*
c. *si veda la tabella a p. 42 dell'Eserciziario*

11. Italiano 2000 (Esercizio scritto)

Procedimento: Fate svolgere l'esercizio individualmente e poi confrontare in coppia. Per la correzione si potrà sfruttare la lettura a p. 20 del manuale, di cui il presente testo è una sintesi.
Soluzione: *dell', del, degli, della, nel; dal, dall', degli; al; All', all'*

12. C'è post@ per te (Lettura tipologia A)

Obiettivo: sviluppo della comprensione della lingua scritta. Si tratta di un'e-mail in cui una studentessa al primo anno di università scrive ad una sua ex-compagna di scuola.
Procedimento: Nel preparare quest'attività, riflettete sulla rapidità di lettura dei vostri studenti per calcolare bene il tempo da destinare ad ogni fase. Sarà inoltre molto utile riprodurre la pagina 43 su lucido.
I punti *a.* e *b.* servono a presentare due importanti strategie di lettura: innanzi tutto, l'identificazione del genere testuale con l'aiuto degli elementi formali caratterizzanti (in questo caso lo schermo di pc con l'intestazione tipica di un'e-mail: mittente, destinatario, data e oggetto) e di alcuni elementi linguistici (in questo caso le formule d'inizio e di congedo – *Ciao!* e *Salutoni* – l'uso del nome proprio – *Carla* – e del *tu*); in secondo luogo, la lettura cursoria a scopo orientativo, come approfondimento della tecnica già introdotta al punto 15 dell'unità 2.
È importante svolgere entrambe le attività molto rapidamente affinché risulti ben chiaro che per raccapezzarsi in un testo, anche piuttosto lungo e ricco di vocaboli nuovi, è del tutto inopportuno leggerlo subito da cima a fondo.
a. Accertatevi che i libri siano chiusi e spiegate agli studenti che lavoreranno con un testo scritto e che per prima cosa sperimenteranno due importanti tecniche di lettura. Sottolineate che in questa fase non si tratterà di leggere veramente, ma di scorrere il testo con gli occhi alla ricerca di elementi utili allo svolgimento di alcuni compiti. Proiettate quindi il lucido della pagina 43, coprendo con un foglio tutta la parte dal punto *b.* in poi, e spiegate il primo compito, specificando il tempo a disposizione. Fate aprire il libro e date il via alla lettura (cronomentrando). Scaduto il tempo, fate chiudere il libro e chiedete di fornirvi le risposte mettendo le crocette sul vostro lucido.
b. Scoprite la consegna *b.* e illustrate il compito, specificando il tempo a disposizione. Fate aprire il libro e date il via alla lettura (cronomen-

trando). Scaduto il tempo, fate chiudere il libro e invitate gli studenti a consultarsi con un compagno. Poi fatevi dire la risposta e scrivetela sul vostro lucido.
Proseguite come indicato nell'introduzione alle pp. 16–18 (Letture, Tipologia A).
Soluzione:
a. *è una lettera; è un testo informale*
b. *la vita quotidiana di una studentessa (Patrizia)*
c. *Messina; Parma; sì; sì, molta; Lingue*
d. *un sacco – molto; figurati! – pensa!; compagnia – gruppo di amici; dai! – ti prego!*

13. Una giornata di Patrizia (Lettura tipologia A)

Obiettivo: facilitare la comprensione del testo, ricco di lessico nuovo, senza dover ricorrere alla traduzione.
Procedimento: Seguite le istruzioni del manuale specificando che l'ordine cronologico di cui si parla si riferisce alla giornata di Patrizia.
Soluzione: *G (r. 5), A (r. 8), B (r. 9), D (r. 10), F (r. 8), E (r. 14), H (r. 15), C (r. 19–20)*

14. Ritorno al testo

Obiettivo: introduzione dei verbi riflessivi (forme e uso).
Procedimento: Avviate l'attività seguendo le istruzioni del manuale, poi procedete come indicato nell'introduzione a p. 21 (Ritorno al testo). Completando la tabella gli studenti avranno modo di ripetere le forme di tutte e tre le coniugazioni. Dopo averla controllata in plenum, potrete svolgere in classe l'esercizio 16 a p. 39 dell'Eserciziario per approfondire il tema parlando dei verbi che hanno una forma attiva e una forma riflessiva (come *svegliare / svegliarsi*), della forma reciproca e delle forme riflessive «di vantaggio» e «d'affetto» (come *farsi un caffè* e *bersi un caffè*). Questi elementi preparano l'attività 15.
Soluzione: c. *si veda la tabella a p. 43 dell'Eserciziario*

15. Di solito... (Esercizio orale)

Obiettivo: esercitare l'uso dei verbi riflessivi e approfondire la conoscenza fra compagni.
Procedimento: Dopo aver spiegato il titolo, fate leggere il questionario e chiarite eventuali dubbi lessicali. Fate notare che l'espressione *la sera*

(punto 5), che compare anche nell'e-mail di Patrizia (r. 19), ha lo stesso significato del già noto *di sera* (vedi specchietto a p. 40). Lasciate quindi che gli studenti compilino il questionario individualmente, specificando che se nessuna delle opzioni proposte gli si confà, ognuno può aggiungere delle risposte. Dopo un paio di minuti invitate gli studenti ad alzarsi e ad intervistare i compagni segnandosi i nomi di quelli che hanno abitudini simili alle loro. Quando tutti saranno tornati al loro posto, potrete chiedere ad alcuni studenti quale sia il compagno che gli assomiglia di più.

16. Con che frequenza? (Esercizio scritto)

Obiettivo: introduzione delle espressioni di frequenza.
Procedimento: Pregate uno studente di leggere ad alta voce il titolo dell'attività e chiedete se qualcuno sa spiegare che cosa significhi (in caso contrario spiegatelo voi). Dite poi che tutte le espressioni elencate ai punti *a.* e *b.* possono servire a rispondere a questa domanda.
a. Fate svolgere individualmente, poi fate confrontare con un compagno e infine controllate in plenum.
b. Procedete come al punto *a.*, poi invitate gli studenti a fornirvi la regola relativa all'uso di *ogni* (invariabile, si usa con sostantivi al singolare) e di *tutti/e* (si usa con sostantivi plurali preceduti dall'articolo determinativo). Potrete quindi leggere insieme alla classe gli approfondimenti riportati nella grammatica dell'Eserciziario a p. 43.
c. Fate svolgere individualmente, poi fate confrontare con un compagno e infine controllate in plenum.
Soluzione: c. *la mattina si alza sempre presto; ogni giorno prende l'autobus alle 8.30; ogni tanto dopo le lezioni resta a studiare in biblioteca; la sera, spesso va al pub con gli amici; raramente scrive a Carla*

17. Mai e poi mai!

Obiettivo: introduzione della doppia negazione.
Procedimento:
a. Avviate l'attività seguendo le istruzione del manuale, poi procedete come indicato nell'introduzione a p. 21 (Ritorno al testo).
b. Fate svolgere individualmente, poi fate confrontare con un compagno diverso da quello del punto 16 e infine controllate in plenum. Potrete poi aggiungere che ciò che vale per *mai* vale anche per *niente*,

nessuno, *nemmeno*, come precisato nell'Eserciziario a p. 44.
Prima di passare all'attività successiva sarà bene ricapitolare l'uso delle preposizioni con il verbo *andare*, prendendo spunto dagli esempi che si trovano negli esercizi 16c (*va al pub*) e 17b (*andare in discoteca*). A questo scopo potrete svolgere in classe l'esercizio 13 a p. 37 dell'Eserciziario.
Soluzione: *a. Non torno mai a Crotone.*
b. Non andiamo mai in discoteca. Non ascolti mai musica. Mario non si sveglia mai presto. Non navigate mai in Internet. Non si vedono mai la sera.

18. Abitudini (Produzione libera orale e scritta)

Obiettivo: sviluppo della competenza comunicativa orale (parlare delle proprie abitudini) sulla base delle strutture appena introdotte (qui: *invece*, *invece no*, *invece sì* e *neanch'io*); sviluppo dell'abilità di scrittura: la funzione comunicativa qui esercitata è «descrivere le abitudini di un'altra persona».
Procedimento:
a. Seguite le indicazioni del manuale.
b. Formate delle coppie diverse da quelle che hanno lavorato ai punti 16 e 17 e invitate gli studenti a intervistarsi vicendevolmente con domande e risposte simili a quelle dell'esempio. Fate perciò leggere ad alta voce l'esempio, chiarite il significato di *invece* e *neanche*, evidenziate lo specchietto lessicale aggiungendo che lo stesso vale anche per *la sera / il pomeriggio... = ogni sera / ogni pomeriggio...* . Date agli studenti circa 15 minuti di tempo (valutando come sempre in base alla velocità di lavoro della classe) per svolgere le interviste a voce prendendo appunti. La successiva produzione scritta potrà essere svolta in classe subito dopo le interviste oppure assegnata come compito per casa (vedi introduzione a p. 26, Produzione scritta).

19. Strategie di memorizzazione

Obiettivo: riflettere sulle tecniche di memorizzazione dei vocaboli.
Procedimento: Fate leggere le prime tre domande proposte dal manuale ed invitate gli studenti a completare individualmente le minimappe di p. 47 senza soffermarvi sulla tecnica della mappa mentale, che verrà presentata al punto 10d dell'unità 4. Lasciate un paio di minuti di tempo per lo svolgimento, poi fate confrontare con un compagno. Formate quindi dei gruppi di quattro persone ed invitate gli

studenti a dirsi quali tecniche usano di solito per archiviare, studiare e ripetere i vocaboli e perché. Riportate infine il discorso in plenum, fate insieme alla classe una lista di tutte le tecniche che gli studenti conoscono, discutetene con gli studenti precisando che, data l'importanza di tali tecniche, nel manuale e nell'eserciziario ci saranno ulteriori momenti di riflessione su di esse (per esempio nel Bilancio dell'unità 3).

20. Ritorno al testo

Obiettivo: introduzione degli aggettivi possessivi (forme e uso).
Procedimento: Avviate l'attività seguendo le istruzioni del manuale, poi procedete come indicato nell'introduzione a p. 21 (Ritorno al testo).
Soluzione:
a. *un mio; Il mio; i miei; la mia; nella tua*
b. *Gli aggettivi possessivi si riferiscono al possessore (nelle prime 4 frasi io = Patrizia, nell'ultima tu = Carla) e alla ‹cosa› posseduta (ritmo, appartamento, compagni, compagnia, città); di regola sono preceduti da un articolo.*
d. *2d: le vostre (risposte); 4: al vostro (vicino); per il resto si veda la tabella a p. 44 dell'Eserciziario.*

21. Mio, tuo, suo... (Gioco didattico)

Procedimento: Seguite le indicazioni del manuale. Prima di dare il via al gioco, fate una prova con uno studente per accertarvi che le regole siano chiare.

▶II 22. Ciao Mirko! Ciao Stefi! (Ascolto tipologia A)

Trascrizione del dialogo:

□ Ciao Mirco.
■ Ciao Stefi. Come va?
□ Bene, grazie. E tu?
■ Mah, bene. Sono un po' stanco.
□ Stanco? Ma da dove vieni?
■ Eh, torno dall'Università a Perugia.
□ A Perugia. Studi là quindi?
■ Sì, sì.

- ▫ Ah, ecco. E scusa, cos'è che studi che non mi ricordo?
- ▪ Faccio Veterinaria.
- ▫ Bello.
- ▪ E tu? Anch'io non mi ricordo. Cosa fai?
- ▫ E io faccio Scienze politiche a Firenze.
- ▪ Firenze.
- ▫ Sì.
- ▪ Come ti trovi?
- ▫ Eh bene. Per ora tutto bene, davvero.
- ▪ Ti piace la facoltà?
- ▫ Sì, sì ... tutto bene.
- ▪ Quanti siete?
- ▫ Siamo ... quanti siamo? Siamo tantini ... siamo diversi perché non c'è il numero chiuso quindi siamo in tanti...
- ▪ Da me invece c'è il numero chiuso, però anche noi siamo cento quindi ...
- ▫ Ah, va beh, comunque siete già di meno. Quindi i professori vi seguono già meglio?
- ▪ Tu fai avanti e indietro o hai la casa?
- ▫ Eh ... io ho la casa, per fortuna perché un'ora e mezzo al giorno di viaggio, non ce la farei sinceramente.
- ▪ Eh, capisco.
- ▫ E scusa te fai avanti e indietro?
- ▪ Sì, faccio avanti e indietro. Mi rimane un po' duro qualche giorno, per gli orari.
- ▫ Mhm... Ma come siete messi a mezzi di trasporto a Perugia?
- ▪ Mah, i pullman diciamo sono un po' lenti e i treni invece quelli un po' scarseggiano.
- ▫ Mhm.
- ▪ E tu?
- ▫ Eh, oddio. Io se vado in treno là ci metto un'ora e mezzo. E comunque abitando ... abitando là in autobus ci metto venti minuti. Quando passano gli autobus sempre... perché ...
- ▪ Stai con delle altre ragazze, vero, in casa.
- ▫ Sì, sto con due altre ragazze, sì.
- ▪ Cucini te?
- ▫ Ah, facciamo a turno, davvero ... e ... a parte lo studio come va?
- ▪ Mah, va bene, per il resto tutto bene.

- ▫ Mhm, mi sembra che facevi uno sport prima. Tu ora riesci ancora a farlo?
- ▪ Eh, diciamo che con l'università ho dovuto tralasciare un po' lo sport.
- ▫ Mhm.
- ▪ E quindi faccio molto meno di prima.
- ▫ E ... sennò tutto bene?
- ▪ Sì, sì... Tu la sera esci a Firenze?
- ▫ Eh beh logico. Non uscire a Firenze la sera? Sì, sì guarda, siamo un gruppettino tra coinquiline e studenti, compagni di corso, ci troviamo, usciamo soprattutto in centro. Si cammina bene.
- ▪ Hai qualche locale da consigliarmi?
- ▫ Ma guarda, visto che me lo chiedi così, ti consiglio il Looni's che è in Via delle Porte Rosse. Se vai devi passare assolutamente. Fanno musica dal vivo, molto carino. Ma una volta vieni anche quando ci sono io, dai.
- ▪ Sì, sì. Mi farebbe piacere, venirti a trovare.
- ▫ Eh da, allora ti chiamo una volta, va bene?
- ▪ Ok.
- ▫ Ok. Ciao.
- ▪ Ciao, eh. In bocca al lupo per gli esami.
- ▫ Crepi! Crepi il lupo. E in bocca al lupo anche a te.
- ▪ Crepi.

Obiettivo: sviluppo della comprensione auditiva.
Procedimento: Procedete come indicato nell'introduzione alle pp. 11–12 (Input orali, Tipologia A).
Soluzione:
b. *Stefi studia Scienze Politiche a Firenze, si trova bene all'università, abita nella città dove studia e la sera esce con gli amici; Mirko studia Veterinaria a Perugia, la sua facoltà ha il numero chiuso, è pendolare.*
c. *Mirko: In bocca al lupo ...; Stefi: Crepi il lupo!*

23. Come passi il fine settimana? (Produzione libera orale)

Obiettivo: sviluppo della competenza comunicativa orale.
Procedimento: Fate leggere le consegne ed accertatevi che il compito sia chiaro.

24. Dove andiamo? Questa sera in piazza Euclide (Lettura tipologia A)

Obiettivo: sviluppo della comprensione della lingua scritta.
Procedimento: *a.* e *b.* Procedete come indicato nell'introduzione alle pp. 16–18 (Letture, Tipologia A).
c. Formate delle coppie e procedete come sempre per le produzioni orali libere.
Soluzione:
b. *Angela: Archimede 80; Roberto: Carrot's Cafè; Claudia: Il tempio di Alex; Giorgio: Pastarito Pizzarito*

25. Caro amico, ti scrivo (Produzione libera scritta)

Obiettivi:
a. Presentare apertura e chiusura di una lettera informale (qui e-mail).
b. Sviluppo dell'abilità di scrittura (descrivere la propria vita quotidiana); ricapitolazione e conclusione dell'unità 3.
Procedimento:
a. Seguite le istruzioni del manuale. Dopo il confronto a coppie, riportate l'attività in plenum per raccogliere tutte le espressioni che gli studenti conoscono.
b. Procedete quindi come indicato nell'introduzione a p. 26.
Quest'attività si può proporre anche come compito per casa.
Soluzione: a. *Ciao Carla!; Salutoni e a presto!*

FONETICA

Per controllare la soluzione degli esercizi vi converrà riprodurre su lucido la pagina 51.

▶II 1. L'accentazione delle parole – Accento tonico e grafico

Obiettivo: riflessione su accento tonico e grafico.
Procedimento: *a.* e *b.* Seguite le indicazioni del manuale.
Dopo aver svolto il punto *b.*, avviate una riflessione sulle regole fonologiche dell'italiano facendo presente che tali regole sono importanti quanto quelle grammaticali: l'accentazione, per esempio, può anche cambiare il significato di una parola (per esempio *pero / però*, *leggero / leggerò*). E poiché in italiano l'accento non si scrive sempre (per esempio *ancora / ancora*) è particolarmente importante riflettere su questo fenomeno. Passate dunque al punto *c.*
c. e *d.* Procedete come per l'analisi linguistica, facendovi fornire la regola dagli studenti. Consigliate loro di abituarsi a prendere nota della sillaba tonica dei vocaboli nuovi per poter imparare (o esercitare) l'intonazione nel momento stesso in cui li memorizzano (o li ripetono).
Soluzione:
a. *università, ordinano, lavoretto, praticano, telefono, libreria, mattina, austriaco, però, telefonano, lunedì, sabato*
c. *normalmente solo sull'ultima lettera (di solito grave per a, i, u; l'accento acuto distingue la ‹e› chiusa).*
d. *nelle parole tronche (con accento grafico finale); nelle parole di due sillabe e senza accento grafico (accento sulla prima); nella maggior parte delle parole in -eria e -zia.*

▶II 2. L'accentazione dei verbi al presente

Obiettivo: sistematizzare l'accentazione delle forme verbali apprese finora.
Procedimento: Seguite le indicazioni del manuale.
Soluzioni:
abitare: abito, abiti, abita, abitiamo, abitate, abitano
prendere: prendo, prendi, prende, prendiamo, prendete, prendono
dormire: dormo, dormi, dorme, dormiamo, dormite, dormono

▶II 3. Intonazione

Obiettivo: analisi e fissaggio dell'intonazione in frasi interrogative ed enunciative.

Procedimento: Prima di far ascoltare le frasi, riprendete la riflessione sulla ‹melodia› dell'italiano, evidenziando la funzione comunicativa dell'intonazione: essa consente a chi parla di trasmettere, per esempio, precise informazioni sul tipo di frase che sta pronunciando e quindi sul tipo di reazione che si aspetta dall'interlocutore. A chi ascolta essa consente di identificare la situazione comunicativa in cui si trova e di reagire in modo adeguato. Per esempio, è grazie all'intonazione che possiamo distinguere fra domanda e risposta (in molti casi non esiste altro mezzo). Passate quindi all'ascolto delle frasi.

a. e *b.* Fate svolgere queste attività come indicato nel manuale. A conclusione del punto *b.* chiedete ad uno studente di venire a segnare le freccette sul vostro lucido.

c. e *d.* Seguite le indicazioni del manuale.

Soluzione:

b. *I panini sono caldi?* (↗) – *I panini sono caldi.* (↘); *Non hanno le pizzette?* (↗) – *Non hanno le pizzette.* (↘); *Tutto bene?* (↗) – *Tutto bene.* (↘); *Faccio io lo scontrino?* (↗) – *Faccio io lo scontrino.* (↘)

c. 1. (?); 2. (.); 3. (?); 4. (.); 5. (.); 6. (?); 7. (?); 8. (.); 9. (?); 10. (.); 11. (.); 12. (?); 13. (.); 14. (?); 15. (?); 16. (.); 17. (.); 18. (?)

Tema: la città
Obiettivi comunicativi: descrivere una città, descrivere un itinerario, chiedere e fornire informazioni per raggiungere un luogo.
Elementi morfosintattici: la formazione degli avverbi; l'uso dell'avverbio e dell'aggettivo; il pronome indefinito *si*; il verbo *venire*; indicazioni di luogo; il pronome locativo *ci*; i pronomi oggetto atoni diretti; i numeri ordinali.
Fonetica: i suoni /l/, /ʎ/, /n/ e /ɲ/

1. A spasso per l'Italia

Quest'attività è pensata come introduzione al tema dell'intera unità e anche come spunto per occuparsi un po' della geografia italiana.
Procedimento:
a. Formate delle coppie e lasciate loro un paio di minuti per rispondere alla domanda. Poi riportate l'attività in plenum e chiedete quali città hanno identificato. Risolvete eventuali dubbi.
Soluzione: *in alto: a sinistra Trieste, a destra Napoli; in basso: a sinistra Venezia, a destra Roma.*

b. Seguite le indicazioni del manuale.
Fate notare che l'Italia ha venti regioni, potrete citarne il nome e dire che nella cartina sono indicati i capoluoghi di Provincia e che quelli in stampatello maiuscolo sono i nomi dei capoluoghi di regione (ai quali si riferisce anche lo stemma riportato). Queste informazioni torneranno utili ai discenti per svolgere l'esercizio 21 dell'Eserciziario.

c. Formate dei gruppi di 3 o 4 persone e lasciate loro qualche minuto per svolgere il compito.

2. A spasso per... (Ascolto tipologia A)

▶II

Trascrizione del dialogo:

□ Eh, senti Alessandra, siccome io Trieste la conosco perché ci sono stata tante volte però non ci ho mai abitato, tu invece ci abiti ... ci abiti da ... da quanto tempo ci abiti?
■ Eh, da 11 anni.
□ Uh, mamma mia, quanto tempo. Non mi ricordavo.
■ Sì, sì, sì.
□ Allora la conosci bene! ...

■ Eh, insomma abbastanza.
□ ...E per te com'è questa città?
■ Dunque, per me è una città molto affascinante. Per prima cosa è affacciata sul mare, il che è una cosa splendida, soprattutto poi se ti abitui a convivere con il mare quotidianamente fai molta fatica a lasciarlo e questo è l'aspetto più particolare della città. È una città molto malinconica e ... fredda ...
□ Fredda? Fredda nel senso fisico o fredda nel senso ...
■ No, no, climatico.
□ Climatico.
■ Sì, è climaticamente fredda. In realtà è molto vivace, i triestini sono molto vivaci...
□ Ah, ecco...
■ Sì, sono persone che non ... non vedono l'ora di fare festa appena possono, appena c'è un raggio di sole vanno tutti a Barcola, che è la zona che si affaccia proprio sul mare, e quindi si mettono lì a prendere il sole, li vedi già ad aprile, maggio...
□ Ah, sì...
■ Poi i vecchietti fanno il bagno...
□ Eh, sì...
■ Sì, loro lo fanno anche d'inverno.
□ Ah...
■ C'è il rito del bagno di Natale.
□ Ah già è vero. Di Natale o del primo dell'anno?
■ Mah, forse del primo dell'anno, non so, non mi ricordo. Comunque so che fanno un giorno dell'anno fanno questo bagno d'inverno, si buttano tutti in mare, i vecchietti ovviamente perché sono quelli più coraggiosi.
□ Escono poi anche...?
■ Sì alcuni escono, altri non escono più, ma insomma...
□ Aha!
■ No, è una città che devi scoprire, non è un impatto violento o particolarmente vivace come potrebbe essere una Napoli o una città mediterranea, è una città del Nord quindi la devi scoprire con un po' di tempo e poi l'apprezzi quando ci stai per un po' di tempo. Apprezzi intanto ... beh la tolleranza e anche le diverse culture che si intersecano a Trieste.
□ Eh già, eh già, infatti.

- Sì, Trieste ha sette confessioni religiose diverse, fra l'ebraica, la greca-ortodossa...
- Ognuna con la sua chiesa.
- Esatto, sì, ognuna con la sua chiesa, ognuna col suo quartiere... e poi ti dà un grande senso di libertà questo mare che si affaccia sulla piazza centrale della città che ... che secondo me è una delle piazze più belle del mondo.

Obiettivo: sviluppo della comprensione auditiva.
Procedimento: Come indicato nell'introduzione alle pp. 11–12 (Input orali, Tipologia A).
Soluzione: *a. Trieste; b. undici anni; c. la presenza del mare; d. c'è il rito del bagno in mare; e. Napoli; f. Napoli è più mediterranea e più vivace, Trieste è più malinconica, è una città del Nord da scoprire col tempo, con un impatto meno violento sul visitatore; g. sette, delle quali vengono citate quella ebraica e quella greco-ortodossa (ci sono inoltre: i cattolici, i serbo-ortodossi, la Comunità Evangelica di confessione Augustana, le Comunità evangeliche Riformate Elvetica e Valdese, la Chiesa Evangelica metodista). Trieste ha un'antica tradizione di multiculturalità.*

3. Ritorno al testo

Obiettivo: introdurre lessico utile a descrivere una città, in questo caso si tratta di aggettivi.
Procedimento: Come indicato nell'introduzione a p. 12 (Input orali, Tipologia A, Fase di comprensione più dettagliata).
Soluzione: *affascinante, malinconica, fredda, vivace*

4. Trovate il significato! (Esercizio orale)

Obiettivo: ampliare il lessico utile per descrivere una città e nel contempo sviluppare la capacità di decodificare vocaboli sconosciuti.
Procedimento:
a. Formate dei gruppi di 4 persone, fate leggere il compito da svolgere, sottolineate l'assoluta proibizione di usare vocabolari, glossari e quant'altro, quindi date il via all'attività. Tenete d'occhio l'orologio e mentre gli studenti lavorano trascrivete alla lavagna gli aggettivi per facilitare la successiva verifica. Scaduto il tempo, interrompete e verificate in plenum. Assegnate un piccolo premio (o almeno una lode) al gruppo vincitore.

Passate quindi al punto *b.*: farete dapprima lavorare gli stessi gruppi del punto *a.*, poi procederete ad una verifica in plenum chiedendo agli studenti di dettarvi le coppie e trascrivendole alla lavagna (oppure chiamando una persona per gruppo a scrivere alcune coppie).
Soluzione: *b. bella – brutta, fredda – calda, antica – moderna, orribile – splendida, povera – ricca, pulita – sporca, vivace (rumorosa) – tranquilla*
Altre coppie si potranno eventualmente formare con gli aggettivi aggiunti dagli studenti. In ogni caso potrete chiedere di fornirvi il contrario di *grande*, presente al punto 3, che sicuramente conoscono.

5. Strategie per imparare

Obiettivo: riflettere sul processo mentale attivato non soltanto nello svolgere l'esercizio 4a, ma anche in tutte le attività delle lezioni precedenti, in particolare nelle letture.
Procedimento: Formate dei gruppi diversi da quelli che hanno lavorato al punto 4e lasciateli discutere per alcuni minuti. Riportate poi l'attività in plenum: chiedete ad un rappresentante per gruppo di riferirvi i risultati del lavoro e trascriveteli alla lavagna in modo che siano visibili per tutti. Aggiungete eventualmente altri suggerimenti ed esortate gli studenti a sperimentare nelle attività successive le tecniche appena discusse.

6. La mia città (Ascolto tipologia B)

Obiettivo: ricostruire un brano da analizzare focalizzando l'attenzione su alcuni elementi, in questo caso aggettivi ed avverbi.
Procedimento: Come illustrato nell'introduzione a p. 13 (Input orali, Tipologia B, Analisi).
Soluzione: *quotidianamente, particolare, malinconica, fredda, fredda, fredda, climatico, climatico, climaticamente fredda, vivace, particolarmente, grande, centrale*

7. Ritorno al testo

Obiettivo: analisi linguistica (contrasto aggettivo / avverbio).
Contenuti: aggettivi qualificativi: uso; avverbi in *-mente*: forme e usi.
Procedimento:
a. e *b.* Chiedete agli studenti di cercare nel brano del punto 6 le parole che mancano per completare le quattro frasi e di trascriverle. Chiedete

poi di rispondere al quesito posto nella consegna del manuale disegnando una freccetta come nell'esempio e quindi procedete come indicato nell'introduzione a p. 21 (Ritorno al testo).

Soluzione:
a. Se ti abitui a convivere con il mare *quotidianamente*;

È una città fredda, nel senso *climatico*;

È una città *climaticamente* fredda.

b. *L'aggettivo accompagna un sostantivo; l'avverbio accompagna un verbo, un aggettivo, un altro avverbio (quest'ultima informazione si aggiungerà, però, dopo aver eseguito il punto 8c).*

c. e *d.* Dite agli studenti di eseguire in coppia i compiti indicati nel manuale. Quando notate che la riflessione si è esaurita, richiamate l'attenzione e controllate in plenum facendovi dettare le soluzioni.
Soluzione:
c. *aggettivi: molta, particolare, malinconica, fredda, fisico, climatico, vivace, violento, grande, centrale; avverbi: quotidianamente, molto, climaticamente*
d. *Gli avverbi si formano dalla forma femminile dell'aggettivo qualificativo + il suffisso ‹-mente›. (Alcuni aggettivi hanno forme particolari. ‹Molto› può avere sia la funzione di aggettivo, in questo caso concorda con il sostantivo, sia di avverbio, in questo caso è invariabile e ha sempre la desinenza -o).*

e. Fate svolgere l'esercizio individualmente, poi fate confrontare le soluzioni con due compagni e quindi in plenum. Sarà probabilmente necessaria una precisazione relativa all'avverbio derivato da *violento*, che è *violentemente* (e non *violentamente*, come si potrebbe dedurre dalla regola generale).
Soluzione: *particolarmente, malinconicamente, freddamente, fisicamente, climaticamente, vivacemente, violentemente, grandemente, centralmente*

8. Occhio alla lingua!

Obiettivo: presentazione di *molto* in funzione aggettivale e in funzione avverbiale.
Procedimento:
a. Procedete come indicato nell'introduzione a p. 21 (Occhio alla lingua!).

b. Fate svolgere l'esercizio individualmente, poi confrontare con un compagno e quindi controllate in plenum.
Soluzioni: *-o; -o; -e; -a; -i; -o*

c. Seguite le indicazioni del manuale e concludete con un controllo in plenum.
Soluzioni: *1. bene; 2. buoni; 3. buono; 4. bene; 5. buona; 6. buone*
A questo punto, fate notare agli studenti il lavoro d'analisi compiuto, complimentatevi e chiedete loro come stanno. Ponete la domanda «Come stai?» un paio di volte e cogliete al volo il primo ‹bene› che vi dicono per chiedere come si può rispondere se ci si sente ancora meglio: se nessuno dirà «molto bene», ditelo voi, poi trascrivetelo alla lavagna e chiedete agli studenti di identificare ognuno dei due elementi come avverbio o come aggettivo. Ottenuta la risposta corretta (due avverbi), dite agli studenti di aggiungere questa funzione dell'avverbio a quelle già chiarite e trascritte nel riquadro verde del punto 7. Infine, aggiungete che ci sono ancora alcuni aggettivi e avverbi che si comportano in modo analogo a *buono / bene* e leggete insieme agli studenti l'ultima parte del paragrafo dedicato a questo tema nella pagina grammaticale dell'Eserciziario (p. 56), ripartendo dall'esempio di ‹Pepi›. Se lo ritenete opportuno, potrete poi svolgere in classe l'esercizio 6b a p. 48 dell'Eserciziario.

9. Una catena di aggettivi (Gioco didattico)

Procedimento: Formate dei gruppi equilibrati e poi seguite le indicazioni del manuale. Fate presente che quest'attività costituisce un buon esercizio per la memoria. Prima di dare il via al gioco, fate un esempio cominciando voi con quello riportato nel manuale e chiedendo a un paio di studenti di continuare.

10. Città vecchia (Lettura tipologia A)

Obiettivo: sviluppo della comprensione della lingua scritta e ampliamento del lessico tematico. Il testo è tratto da un sito Internet.
Procedimento:
a. Date innanzi tutto un minuto di tempo per una prima lettura orientativa. Poi procedete come indicato nell'introduzione a p. 16.

b. e *c.* Procedete come indicato nell'introduzione a p. 17 (Lettura tipologia A, Fase di comprensione più dettagliata), facendo però eseguire la ricerca dei vocaboli in coppia e confrontare poi i risultati con un'altra coppia.
d. Si tratta di un esercizio di ampliamento del lessico (vedi introduzione, p. 22, Esercizi). In questo caso si sfrutta la tecnica della mappa mentale (mind map), che andrà introdotta prima del lavoro di gruppo. Mostrate quindi lo schema di p. 56 (che avrete riprodotto su lucido) e chiedete agli studenti se sanno che cosa sia e a che cosa serva. Se nessuno riesce a fornire una risposta, fatelo voi: la mappa serve, per esempio, a raccogliere il lessico che riguarda un certo tema (qui: la città) in maniera logica. Normalmente la mappa si costruisce in base alle associazioni mentali di ogni persona, è quindi soggettiva e rappresenta un ottimo sistema per raccogliere, archiviare e ripetere il lessico individualmente. In quest'attività, poiché lo schema è in parte già dato, si procede in tre fasi: 1. ogni componente del gruppo dice liberamente che cosa, secondo lui, c'è in una città (brain-storming). Se vengono in mente cose di cui non si conosce il nome italiano, lo si può chiedere all'insegnante. Si otterrà così una lista ancora un po' confusa.
2. il gruppo cerca di fare ordine nella sua lista inserendo i vocaboli nello schema di p. 56. 3. in plenum si trasforma il lavoro di gruppo in patrimonio comune: chiederete quindi ad un rappresentante per gruppo di completare una parte dello schema, proiettato alla parete o da voi trascritto alla lavagna. Per concludere il lavoro evidenziate il percorso mentale seguito (raccolta di idee libera e / o per associazione onde sfruttare al massimo le risorse, anche di fantasia ▹ creazione di una struttura logica intorno a un tema) ed esortate gli studenti a sperimentare questa tecnica per il lessico delle attività successive (una buona occasione si presenta già al punto 15 con i mezzi di trasporto).

11. La città ideale (Esercizio orale)

Obiettivo: fissaggio del lessico appena raccolto e ripetizione dell'uso di *c'è* e *ci sono*.
Procedimento: Formate dei gruppi diversi da quelli dell'attività precedente, poi fate leggere le istruzioni del manuale, chiarite eventuali dubbi, stabilite un tempo massimo per lo svolgimento e quindi date il via all'esercizio.

12. Ritorno al testo

Obiettivo: analisi l'inguistica (l'uso del *si* indefinito).
Procedimento: Avviate l'attività seguendo le istruzioni del manuale, poi procedete come indicato nell'introduzione a p. 21.
Soluzioni: *si + verbo alla 3ª persona plurale + sostantivo al plurale; si + verbo alla 3ª persona singolare + espressioni con preposizione; se il verbo è riflessivo: ci + si + verbo alla 3ª persona singolare*

13. La Trieste di Joyce (Esercizio scritto)

Soluzioni: *si parte; si visita; si attraversano; si sale; si scende; si prende; ci si avvia*

Elementi di civiltà: James Joyce visse a Trieste, con la famiglia, dal 1905 al 1915. Frequentò spesso Italo Svevo, di cui diventò amico e grande estimatore: i due scrittori erano soliti leggere l'uno le opere dell'altro e fu proprio Joyce il primo in assoluto a manifestare apprezzamento per i romanzi del triestino.

14. Itinerario turistico (Produzione libera scritta)

Obiettivi: sviluppo dell'abilità di scrittura; la funzione comunicativa qui esercitata è «descrivere un itinerario all'interno di una città».
Procedimento: Richiamate alla mente o fate rileggere brevemente il testo del punto 10, chiedete poi se è chiaro come si può descrivere un breve itinerario all'interno di una città (per esempio, bisogna decidere da dove partire e arrivare, pensare a quello che si incontra lungo la strada ecc). Procedete quindi come indicato nell'introduzione a p. 26 (Produzione scritta). Quest'attività si può proporre anche come compito per casa.

15. I mezzi di trasporto (Esercizio orale)

Obiettivi: introdurre il lessico relativo ai mezzi di trasporto; portare il discente dall'analisi linguistica ad una nuova fase dell'unità.
Procedimento: Richiamate l'attenzione della classe sugli specchietti di p. 57, considerando prima quello relativo ai mezzi di trasporto e poi la coniugazione di *venire*. Chiedete se qualcuno conosce il significato di questo verbo, se nessuno lo sa ditelo voi.

Fate leggere la consegna scritta nel manuale e date il via alle interviste precisando che si tratta di parlare con più compagni possibile (sarà quindi necessario alzarsi e girare per l'aula).
Dopo 5 minuti interrompete le interviste, formate dei gruppi di quattro persone e dite che ognuno faccia una piccola statistica con le informazioni raccolte e poi la confronti con le statistiche dei compagni.
Chiedete ad una persona per gruppo di riferirvi il risultato: a seconda dei risultati potete fare qualche commento (se è una classe motorizzata o una classe ecologista o…).

16. Un modo romantico per raggiungere il Carso (Ascolto tipologia A)

Trascrizione del dialogo:

□ Senta, scusi.
■ Sì, mi dica.
□ Eh… Lei è di Trieste?
■ No, però abito qua da parecchio tempo.
□ Ah, quindi conosce la città.
■ Sì, sì, sì.
□ Senta, io cerco il tram che va a Opicina. Mi può dire da dove parte?
■ Sì, come no. Da Piazza Oberdan.
□ Ah.
■ Sa dov'è?
□ No. È lontana? Ci devo andare in autobus?
■ No, no. Ci può andare a piedi, saranno 10 minuti.
□ Ah, a piedi.
■ Sì, sì, a piedi.
□ Mi può spiegare come faccio?
■ Sì, certo. Allora… dunque, adesso Lei attraversa questa piazza, questa qua della stazione…
□ Sì.
■ … e arrivata dall'altra parte, continua per la strada che si vede anche qua davanti…
□ Questa qui di fronte?
■ Esatto, questa che va dritta, qui di fronte, si chiama via Ghega.
□ Ah, ho capito.

- Ok, allora, percorre tutta via Ghega e arriverà in una specie di ... di incrocio, una specie di piazza un po' allargata, diciamo un ... un incrocio allargato, si chiama Piazza Dalmazia.
- ▢ È un incrocio con un semaforo o ...
- Sì, sì, c'è un semaforo e c'è anche l'attraversamento pedonale. Quindi attraversa la piazza, la piazzetta, e prosegue dritto ancora per 50 metri e si troverà subito in un'altra piazza più grande che si chiama Piazza Oberdan.
- ▢ Ah, ah...
- Ecco lì vedrà subito che c'è la fermata del tram, e c'è il capolinea proprio, quindi lo prende da lì.
- ▢ Ah, ho capito. Allora io prendo questa via qui di fronte ...
- Sì.
- ▢ ... vado dritto fino a Piazza Dalmazia...
- Dalmazia, sì.
- ▢ ... attraverso la piazza ...
- Esatto.
- ▢ ... e faccio altri 50 metri circa ...
- Esatto, esatto.
- ▢ ... e lì trovo questa Piazza Oberdan dove c'è...
- Esatto, dove c'è il capolinea.
- ▢ ...dove c'è il capolinea.
- Esatto.
- ▢ Ah, ho capito.
- E quindi può prendere il tram da lì insomma.
- ▢ Ah, ho capito. E con questo tram arrivo fino a ... a Opicina.
- Sì, arriva fino ... arriva sul Carso diciamo. Opicina è un paesino del Carso.
- ▢ Ah, ho capito.
- Sì, quindi lei da lì è... è in alto, diciamo sulla collina quindi vede tutta la città... si vede tutta la città, tutto il golfo...
- ▢ Ah, si vede il mare!
- Sì, certo si vede il mare.
- ▢ Ho capito. Per tornare indietro posso prendere il...
- Per tornare indietro può prendere lo stesso tram.
- ▢ Ah, lo stesso tram.
- Esatto. Prende il tram dalla fermata di Opicina che è quella in cui è scesa e torna indietro. Perché tanto fa un unico tragitto, che è sempre lo stesso.

- ▫ Ah, sempre lo stesso. Avanti e indietro.
- ▪ Esatto, avanti e indietro, sì.
- ▫ Ah, ho capito. E... solo una cosa scusi ancora. Gli orari non li conosce?
- ▪ No, gli orari non li so. Però so che parte ogni mezz'ora mi pare. Ogni mezz'ora circa.
- ▫ Ah, ho capito. Va bene. Allora adesso vado. Eh, grazie! Grazie. Arrivederci.
- ▪ Prego. Niente. Arrivederci.

Obiettivo: sviluppo della comprensione auditiva.
Procedimento: Come indicato nell'introduzione alle pp. 11–12. Per la verifica in plenum del punto c., proiettate sulla parete la piantina di p. 55, riprodotta su lucido, annunciate che voi adesso siete la turista e vi trovate alla stazione (punto rosso), chiedete «Dove devo andare?» e fatevi guidare dagli studenti fino a Piazza Oberdan.
Soluzione:
c. *il percorso è Piazza della Libertà – via Ghega – Piazza Dalmazia – Piazza Oberdan.*

d. Si tratta di un'informazione turistica tratta da un sito Internet. Le parole che mancano sono *Tram di Opicina*.

Elementi di civiltà: Quello che i triestini chiamano «Tram de Opcina» è uno dei simboli della città. Si tratta della linea tranviaria 2, nata appunto nel 1902, che rappresenta una sorta di connubio tra funicolare e tram classico. Essa percorre un ripido e suggestivo itinerario che porta dal centro della città (Piazza Oberdan) all'altopiano carsico. La prima parte del percorso si può individuare sulla piantina di Trieste a p. 55. Per maggiori informazioni andate al sito www.tramdeopcina.it.

e. Si tratta di una produzione orale libera. Seguite le indicazioni del manuale.

17. Per la strada (Ascolto tipologia B, Analisi)

Obiettivo: analisi linguistica. Le funzioni comunicative qui analizzate sono «richiamare l'attenzione di qualcuno / rivolgere l'attenzione a qualcuno», «dire che cosa si cerca», «chiedere informazioni su un mezzo pubblico».

Procedimento:
a. Procedete come indicato nell'introduzione a p. 13 (Input orali, Tipologia B, Analisi, modalità b), sottolineando che dovranno aiutarsi con le informazioni che ricordano, con ragionamenti logici e linguistici (visto che metà del dialogo è data), con la propria esperienza (cosa si dice in situazioni simili?), con la fantasia.
Soluzione: *Senta, scusi! – Senta, io cerco il tram che va a Opicina. Mi può dire da dove parte? – No. È lontana? Ci devo andare in autobus?*

b. Procedete come indicato nell'introduzione a p. 21 (Ritorno al testo).
Soluzione: *Turista: Senta, scusi! – Senta, io cerco... – Mi può dire da dove parte...? – Ci devo andare in autobus?– Passante: (Sì), mi dica. – Sa dov'è?*

18. Occhio alla lingua!

Obiettivo: analisi linguistica: presentazione e fissaggio della particella locativa *ci*.
Procedimento:
a. Procedete come indicato nell'introduzione a p. 21 (Occhio alla lingua).
b. Fate svolgere l'esercizio individualmente e poi confrontare con un compagno; infine, controllate in plenum.
Soluzioni: *ci abito; ci vengo; ci resta; ci torniamo*

19. Progettiamo Piazza Unità (Esercizio orale)

Obiettivi: fissare l'uso delle indicazioni di luogo riportate nello specchietto; prepararsi alla produzione libera del punto seguente.
Procedimento: Richiamate l'attenzione sullo specchietto e chiarite, insieme agli studenti, il significato delle espressioni (se possibile fatevelo dire da loro). Fate quindi leggere le istruzioni e dite che provino a disegnare aiutandosi con le informazioni date, con la logica, ma anche con la fantasia. Raccomandate loro di consultare innanzi tutto la piantina a p. 55 per vedere che forma ha la piazza, poi lasciateli lavorare in coppia, tenendovi a disposizione per eventuali domande.
Soluzione: *si vedano il disegno a p. 214 e la foto a p. 52*

20. Vorrei un'informazione (Gioco di ruolo)

Procedimento: Con il libro ancora chiuso, formate delle coppie e annunciate agli studenti che avranno il compito di elaborare, insieme a un compagno, un dialogo con ruoli predefiniti: A e B. Aggiungete che A userà la pianta di Trieste a p. 55 e B quella a p. 215 (scrivetelo alla lavagna) e che è assolutamente vietato consultare la pianta del compagno. Formate le coppie e dite loro di dividersi i ruoli prima di aprire il libro: ognuno poi dovrà consultare solo le informazioni e la piantina di Trieste relative al proprio ruolo. Per fare in modo che ciò avvenga realmente potete fotocopiare i due ruoli, incollarli su cartoncini e distribuirli agli studenti in modo che non abbiano bisogno della pagina 59. Lasciateli quindi lavorare tenendovi a disposizione per eventuali domande.

21. Occhio alla lingua!

Obiettivo: analisi linguistica con presentazione e fissaggio dei pronomi diretti atoni.
Procedimento: Procedete come indicato nell'introduzione a p. 21. Prima di passare al punto *c.* richiamate l'attenzione sullo specchietto a destra.
Soluzione: b. *I pronomi si riferiscono ai sostantivi precedentemente citati (‹la› a Trieste, ‹li› a «i triestini», ‹lo› a ‹tram›), che hanno tutti la funzione di complemento oggetto, e servono a non ripeterli; il loro posto nella frase è davanti al verbo coniugato.*

22. Lo, la, li o le? (Esercizio orale)

Soluzione: *li; la; lo; le; lo; la; li; le*

23. Nel cassetto dei sogni (Lettura tipologia A)

Obiettivo: sviluppo della comprensione della lingua scritta.
Procedimento:
a. Riproducete su lucido o trascrivete il quesito riportato nel manuale e fate svolgere l'attività a libro chiuso. Poi chiedete a qualche studente le sue proposte.
b. e *c.* Come indicato nell'introduzione alle pp. 16–18 (fase a. e fase b.).

Soluzione: 1. *Firenze*; 2. *Roma*; 3. *Siena*; 4. *Bologna*; 5; *Perugia*; 6. *Bolzano*; 7. *Parma*; 8. *Genova*; 9. *Rimini*; 11. *Lucca*; 12. *Grosseto*; 16. *Agrigento*. 21. *Lecce*; 102. *Milano*

24. Ritorno al testo

Obiettivo: analisi del testo.
Procedimento: *a.* e *b.* Come indicato nell'introduzione alle pp. 17–18 (Fase c. e fase b.).
Soluzione:
a. *luogo – posto; capitale – città principale di uno Stato; opulente – ricche; frenetici – molto veloci e senza pausa; fare la parte del leone – essere in maggioranza; ben messa – con una posizione buona; risulta – è*
b. *medie e piccole; ci si vive tranquillamente; del Centro*

c. Fatevi dire qual è la città in questione (Firenze), formate poi dei gruppi diversi da quelli del punto 23a e fate svolgere il compito assegnando un certo tempo. Alla fine raccogliete le proposte per vedere quale gruppo ne ha ideate di più.

25. I numeri ordinali

Obiettivo: analisi linguistica con presentazione e fissaggio dei numeri ordinali.
Procedimento: Seguite le indicazioni del manuale.

26. La vostra opinione (Produzione libera orale)

Obiettivi: sviluppo della competenza comunicativa orale; riflessione interculturale.
Procedimento: Procedete come indicato nell'introduzione a p. 24. Alla fine potrete chiedere ad alcuni studenti di riferirvi le loro proposte motivandole.

27. Caro amico (Produzione libera scritta)

Obiettivo: sviluppo dell'abilità di scrittura, la funzione comunicativa esercitata è «dare informazioni».
Procedimento: Procedete come indicato nell'introduzione a p. 26. Quest'attività potrà anche essere assegnata come compito per casa.

FONETICA

⏯ 1. La pronuncia di /l/ e /ʎ/

Obiettivo: trattazione della pronuncia e ortografia dei suoni /l/ e /ʎ/.
Procedimento:
a. Seguite le istruzioni del manuale.
b. Fate ascoltare le parole e chiedete di fare attenzione alla pronuncia del gruppo consonantico /gl/, chiedete poi agli studenti di completare la regola sottostante. Alla fine fate ripetere i vocaboli.
Soluzione: /ʎ/; /gl/; /gl/

c. Dite agli studenti che ascolteranno coppie di parole che hanno significato diverso a seconda che contengano /l/ o /ʎ/. Il loro compito è quello di mettere, per ogni parola, una crocetta nel quadratino corrispondente al suono che sentono. Fate ascoltare una volta, poi confrontare con un compagno. Fate ascoltare una seconda volta per controllo e poi verificate in plenum.
Soluzione: *li, gli, Italia, taglia, paglia, palla, vela, veglia, olio, voglio, foglia, folla, allo, aglio, sbagliare, sballare, quelli, quegli, coglie, colle*

⏯ 2. La pronuncia di /n/ e /ɲ/

Obiettivo: trattazione della pronuncia e ortografia dei suoni /n/ e /ɲ/.
Procedimento:
a. Fate ascoltare le parole chiedendo agli studenti di concentrarsi sulla pronuncia del gruppo consonantico ‹gn›. Poi fate ripetere i vocaboli.
b. Fate ascoltare e ripetere differenziando bene i suoni /n/ e /ɲ/.

3. E infine: sciogli la lingua!

Obiettivo: esercitare la pronuncia dei suoni /l/, /ʎ/, /n/ e /ɲ/.
Procedimento: formate delle coppie e dite agli studenti di provare a leggere gli scioglilingua per vedere chi riesce a pronunciarne almeno uno in modo scorrevole e senza errori. Se volete, prima di lasciar lavorare le coppie, potete fare una prova facendo leggere uno scioglilingua a tutta la classe in coro.

Tema: raccontare esperienze passate (volontariato, anno sabbatico).
Obiettivi comunicativi: raccontare esperienze passate; fare domande su un soggiorno all'estero e rispondere; informarsi telefonicamente per un corso di lingua da frequentare all'estero; *lingua scritta:* raccontare una storia partendo da immagini; raccontare in una breve e-mail un'esperienza fatta all'estero.
Elementi morfosintattici: il passato prossimo; l'uso dell'ausiliare nel passato prossimo; gli avverbi *già* e *non ancora*; alcuni indicatori temporali; il passato prossimo dei verbi riflessivi; uso transitivo e intransitivo di *cominciare* e *finire*.
Fonetica: i suoni /ʃ/ e /sk/; le consonanti doppie

1. Ma che ci fai ancora qui? (Lettura tipologia A)

Obiettivo: introdurre il tema trattato nell'unità, sviluppo della comprensione della lingua scritta e della competenza orale.
Procedimento: *a.* Si consiglia di riprodurre su lucido il punto 1, affinché gli studenti si concentrino maggiormente sulle prime righe e sul compito dato (fare supposizioni riguardo all'annuncio) senza ‹sbirciare› nei punti successivi. Proiettate solo il punto 1a alla lavagna luminosa e chiedete agli studenti di leggere (il libro sarà chiuso). Per lo svolgimento dell'attività procedete come indicato nell'introduzione a p. 16.
b. Proiettate il punto *b* e continuate come indicato nel manuale, chiarendo eventuali dubbi. Riportate poi l'attività in plenum e raccogliete i risultati (riferiti dai portavoce).

2. Info Point Europa (Lettura tipologia A e produzione libera orale)

Obiettivo: sviluppo della comprensione della lingua scritta e della competenza comunicativa orale.
Procedimento: Per lo svolgimento dell'attività procedete come indicato nell'introduzione a p. 16.
a. La lettura è da considerarsi come momento di verifica delle supposizioni espresse al punto 1.
b. Dopo aver formato dei gruppi, procedete come indicato nel manuale, riportando poi i risultati della discussione in plenum, attraverso i portavoce.

3. Chi ha provato testimonia che... (Lettura tipologia A)

Obiettivo: sviluppo della comprensione della lingua scritta, presentazione di forme verbali al passato prossimo.
Procedimento: Fate aprire il libro e procedete come indicato nell'introduzione alle pp. 16–18 (fase a. e fase b.).
Soluzione: *sì; no; no; sì; sì*

4. Ritorno al testo

Obiettivo: ricerca, analisi e trattazione delle forme verbali del passato prossimo.
Procedimento: Per lo svolgimento delle attività ai punti *a.*, *b.* e c. seguite le indicazioni del manuale e dell'introduzione a p. 21.
Soluzione:

a.

passato prossimo	*soggetto*	*ultima lettera*	*infinito*
hai raggiunto	*tu*	-o	*raggiungere*
ha provato	*lui/lei*	-o	*provare*
sono partita	*io*	*-a*	*partire*
sono rimasta	*io*	*-a*	*rimanere*
ho vissuto	*io*	-o	*vivere*
ho lavorato	*io*	-o	*lavorare*
è stata	*lei*	*-a*	*essere*
ho partecipato	*io*	-o	*partecipare*
è stata	*lei*	*-a*	*essere*
sono stati	*loro*	*-i*	*essere*
ha fatto	*lei*	-o	*fare*
ha reso	*lei*	-o	*rendere*

b. *l'ausiliare ‹essere› o ‹avere› + il participio passato*
c. *lavorato, compiuto*
Participi regolari: compiuto, provato, partita, lavorato, partecipato
Participi irregolari: raggiunto, rimasta, vissuto, stata, stati, fatto, reso
d. *l'ultima lettera del participio non è sempre uguale perché concorda con il soggetto*

5. Avere o essere? (Esercizio scritto)

Obiettivo: definizione e fissaggio dell'uso dell'ausiliare nelle forme verbali del passato prossimo.

Procedimento:
a. Formate delle coppie e procedete come indicato nel manuale.
b. Riportate l'attività in plenum: saranno gli studenti a fornire le proposte per una regola. In base a queste proposte, li guiderete verso una formulazione corretta. Questo non è ancora il momento di tematizzare in maniera esaustiva l'uso dell'ausiliare in italiano, basterà dire che quest'uso corrisponde grossomodo a quello dell'ausiliare in tedesco. L'approfondimento della regola avverrà dal punto 19 della lezione.
c. Procedete come indicato nel manuale. Fate seguire un controllo in plenum in cui completerete alla lavagna luminosa le tabelle riprodotte su lucido.
Soluzione: *io sono andato/a, arrivato/a, restato/a, stato/a, tornato/a, uscito/a; io ho abitato, avuto, capito, controllato, costruito, frequentato, imparato, parlato, preferito, ricevuto, trovato*

6. Che cosa hai fatto ieri sera? (Esercizio scritto)

Procedimento: Procedete come indicato nel manuale. Seguirà un controllo in plenum.
Soluzione: *sono uscito con gli amici e ho mangiato un gelato; sono restata a casa e ho guardato un film alla TV; siamo rimasti a casa e abbiamo studiato per l'esame; siamo andati in discoteca e lì abbiamo incontrato i nostri amici; siamo andate in palestra e abbiamo fatto ginnastica*

7. L'anno scorso ... (Esercizio orale)

Procedimento: Formate delle coppie, chiedete agli studenti di leggere il titolo e la consegna e chiarite eventuali dubbi: deve essere chiaro che le ‹cose› da scegliere non devono essere davvero successe, gli studenti possono giocare con la fantasia. Fate leggere ad alta voce l'esempio e date il via al gioco. Lasciate parlare gli studenti fino a quando vedrete che la maggior parte delle coppie avrà concluso.

8. Occhio alla lingua!

Obiettivo: presentazione e fissaggio di *già* e *non ancora*.
Procedimento: *a*. Procedete come indicato nell'introduzione a p. 21. Gli studenti risponderanno alla domanda con un vocabolo nella lingua comune del corso.

b. Procedete come indicato nel manuale, facendo prima leggere l'esempio e facendo notare la posizione dei due avverbi. Dopo che gli studenti avranno finito l'esercizio, seguirà un controllo in plenum.
Soluzione: *1. Paolo e Claudio sono già tornati dalle vacanze. Paolo e Claudio non sono ancora tornati dalle vacanze. 2. Hai già incontrato Giovanna? Non hai ancora incontrato Giovanna? 3. Avete già pagato? Non avete ancora pagato? 4. Maria ha già visto l'ultimo film di Moretti. Maria non ha ancora visto l'ultimo film di Moretti. 5. Sei già stato in Italia? Non sei ancora stato in Italia?*

9. E voi dove siete già stati? (Produzione libera orale)

Obiettivo: sviluppo della competenza comunicativa orale.
Procedimento: Seguite le indicazioni del manuale e dell'introduzione a p. 24.

10. Quando? (Esercizio scritto)

Obiettivo: presentazione e trattazione degli indicatori temporali.
Procedimento: Introducete l'esercizio (magari a libro chiuso) chiedendo agli studenti se conoscono degli indicatori temporali che introducono un tempo al passato (hanno visto al punto 7 di questa unità *l'anno scorso*). Scrivete alla lavagna in ordine sparso le proposte degli studenti. Aggiungete poi che quelle espressioni e altre simili le trovano a p. 67 del manuale e fate aprire il libro. Chiedete se i due esempi, *due anni fa* e *cinque minuti fa*, sono chiari. Chiarite eventuali dubbi e date alcuni minuti di tempo per svolgere l'esercizio. Fate seguire un controllo in plenum. Evidenziate l'espressione *sei mesi* per sottolineare che si dice solo così, non *mezzo anno* come si può dire p. es. in tedesco.
Soluzione: *due anni fa, l'anno scorso, sei mesi fa, tre mesi fa, tre settimane fa, la settimana scorsa, quattro giorni fa, l'altro ieri, ieri mattina, ieri pomeriggio, ieri sera, stamattina, un'ora fa, 5 minuti fa*

11. Una storia (Produzione libera orale e poi scritta)

Obiettivo: sviluppo della competenza della lingua orale e scritta.
Procedimento:
a. Formate delle coppie, fate leggere la consegna e accertatevi che gli studenti abbiano capito il compito. Mettete comunque in chiaro che

in questa prima fase non si deve scrivere la storia, bensì prendere al massimo degli appunti per non perdere il filo di quello che verrà poi raccontato. In questo modo gli studenti saranno obbligati a svolgere il compito oralmente. Invitate gli studenti a dare un nome alla protagonista.

b. Formate delle nuove coppie e seguite le indicazioni del manuale.

c. Seguite le indicazioni del manuale. Per la correzione si veda l'introduzione a p. 26. La fase di scrittura può anche essere svolta come compito per casa.

12. Vacanze impegnate (Produzione guidata orale)

Obiettivo: sviluppo della competenza comunicativa orale.
Ampliamento lessicale (mesi).
Procedimento:
a. Formate delle coppie e fate svolgere il compito previsto dal manuale. Accertatevi che la consegna, i pronomi interrogativi e i verbi siano chiari. Potete tralasciare lo specchietto per il momento.
b. Formate ora delle nuove coppie chiedendo agli studenti di scegliere un ruolo: A o B. Fate leggere la consegna e chiarite eventuali dubbi. Lasciate un po' di tempo per preparare l'attività e spiegate che chi ha il ruolo B dovrà scegliere di essere una delle quattro persone riportate e quindi leggere e capire i punti corrispondenti e chi ha il ruolo A deve riguardarsi le domande in modo da evitare di leggerle durante lo svolgimento dell'attività. Fate inoltre notare lo specchietto con i mesi e le preposizioni che potrà tornare utile nella formulazione delle risposte. Lasciate parlare gli studenti fino a quando vedrete che la maggior parte delle coppie avrà concluso.
Chiedete poi agli studenti di cambiare ruolo e formate delle nuove coppie (A e B). Ripetete quindi l'attività.

Proposta alternativa: Potete dividere la classe in due gruppi, A e B, prima di cominciare l'attività. Il gruppo A preparerà le domande del punto A e il gruppo B sceglierà un personaggio tra Marco, Sabina, Alessandra e Stefano e si preparerà per fornire le risposte. Poi si formeranno delle coppie con un A e un B e si darà il via al gioco di ruolo.

▶II 13. Anno sabbatico (Ascolto tipologia A)

Trascrizione del dialogo:

- ▢ Stefi, raccontami un po' cos'hai fatto dopo la maturità.
- ■ Sì allora, qualche giorno dopo la maturità, quando si è trattato di scegliere l'università presso cui iscrivermi, ho cominciato a riflettere.
- ▢ Mhm.
- ■ Perché i miei genitori volevano mandarmi a Trieste...
- ▢ Aha.
- ■ ... a studiare eh ... tradutt... per traduttori e interpreti.
- ▢ Mhm. Perché tu sei di madrelingua italiana ma sai già il ... sapevi già il tedesco.
- ■ Esatto, sì. ... E... quindi i miei pensavano che ... avendo comunque familiarità con le lingue, sarebbe stato più facile per me frequentare un corso di quel genere.
- ▢ Mhm.
- ■ Solo che mi sono resa conto che non è sta ... cioè non era proprio nelle mie ambizioni ...
- ▢ Mhm.
- ■ ... una facoltà del genere. E quindi ho deciso di prendermi un anno di pausa ...
- ▢ Mhm.
- ■ ... e decidere con calma quale università scegliere.
- ▢ Quindi un anno, ti sei presa un anno sabbatico.
- ■ Sì, un anno sabbatico.
- ▢ Mhm. E che cosa hai fatto, dove sei andata?
- ■ Allora ... sono ... mi sono decisa per Monaco.
- ▢ Mhm.
- ■ Quattro giorni dopo la maturità, ho fatto le valigie, ho preso, sono partita e ... va beh, ho abitato presso delle persone carinissime che mi hanno accolto.
- ▢ Mhm. E ... lì che cosa ... che cosa hai fatto?
- ■ Mi sono cercata ... per prima cosa un lavoretto.
- ▢ Mhm.
- ■ È stata un'esperienza molto carina devo dire.
- ▢ Sì, e il lavoretto, che cosa ... che cosa facevi?
- ■ Eh, allora ... ho fatto la commessa, prima per un grande magazzino e poi per un negozio.

□ Mhm.
■ E va beh ... il terzo lavoro, quello anche più interessante è stato quello di segretaria presso una redazione di un giornale di Monaco.
□ Mhm.
■ Ed è stato proprio quel lavoro lì poi a farmi scegliere la facoltà che attualmente frequento.
□ Ehm, perché tu cosa ... cosa fai, cosa studi?
■ Studio Media e giornalismo sotto Scienze politiche.
□ Aha, senti, quanto tempo sei rimasta a Monaco?
■ Esattamente un anno. Sono partita i primi di luglio e sono tornata i primi di luglio dell'anno successivo.
□ Mhm. E ti è piaciuto?
■ Mi è piaciuto tantissimo. Ehm ... credo di poter dire che è un'esperienza che debbano fare tutti.
□ Aha, e che cos'hai imparato, che cosa ti è rimasto da quest'esperienza?
■ Mi sono rimaste molte cose. Innanzitutto ho migliorato la lingua ...
□ Mhm.
■ ... poi ho conosciuto un sacco di persone, molte delle quali ancora sento e soprattutto credo di esser diventata più indipendente rispetto ai tempi prima della maturità.
□ Quindi diciamo ti sei emancipata?
■ E come!
□ Rispetto ai tuoi amici e amiche italiani.
■ Decisamente sì.
□ Aha, ehm... ti è dispiaciuto lasciare Monaco?
■ Tantissimo, tantissimo. Credo che tornerei lì in qualsiasi momento.

Obiettivo: sviluppo della comprensione auditiva.
Procedimento: *a.* e *b.* Per lo svolgimento dell'attività si veda l'introduzione alle pp. 11–12. Accertatevi che la definizione «anno sabbatico» sia chiara.
Soluzioni b: *a. Stefi ha deciso di prendersi un anno di pausa ed è partita. b. È andata a Monaco di Baviera. c. È partita i primi di luglio. d. Ha abitato presso delle persone carinissime. e. Ha fatto la commessa e la segretaria. f. Studia Media e giornalismo presso la facoltà di Scienze politiche. g. Ci è rimasta un anno. h. Ha migliorato la lingua, ha conosciuto un sacco di persone e soprattutto è diventata più indipendente.*

c. Seguite le indicazioni del manuale.

14. Esercizio (Esercizio scritto)

Obiettivo: presentazione e trattazione delle forme irregolari del participio passato di alcuni verbi.
Procedimento: Dopo aver portato l'attenzione degli studenti sulle forme di participio passato irregolari che già hanno visto al punto 4, chiedete loro di lavorare a coppie e di ricondurre le forme dell'infinito alle corrispondenti forme del participio già presenti nella tabella. Benché gli studenti non conoscano attivamente le irregolarità nella formazione del participio passato, riusciranno a completare la tabella aiutandosi con l'intuizione. Seguirà un controllo in plenum.
Soluzione: *chiuso – chiudere; letto – leggere; scritto – scrivere; preso – prendere; bevuto – bere; messo – mettere; sceso – scendere; visto – vedere; risposto – rispondere; chiesto – chiedere; detto – dire; nato – nascere; scoperto – scoprire; venuto – venire*

▶II 15. Racconta! (Ascolto tipologia B)

Obiettivo: fissaggio scritto delle forme irregolari del participio passato.
Procedimento: Per lo svolgimento dell'attività si veda l'introduzione a p. 13 (Ascolto tipologia B, Procedimento per la modalità b).
a. Procedete come indicato nella consegna. Fate notare lo specchietto: riporta una espressione idiomatica piuttosto diffusa nell'italiano colloquiale, che richiede qui un'attenzione particolare perché gli studenti possano capire il testo.
b. Procedete come indicato nella consegna: potranno essere necessari due ascolti.
Soluzione: *hai fatto, sei andata; ho fatto, ho preso, sono partita, ho abitato*

16. Strategie per memorizzare

Obiettivo: riflettere sulle varie ‹scorciatoie› utili per memorizzare una lista di participi passati irregolari in modo da rendere il processo mentale necessario a ciò più efficiente e meno noioso.
Procedimento: Leggete la consegna con gli studenti e accertatevi che sia chiara. Formate delle coppie e lasciatele discutere per alcuni minuti. Riportate poi i risultati in plenum e trascriveteli alla lavagna. Aggiungete eventualmente altri suggerimenti ed esortate gli studenti a ricorrere a tali strategie anche in altri ambiti grammaticali (p. es. forme del passato remoto irregolari, unità 12).

17. Partenza per le vacanze (Esercizio scritto)

Obiettivo: fissaggio delle forme irregolari del participio passato.
Soluzione: *è partita; Ha fatto, ha preparato, ha messo; ha chiuso, è andata, ha chiesto; È scesa, ha comprato, ha preso; ha letto, ha visto, hanno cominciato; Sono arrivate; ha scoperto*

18. Io, invece ... (Produzione libera orale)

Obiettivo: sviluppo della competenza comunicativa orale.
Procedimento: Per lo svolgimento dell'attività si veda anche l'introduzione a p. 24. Accertatevi che la consegna sia chiara, formate delle coppie (diverse da quelle del punto 16) e lasciate parlare liberamente gli studenti.

▶II 19. Esercizio (Ascolto tipologia B)

Obiettivo: presentazione del verbo *piacere* al passato prossimo. Sviluppo della competenza «formulare domande partendo da una risposta già data».
Procedimento:
Per lo svolgimento si veda anche l'introduzione a p. 13 (Ascolto tipologia B, Procedimento per la modalità b).

a. Chiedete agli studenti di completare il dialogo: dovranno prima leggere le risposte e, in base a queste, formulare le domande. Fate presente che la lettura delle risposte non si dovrà limitare alla comprensione, ma dovrà consistere anche di un'analisi linguistica (soprattutto nella seconda risposta): quali strutture sono state usate per la formulazione?

b. Fate ascoltare ora il dialogo per un controllo (probabilmente saranno necessari due o più ascolti) e riportate le domande alla lavagna. Fate notare nello specchietto l'aggiunta della ‹i› per motivi fonetici tra la radice e la desinenza delle forme del participio. A questo punto formulate le domande: Con quale ausiliare si forma il passato prossimo del verbo *piacere*? Con che cosa concorda il participio? (risposte: *essere*; con il soggetto, vale a dire la cosa / le cose che piace / piacciono) e lasciate che siano gli studenti a dare una risposta. Sottolineate anche il fatto che la domanda viene formulata in italiano senza l'uso di

pronomi interrogativi (contrariamente al tedesco, p. es.) e che per rispondere si usano, oltre naturalmente a *sì*, *no*, ecc., avverbi di quantità e non di modo. Fate inoltre notare la posizione dei pronomi, facendo riferimento anche al testo del punto 3 (penultima riga).
Soluzione: *Senti, quanto tempo sei rimasta a Monaco? E ti è piaciuto?*

20. Questioni di gusti (Esercizio scritto)

Obiettivo: fissaggio del verbo *piacere* al passato prossimo.
Procedimento: Procedete come indicato nella consegna e fate seguire un controllo in plenum.
Soluzione: *è piaciuto; è piaciuta; sono piaciuti; sono piaciute*

21. L'anno scorso... (Esercizio scritto e orale)

Obiettivo: fissaggio delle strutture del punto 19 e 20.
Procedimento:
a. Chiedete agli studenti di completare le frasi date nella lista: ognuno farà riferimento alla propria esperienza.
b. Fate scambiare le liste e spiegate agli studenti che dovranno fare delle domande al compagno in base a quello che il compagno stesso ha scritto nella propria lista. Chiarite il procedimento facendo leggere l'esempio, nel quale sottolineerete la desinenza femminile riferita a una città.

22. Occhio alla lingua!

Obiettivo: trattazione e fissaggio dei verbi riflessivi al passato prossimo.
Procedimento: Per lo svolgimento dell'attività si veda l'introduzione a p. 21. Fate notare la posizione del pronome.

Soluzione:
a. *decidersi; cercarsi; emanciparsi;*
b. *... con l'ausiliare ‹essere›; la desinenza si concorda con il soggetto del verbo;*
c. *(tu) ti sei deciso/a, (lui) si è deciso/a, (lei) si è deciso/a, (noi) ci siamo decisi/e, (voi) vi siete decisi/e, (loro) si sono decisi/e*

23. Allora... (Produzione libera scritta)

Obiettivo: sviluppo dell'abilità di scrittura e della funzione comunicativa «raccontare un'esperienza passata».
Procedimento: Fate leggere la consegna e chiarite eventuali dubbi. Per lo svolgimento dell'attività si veda anche l'introduzione a p. 26.

▶II 24. Imparare una lingua all'estero (Lettura tipologia A e ascolto tipologia B)

Trascrizione della telefonata:

□ Centro Linguistico EF, buongiorno.
■ Buongiorno. Mi chiamo Marco Giannucchi e vorrei delle informazioni sui corsi intensivi di tedesco che fate a Monaco, in Germania.
□ Sì. E ha già guardato in internet, nel nostro sito?
■ Sì, ma... vorrei sapere se è possibile fare un corso per principianti assoluti, perché ho letto che c'è un test d'ingresso.
□ Guardi, ci sono corsi di tutti i livelli, e quindi anche corsi per principianti. Lei quando vuole andare?
■ Beh, io vorrei incominciare subito perché devo imparare il tedesco per un semestre Erasmus.
□ Ho capito... Il corso per principianti è già cominciato. Il prossimo comincia fra dieci giorni, il 25 settembre.
■ E la durata del corso?
□ Beh, può decidere lei quante settimane rimanere.
■ Ah, bene, e cosa devo fare per iscrivermi?
□ Deve compilare il modulo che trova sul nostro sito, spedirlo per e-mail e poi noi le mandiamo la conferma con tutte le informazioni.
■ Va bene, grazie e arrivederci.
□ Arrivederci.

Obiettivo: sviluppo della comprensione della lingua scritta e orale; presentazione della funzione «fare una telefonata formale», con le sottofunzioni annesse (si veda il punto 25).
Procedimento: *a.* Fate leggere il sito riportato. Per lo svolgimento dell'attività si veda anche l'introduzione a p. 16. Date qualche minuto di tempo e alla fine fate alcune domande per accertarvi che il contesto sia chiaro (Di che cosa si tratta? Che cosa si propone?).

Fate ora ascoltare la telefonata e accertatevi che gli studenti non vadano alla pagina seguente, in cui è riportata parzialmente la telefonata. La cosa migliore è fare il primo ascolto a libro chiuso. Fate seguire uno scambio di informazioni a coppie e passate al punto *b*.
b. Per lo svolgimento dell'attività si veda l'introduzione a p. 13 (Input orali, Tipologia B, Procedimento per la modalità a).
Soluzione: *si veda la trascrizione della telefonata.*
Fate infine notare lo specchietto e tematizzate la differenza tra l'avverbio *fa* (già visto in questa unità al punto 10) e la preposizione *fra*, entrambi temporali.

25. Ritorno al testo

Obiettivo: tematizzazione della funzione comunicativa «fare una telefonata formale».
Procedimento: Fate leggere la consegna e le domande ed accertatevi che tutto sia chiaro. Chiedete ora agli studenti di rispondere estraendo le frasi utili a questo scopo dalla telefonata del punto 24. Concludete con un controllo in plenum.
Soluzione: 1. *Buongiorno. Mi chiamo ...*; 2. *Vorrei delle informazioni ...*; 3. *Vorrei sapere se è possibile ...*; 4. *Cosa devo fare per ...*; 5. *Grazie e arrivederci*

Elementi di civiltà: Cogliete l'occasione per specificare che quando in Italia si risponde al telefono privatamente non si dice normalmente il proprio cognome, bensì si risponde con ‹pronto›.
È consigliabile completare l'attività con un approfondimento. Potete chiedere agli studenti di cercare di rispondere alle seguenti domande (le strutture morfosintattiche utili a ciò sono conosciute). Naturalmente sarà necessario l'aiuto dell'insegnante per la formulazione finale corretta.

Cosa si dice per...
- chiedere di parlare con qualcuno? (Posso parlare con il signor Bianchi? / il professor Rossi?)
- riferire che la linea non è libera? (È occupato.)
- scusarsi quando il numero fatto è sbagliato? (Mi dispiace, ho sbagliato numero.)
- offrirsi di telefonare a qualcuno? (Gli telefono io! / Lo chiamo io!)

Non dimenticate di puntualizzare la reggenza diversa dei verbi *telefonare* e *chiamare* (il primo: oggetto indiretto, il secondo: oggetto diretto) e la sintassi (spostamento del soggetto dopo il verbo o dopo il sintagma verbale in caso di accentuazione del soggetto stesso).

26. Occhio alla lingua!

Obiettivo: trattazione e fissaggio dell'uso dell'ausiliare con i verbi *cominciare*, *finire* e *iniziare*.
Procedimento: Per lo svolgimento dell'attività si veda anche l'introduzione a p. 21.
a. Procedete come indicato nel manuale e chiedete agli studenti che cosa notano nelle due frasi riportate come esempio (l'ausiliare diverso). Fateli poi riflettere a coppie sulla diversità riscontrata e riportate la riflessione in plenum.
Soluzione: *si veda la grammatica nell'Eserciziario a p. 69, punto 4*

b. Procedete come indicato nel manuale e fate seguire un controllo in plenum.
Dopo l'esercizio mettete in evidenza le diverse preposizioni da usare con *cominciare* e *finire*.
Soluzione: 1. *siamo andati/e, è finito;* 2. *è venuta, ha finito;* 3. *ha iniziato;* 4. *sono cominciati;* 5. *ha cominciato*

Dopo quest'attività sarà opportuno fare il punto sull'uso dell'ausiliare nelle forme del passato prossimo e approfondire l'argomento facendo riferimento alla grammatica (Eserciziario, p. 69).

27. Una telefonata (Produzione guidata orale, Gioco di ruolo)

Obiettivo: sviluppo della competenza comunicativa orale.
Procedimento: Formate delle coppie e dite agli studenti che avranno il compito di produrre, insieme a un compagno, un dialogo con ruoli predefiniti: A e B. Accertatevi che i ruoli siano chiari, fate chiudere il libro e lasciate parlare liberamente gli studenti, segnalando la vostra disponibilità per eventuali domande.

FONETICA

▶II 1. /sk/ o /ʃ/?

Obiettivo: trattazione della pronuncia e ortografia dei suoni /sk/ e /ʃ/.
Procedimento:
a. Seguite le indicazioni del manuale e procedete con il punto *b.*
b. Chiedete agli studenti di ascoltare le parole facendo particolarmente attenzione alla pronuncia del gruppo ‹sc›. Fate poi scrivere la regola. Seguirà un controllo in plenum. Alla fine di questo punto fate leggere le parole ad alta voce per accertarvi che la regola sia chiara.
Soluzione: *1. davanti alle vocali ‹a, o, u› e alla ‹h›; 2. davanti alle vocali ‹i› ed ‹e›*

▶II 2. Si sente la ‹i›?

Obiettivo: definizione della pronuncia dei gruppi *scia, scie, sciu, scio*: con o senza ‹i›.
Procedimento: Procedete come indicato nel manuale. Potrebbero essere necessari due ascolti. Alla fine di questo punto fate leggere le parole riportate agli studenti per accertarvi che la regola sia chiara.
Soluzione: b. *La ‹i› si sente nelle parole ‹sciare› e ‹scio›. I gruppi ‹scia, scie, sciu, scio› si pronunciano con la ‹i› quando questa è accentata, come in ‹(io) scio›, o quando si trova in confine di sillaba, come in ‹sciare›.*

▶II 3. Consonanti doppie

Obiettivo: trattazione della pronuncia delle consonanti doppie.
Procedimento: *a.* e *b.* Procedete come indicato nel manuale
c. Spiegate agli studenti che sentiranno gruppi di due parole le quali hanno significati diversi a seconda che una delle consonanti che contengono sia semplice o doppia. Dopo un secondo ascolto controllate in plenum.
Soluzione: *a. rosso; b. rosa; c. caro; d. carro; e. rissa; f. risa; g. roca; h. rocca; i. palla; l. pala*

Alla fine riportate su lucido le coppie di parole del punto c. e fatele leggere a turno agli studenti. Sarà anche utile una traduzione, se necessaria, per evidenziare che una pronuncia corretta nel caso di consonanti doppie non è solo auspicabile per motivi fonetici, bensì anche per motivi di comprensione, poiché la differenziazione nella pronuncia non è solo fonetica, bensì anche fonologica.

Tema: fare acquisti
Obiettivi comunicativi: descrivere e comprare capi d'abbigliamento; esprimere preferenze; chiedere il prezzo di qualcosa; fare complimenti; parlare di acquisti e abitudini al riguardo; raccontare che cosa sta succedendo; *lingua scritta:* descrivere in un'e-mail i regali ricevuti.
Elementi morfosintattici: i colori; i dimostrativi *questo/quello*; i pronomi oggetto diretto con il passato prossimo; l'aggettivo *bello*; i pronomi oggetto tonici e atoni; *stare* + gerundio; l'articolo partitivo al plurale; le preposizioni *di* e *da*.
Fonetica: prosodia della frase

1. Abbigliamento

Obiettivo: introdurre il lessico utile al tema trattato nell'unità.
Procedimento: Formate delle coppie e procedete come indicato nel manuale. Grazie alle fotografie (e procedendo per esclusione) gli studenti riusciranno a svolgere il compito assegnato probabilmente senza il vostro aiuto. Dovessero esserci dei dubbi, fate arrivare il chiarimento dagli studenti stessi. Seguirà un controllo in plenum. Potete far seguire un piccolo approfondimento lessicale chiedendo agli studenti se conoscono altri vocaboli appartenenti allo stesso campo semantico e scrivendoli alla lavagna. Un approfondimento lessicale vero e proprio ci sarà al punto 18.
Soluzione: *a. pantaloni, b. cintura, c. jeans, d. t-shirt/maglietta, e. scarpe, f. stivali, g. maglione, h. sciarpa, i. piumino; l. felpa, m. guanti, n. gonna, o. borsa*

▶II 2. Acquisti (Ascolto, tipologia A)

Trascrizione dei dialoghi:

1.

□ Buongiorno!
■ Ciao! Posso aiutarti?
□ Sì, cercavo un paio di jeans.
■ Hai già un'idea?
□ Sì, quelli che ho visto in vetrina mi piacevano...
■ Quelli neri o quelli blu?
□ Quelli neri.
■ Che taglia porti?
□ La 32, credo.
■ Vediamo... Ecco la 32, lì c'è la cabina.

□ Come vanno?
■ Mhhh, sono un po' stretti.
□ Aspetta, ti porto una taglia
più grande.

□ Ecco.
■ Grazie.
□ E questi come vanno?
■ Questi sono perfetti. Quanto vengono?
□ Questi vengono 87,50 euro.
■ Va bene, li prendo.
□ Va bene. Ecco, puoi accomodarti alla cassa.

2.
□ Uao, belle quelle scarpe!
■ Ti piacciono?
□ Sì, sono proprio belle. Senti, dove le hai comprate?
■ Ad Arezzo, sul Corso.
□ Sul Corso, dove?
■ Il negozio si chiama Bidini. Hai presente? È proprio a metà,
metà corso.
□ Aspetta. È quel negozio vicino al negozio di articoli sportivi?
■ Esatto. Proprio quello.
□ Ah ah, belle, proprio belle. Senti, quanto le hai pagate?
■ Eh, va be' ... 120.
□ Eh, non è neanche tanto, dai.
■ No, beh, infatti, le ho pagate un po' di meno perché conosco
la proprietaria, ed essendo ... va beh, cliente abituale ...
□ T'ha fatto...
■ ... sì, lo sconticino.
□ Aha, t'ha fatto lo sconticino. Belle sì, proprio belle.
■ Grazie.

3.
■ Secondo te come mi stanno questi pantaloni?
□ Beh, sì, ti stanno bene, ma a me personalmente non piacciono
i pantaloni a vita bassa.
■ Hmm... sto cercando qualcosa da mettermi al matrimonio di Anna...
□ A me non sembrano molto eleganti... perché non provi questa gonna?
■ No, per carità, le gonne non fanno per me!

Obiettivo: sviluppo della comprensione auditiva, introduzione di aggettivi utili al tema trattato nell'unità.
Procedimento: Fate sentire l'ascolto prima a libro chiuso, per lo svolgimento dell'attività procedete come indicato nell'introduzione a p. 11 (Fase di comprensione generale).
a., *b.* e *c.* Procedete come indicato nel manuale e nell'introduzione a p. 12 (Fase di comprensione più dettagliata).
Soluzione: a. *1. jeans (foto c.); 2. scarpe (foto e.); 3. pantaloni (foto a.) e gonna (foto n.)*; b. *Dialogo 1: si compra, si commenta, si cerca; Dialogo 2: si commenta; Dialogo 3: si commenta, si cerca*; c. *bello, grande, stretto, elegante*

d. Seguite le indicazioni del manuale e concludete con un controllo in plenum. Alla fine dell'attività potete chiedere se gli studenti conoscono altri aggettivi di questo tipo e aggiungerli alla lavagna.
Soluzione: *piccolo – grande; bello – brutto; largo – stretto; sportivo – elegante; a buon mercato – caro; corto – lungo*

3. Che cosa hai comprato!! (Esercizio scritto)

Obiettivo: fissaggio degli aggettivi visti al punto 2c (e concordanza), presentazione del dimostrativo *questo*.
Procedimento: Fate leggere l'esempio e chiedete se è tutto chiaro (normalmente non è necessario un chiarimento: *questo* è una parola che gli studenti conoscono). Passate poi allo specchietto e chiedete di completarlo facendo notare che le desinenze seguono la regola già vista nell'unità 2. Fate infine svolgere l'esercizio e concludete con un controllo in plenum.
Soluzione: *Questi pantaloni sono corti. Queste scarpe sono piccole. Questa maglietta è grande.*

▶II 4. Cercavo... (Ascolto, tipologia B)

Obiettivo: sviluppo della comprensione auditiva, differenziazione *questo/quello*, presentazione delle funzioni linguistiche riguardanti l'acquisto di un capo d'abbigliamento. Si tratta del primo ascolto del punto 2.
Procedimento: Per lo svolgimento dell'attività si veda l'introduzione a p. 13 (Input orali, Tipologia B, modalità a).
Soluzione: *per la soluzione si veda la trascrizione del dialogo.*

Alla fine dell'attività richiamate l'attenzione degli studenti sugli specchietti. Accertatevi che la differenza tra *un po'* e *troppo* sia chiara e sottolineate il plurale irregolare di *paio*. Sarà utile sottolineare che in italiano *jeans* e *pantaloni* sono sostantivi usati per lo più al plurale (la versione *un pantalone* è piuttosto rara). Passate infine alla vignetta: fate leggere ad alta voce e chiedete se la differenza fra *questi* e *quelli* è chiara. Chiarite eventuali dubbi rimanenti e procedete col punto 5.

5. Ritorno al testo

Obiettivo: analisi delle funzioni linguistiche del punto 4.
Procedimento: Chiedete agli studenti di leggere la consegna e le frasi successive e accertatevi che sia tutto chiaro. Formate delle coppie e fate svolgere il compito. Dopo il controllo in plenum l'insegnante chiederà se in alcuni casi gli studenti conoscono formulazioni alternative, p. es. per comunicare il prezzo: *i jeans costano*; esprimere che cosa vuole comprare: *vorrei...* (usato soprattutto in altri tipi di negozi).
L'insegnate farà anche notare, riportando l'attenzione al dialogo del punto 4, la risposta alla domanda sulla taglia: *la* 32.
È consigliabile aggiungere come si conclude una conversazione in un negozio se non si vuole comprare quello che ci è stato mostrato e non si vuole essere scortesi: *...va bene, ci penso...*

Elementi di civiltà: Fate notare che in Italia in molti esercizi pubblici si tende a dare del tu alle persone giovani (come nel caso del dialogo qui analizzato).
Soluzione: *commessa: Che taglia porti? Come vanno? Questi vengono 87,50 euro. ragazzo: Cercavo un paio di jeans. Questi sono perfetti. Quanto vengono? Va bene, li prendo.*

6. Quelli neri o quelli blu? I colori. (Esercizio scritto)

Obiettivo: presentazione e fissaggio dei colori.
Procedimento: Fate leggere la regola e accertatevi che sia tutto chiaro. Fate poi svolgere l'esercizio a cui seguirà un controllo in plenum. Alla fine dell'attività potete completare la regola aggiungendo che tutti quei colori che derivano direttamente da nomi di fiori e simili (fucsia, pervinca, ciclamino, glicine, ...) sono invariabili.

7. Qual è il tuo colore preferito? (Esercizio orale)

Procedimento: Fate leggere la consegna e l'esempio ed accertatevi che il compito sia chiaro. Fate notare l'uso dell'articolo e date il via alla piccola inchiesta. Dopo qualche minuto riportate l'attività in plenum: in base alle proposte che arriveranno dagli studenti si deciderà qual è il colore preferito in assoluto.

8. Facciamo shopping! (Esercizio orale)

Procedimento: Prima di partire con l'attività portate l'attenzione degli studenti sullo specchietto, e aggiungete che nel caso della misura, come si può vedere nella foto della T-shirt, si usano le definizioni internazionali (XS, S, M, L, XL). Dividete la classe in due gruppi; A e B, fate leggere i ruoli, chiarite eventuali dubbi e date il via all'attività.
Soluzione: *scarpe: + Cercavo delle scarpe. – Di che colore? + Nere. – Che numero porti? + Il 43. – Il 43... Ecco. + Quanto vengono? – 110 €.; pantaloni: + Cercavo dei pantaloni. – Di che colore? + Verdi. – Che taglia porti? + La 44. – La 44... Ecco. + Quanto vengono? – 78 €.; gonna: + Cercavo una gonna. – Di che colore? + Rosa. – Che taglia porti? + La 46. – La 46... Ecco. + Quanto viene? – 80 €.; t-shirt: + Cercavo una t-shirt. – Di che colore? + Rossa. – Che misura porti? + La M. – La M... Ecco. + Quanto viene? – 22 €.; i jeans: + Cercavo un paio di jeans. – Di che colore? + Blu. – Che taglia porti? + La 32. – La 32... Ecco. + Quanto vengono? – 88 €.*

9. Occhio alla lingua!

Obiettivo: trattazione della concordanza della desinenza del participio passato con i pronomi oggetto diretto.
Procedimento: Per lo svolgimento dell'attività si veda anche l'introduzione a p. 21.
a. Fate leggere gli esempi (tratti dal secondo dialogo del punto 2), fate completare la regola e controllate in plenum. Passate poi all'apostrofo: chiedete agli studenti se i due esempi appena letti possono essere scritti con l'apostrofo. La risposta è nell'ultima frase dello specchietto verde, ma l'argomento era già stato visto con gli articoli. Ora chiedete di completare le frasi che seguono per accertarvi che sia tutto chiaro. Fate seguire un controllo in plenum.
b. Procedete come indicato nel manuale e concludete con un controllo in plenum.

Soluzione: a. *la desinenza del participio passato si concorda con il pronome; l'hai comprato, li hai comprati, l'hai comprata;* b. 1. *li hai pagati;* 2. *l'ha invitata;* 3. *le ho conosciute;* 4. *Li ho pagati;* 5. *l'ho già letto;* 6. *l'ho vista*

10. Il mio ultimo acquisto (Produzione libera orale)

Obiettivo: sviluppo della competenza comunicativa orale.
Procedimento: Per lo svolgimento dell'attività si veda anche l'introduzione a p. 24. Formate piccoli gruppi, chiarite eventuali dubbi e lasciate parlare gli studenti per alcuni minuti.

▶II 11. Ritorno al testo (Ascolto tipologia B, modalità a)

Obiettivo: analisi linguistica (*quello* con funzione aggettivale e pronominale)
Procedimento: Per lo svolgimento si veda l'introduzione a p. 21 (Ritorno al testo).
a. Dopo aver fatto riflettere gli studenti sul primo riquadro verde (a p. 81), chiarite eventuali dubbi e passate al punto *b.*

b. Chiedete agli studenti di completare la lacuna davanti a ‹negozio› facendo riferimento al brano che hanno appena ascoltato. Ora gli studenti avranno i primi due esempi: fate notare la similitudine tra l'articolo e *quello* in funzione aggettivale. Procedete poi come indicato nel manuale. Completate l'attività facendo riscrivere la stessa tabella, questa volta senza articoli, con l'aggettivo *bello*. Seguirà un controllo in plenum.
Soluzione: b. *quel; (l') quell', (gli) quegli; (lo) quello, (gli) quegli; (la) quella, (le) quelle; (l') quell', (le) quelle*

12. Un po' di complimenti (Esercizio orale)

Procedimento: Fate leggere la consegna e l'esempio (potete far aggiungere un esempio con un capo d'abbigliamento al singolare agli studenti stessi), chiarite eventuali dubbi e fate svolgere l'attività.

▶II 13. Ritorno al testo (Ascolto tipologia B)

Obiettivo: sviluppo della comprensione auditiva; presentazione e trattazione dei pronomi tonici; uso dei pronomi tonici e atoni.

Procedimento:
a. Per lo svolgimento dell'attività si veda l'introduzione a p. 13 (Input orale, Tipologia B, modalità a).
Soluzione: *si veda la trascrizione dell'ascolto.*

b. Seguite le indicazioni del manuale e dell'introduzione a p. 21. Fate scrivere nella tabella le forme dei pronomi trovati. Fatela poi completare con le rimanenti forme atone, già viste nelle unità 3 e 4.
Soluzione: *io: mi, a me, me; tu: ti, te. Per la tabella si veda l'Eserciziario a p. 82, punto 5.*

c. Fate leggere la consegna e accertatevi che il compito sia chiaro. È in ogni caso importante che gli studenti non solo leggano, ma ascoltino anche il dialogo.
Soluzione: *I pronomi tonici (che come dice la definizione stessa «portano un accento») si usano quando si vogliono accentuare (si sente anche nel tono della voce) e quando sono usati insieme a una preposizione.*

Completate la regola portando un esempio in cui si usano nel caso di un confronto (p. es. «Giusi ha invitato me, non te.», «Ho telefonato a lui, non a lei.»). In tutti gli altri casi si usano i pronomi atoni.

14. Esercizio (Esercizio scritto)

Procedimento: Seguite le indicazioni del manuale e fate seguire un controllo in plenum.
Soluzione: a. *ti, a te, A me;* b. *me, lei, le, la;* c. *vi, A me, a me;* d. *gli, A lui, a lei*

15. E tu, che gusti hai? (Esercizio scritto e produzione libera orale)

Obiettivo: ampliamento lessicale e sviluppo della competenza comunicativa orale.
Procedimento:
a. Procedete come indicato nella consegna. Fate notare lo specchietto con l'uso della preposizione *di* per indicare il materiale.
Soluzione: *a. a quadri; b. a fantasia; c. a righe; d. in tinta unita; e. a pois*

b. Fate leggere la consegna e chiarite eventuali dubbi. Formate dei piccoli gruppi e lasciate parlare liberamente gli studenti per alcuni minuti.

16. Occhio alla lingua!

Obiettivo: analisi linguistica (forma progressiva).
Procedimento: Fate leggere l'esempio e specificate che *sto cercando* è un esempio di presente progressivo. Fate completare la regola e fate seguire un controllo. Passate poi alle forme del gerundio: la prima la daranno gli studenti. Concludete con le forme irregolari (facendo presente agli studenti che si tratta di irregolarità che si ripetono: al presente indicativo le hanno già viste, seguiranno nella prossima unità le forme all'imperfetto).
Soluzione: *stare + gerundio*

17. Quando penso all'Italia (Produzione libera orale e lettura)

Obiettivo: sviluppo della competenza comunicativa orale e della comprensione della lingua scritta.
Procedimento: *a.* Fate leggere la consegna e accertatevi che sia chiara. Potete riprodurla su lucido e procedere nello svolgimento del punto *a.* a libro chiuso: in questo modo gli studenti non saranno distratti dal testo che segue. Formate dei piccoli gruppi e lasciate parlare gli studenti liberamente. Proseguite ai punti *b.*, *c.* e *d.* come spiegato nell'introduzione alle pp. 16–18.
Soluzione:
c. *i cinesi: pensano ai vestiti alla moda e al calcio, comprano pasta e vino; gli svedesi: pensano alla buona tavola, comprano pasta e vino; gli americani: pensano alla buona tavola, comprano pasta e vino; i russi: pensano alle bellezze della natura, comprano scarpe;*
d. *mettere mano al portafoglio – pagare; vanno per la maggiore – hanno più successo; in testa alla classifica – al primo posto; i vestiti firmati – i vestiti dei grandi stilisti; fresco di stampa – appena pubblicato; mentre – invece*

18. Lavoriamo sul lessico (Esercizio scritto)

Obiettivo: ricapitolare e ampliare il lessico introdotto nell'unità.
Procedimento: Formate dei piccoli gruppi e date circa cinque minuti di tempo per svolgere l'attività, dopodiché fate cambiare i gruppi e confrontare le parole scritte dando ancora qualche minuto. Per lo svolgimento si veda anche l'unità 4, punto 10 d.

19. Sei italofilo? (Produzione libera orale)

Obiettivo: sviluppo della competenza comunicativa orale.
Procedimento: Date il via alla piccola inchiesta e dopo qualche minuto riportate l'attività in plenum: gli studenti detteranno all'insegnante, che le scriverà alla lavagna, le cose più comprate.

▶II 20. Che le regaliamo? (Ascolto tipologia A)

Trascrizione del dialogo:

□ Senti, per Valentina cosa prendiamo? Ti ricordi? La settimana prossima siamo al suo compleanno.
■ Mah ... non so. Tu hai già pensato a qualcosa?
□ Mah, guarda io c'ho pensato, ma ad essere sincera non mi è venuto in mente niente ... anche perché io non la conosco molto bene. Tu la conosci meglio.
■ Sì, è vero. Però ci sono tante cose che le potremmo fare.
□ Per esempio?
■ Dei vestiti, non so, dei libri anche ...
□ Mhm.
■ Boh! Volendo sai cosa potremmo fare?
□ Mhm, dimmi.
■ Potremmo andare a Firenze uno di questi giorni e passare al mercatino di San Lorenzo. Lì c'è un po' di tutto.
□ Sì, ehm ... cosa ci ... ci sono bancarelle diverse?
■ Davvero, vesti ... dai vestiti ... agli accessori in cuoio ...
□ Mhm.
■ ... anche ai fermagli, agli orecchini, ai gioiellini in argento.
□ Mhm. Anche borse ci sono?
■ Borse molte carine tra l'altro, sì. E anche di tutti i prezzi.
□ Aha, e quindi potrebbe essere un'idea. Senti io non ... non la conosco molto bene, ma tu che la conosci sai che hobby ha?
■ Sì, la pittura.
□ Mhm ... sì...
■ So che si è comprata degli acquarelli, quindi quelli li ha già.
□ Sì e poi ti dirò gli acquarelli non mi sembrano una grande idea. Vorrei regalarle magari qualcosa di più ... insomma un po' più personale. Tu che dici?
■ Sì, hai ragione.

□ Mhm.
■ Sai cosa ...
□ Dimmi.
■ L'altra settimana passeggiando siamo passate davanti a un negozio etnico-chic ...
□ Mhm.
■ Definiamolo così. E ho visto che fissava la vetrina.
□ Mhm.
■ Si è fermata due volte addirittura.
□ Aha, e hai visto cosa guardava?
■ Non sono sicura. Credo però che guardasse dei guanti.
□ Ehm sarebbe un'idea. Anche perché diciamo non ... sarebbe un grande problema co ... per la taglia.
■ Sì, hai ragione.
□ Poi se teniamo lo scontrino, ce li possono anche cambiare.
■ Sì, sicuramente.
□ Sì, senti facciamo così. Mhm... andiamo a Firenze, andiamo insieme a Firenze e ...
■ Sì, dai.
□ ... possiamo andare prima al mercatino di San Lorenzo, poi se non troviamo niente lì, possiamo passare da questo negozio etnico.
■ Va bene.
□ Facciamo così.
■ Sì.
□ Senti ... tu che dici c'andiamo di mattina o di pomeriggio?
■ Ma secondo me è meglio la mattina. Almeno non perdiamo troppo tempo.
□ Sì, ok, senti allora ... passi tu?
■ Sì, passo a prenderti domani mattina, va bene alle nove?
□ Sì, va bene. Ok, va bene, perfetto.
■ Va bene?
□ Mhm, sì.
■ A domani allora.
□ A domani.
■ Ciao.

Obiettivo: sviluppo della comprensione auditiva.
Procedimento: Per lo svolgimento si veda l'introduzione alle pp. 11–12.

Soluzione:
b. *vestiti, libri, borse, orecchini, acquarelli, guanti, gioiellini, fermagli*
c. *le due amiche decidono di andare insieme in città (Firenze) e di cercare il regalo per l'amica prima al mercato di S. Lorenzo e poi, se non trovano niente lì, in un negozio di articoli etnici*

Alla fine dell'attività portate l'attenzione degli studenti sull'uso delle due preposizioni *di* e *da*.

21. Occhio alla lingua!

Obiettivo: analisi linguistica (articolo partitivo al plurale).
Procedimento:
a. Fate leggere l'esempio (tratto dall'ascolto del punto precedente) e fate completare la regola: non dovrebbero esserci dei problemi perché le preposizioni articolate sono state tematizzate nell'unità 3 (e in parte già nell'unità 2).
Soluzione: *di + gli*

b. Dopo aver definito la regola, chiedete agli studenti di completare gli esempi dati e di riflettere sulla funzione dell'articolo partitivo.
Soluzione: *dei maglioni molto belli, delle cinture molto carine; si esprime una quantità non precisa*

22. Mi hanno regalato... (Produzione libera scritta)

Obiettivo: sviluppo dell'abilità di scrittura.
Procedimento: Fate leggere la consegna e accertatevi che sia chiara. Potete assegnare l'attività come compito per casa.

FONETICA

▶II 1. Intonazione

Obiettivo: presentazione e analisi dell'intonazione.
Procedimento: Procedete come indicato nella consegna. Saranno necessari più ascolti. È importante che gli studenti si rendano conto che l'accentazione di una frase può cadere su una o più parole, ma NON su tutte le parole. Questa constatazione sarà importante per guidarli verso una pronuncia che sia corretta non solo al livello di singole parole, ma che rispecchi anche la prosodia della frase.
Soluzione: *le frasi hanno più accenti (tonici, naturalmente), le sillabe su cui cadono sono segnalate qui di seguito. Le pause (utili per la prima risposta del punto 2) sono segnalate da ||. a. Ho un appartamento con un altro ragazzo || uno studente di medicina. b. La biblioteca è chiusa dall'una alle due. c. Al cinema || ci andiamo un'altra volta. d. Non gli ho detto niente. e. Non andiamo mai in discoteca. f. Non mi piace molto la pizza, || e a te? g. Non è la facoltà giusta per me. h. Non ho tempo di venire oggi.*

▶II 2. Entriamo nei dettagli

Obiettivo: analisi dei meccanismi che regolano la prosodia della frase.
Procedimento: Fate leggere la consegna e le frasi seguenti e accertatevi che le domande siano chiare. Fate ascoltare i dialoghi: saranno necessari più ascolti.
Soluzione: *Concatenazione: si veda il punto precedente. Fate presente che le parole di una frase che vanno da una pausa all'altra sono pronunciate senza soluzione di continuità: ciò non significa necessariamente velocemente, ma come se fossero concatenate le une alle altre. Dunque i gruppi ‹un appartamento, un altro, non andiamo, non è, ecc.›, vengono pronunciati senza il colpo di glottide, tipico delle lingue germaniche.*
Apostrofo: due parole unite dall'apostrofo si pronunciano come se fossero una sola parola.
Pronomi: i pronomi atoni non portano accentuazione, quelli tonici sì.
Negazione: ‹non› non porta accentuazione. Nei gruppi ‹non è› e ‹non ho› è il verbo a portare l'accento, nella pronuncia non si sente che sono due parole.

3. Adesso provate voi!

Procedimento: Procedete come indicato nel manuale. Chiedete agli studenti di ripetere le frasi prima a coppie, seguirà un controllo in plenum.

Tema: la famiglia e l'infanzia
Obiettivi comunicativi: parlare dell'infanzia; parlare di abitudini del passato; descrivere il carattere di una persona; parlare della propria famiglia; *lingua scritta:* scrivere un breve testo sui ricordi d'infanzia; descrivere delle situazioni passate; raccontare cambiamenti avvenuti.
Elementi morfosintattici: forme e uso dell'indicativo imperfetto; l'uso dell'imperfetto con *mentre*; l'uso dell'imperfetto in combinazione con il passato prossimo (I); i verbi *conoscere* e *sapere* all'imperfetto e al passato prossimo; il superlativo assoluto di aggettivi ed avverbi; gli aggettivi possessivi con i nomi di parentela; le congiunzioni *quando*, *quindi* e *perché*.
Fonetica: consonanti sorde e sonore (la pronuncia di *f* e *v*, *p* e *b*, *t* e *d*, *k* e *g*)

1. Ricordi (Produzione libera orale)

Obiettivo: introduzione al tema dell'unità e preparazione alla lettura.
Procedimento:
a. Fate chiudere i libri e chiedete agli studenti di chiudere gli occhi e di pensare alla propria infanzia cercando di mettere a fuoco le prime tre cose (persone, oggetti, luoghi, suoni ...) che associano a quel periodo della loro vita. Lasciate loro un minuto di tempo per concentrarsi.
b. Con voce pacata riportateli al presente, formate delle coppie e dite loro di raccontarsi vicendevolmente a che cosa hanno pensato.

2. Al mare (Lettura tipologia A)

Obiettivo: sviluppo della comprensione della lingua scritta. Nel testo, tratto da un romanzo di G. Culicchia, il quattordicenne Attila ricorda la partenza per le vacanze della sua famiglia quand'era piccolo.
Procedimento: Questo è il primo testo letterario proposto da **UniversItalia**, per cui sarà bene preparare accuratamente la lettura richiamando magari alla mente alcune delle avvertenze citate nella presente guida a p. 14 (Letture, Caratteristiche generali).
a. Assegnate quattro minuti di tempo per la prima lettura. Procedete poi come indicato nell'introduzione a p. 16 (Letture, Tipologia A, Fase di comprensione generale), riducendo progressivamente il tempo a disposizione.

b. Quest'attività è stata ideata per facilitare la comprensione del testo, ricco di lessico nuovo, senza dover ricorrere alla traduzione. Seguite le istruzioni del manuale. Per il controllo in plenum vi converrà proiettare alla lavagna luminosa i lucidi delle pagine 88 e 89.
Soluzione: *F (r. 2); D (r. 2–6); A (r. 6–8); E (r. 8–9); C (r. 15–16); B (r. 17); G (r. 17–21)*

c. Seguite le istruzioni del manuale. Potete anche far eseguire la ricerca dei vocaboli in coppia e far poi confrontare i risultati con un'altra coppia.
Soluzioni: *persone: genitori (anche se cita solo il papà), la sorella maggiore Alice, persone in macchina sull'autostrada; luoghi: autostrada, autogrill, casello autostradale, strada con tornanti e pini marittimi, mare; suoni: una canzone di Lucio Battisti; odori: il profumo del mare*

Trattandosi del primo testo letterario, potrete inserire un'ulteriore fase di analisi lessicale procedendo come indicato nell'introduzione a p. 18 (Letture, Tipologia A, Fase di analisi lessicale: si veda il suggerimento aggiuntivo).

Elementi di civiltà
a. Informazioni sull'autore e sul libro: Giuseppe Culicchia è nato a Torino nel 1965 e ha pubblicato i suoi primi racconti nell'antologia *Papergang Under* 25 III, edita nel 1990 a cura di Pier Vittorio Tondelli. Con il suo primo romanzo, *Tutti giù per terra* (1994), ha vinto il premio Montblanc e Grinzane Cavour Autore Esordiente. Un brano di questo libro – dal quale Davide Ferrario ha tratto l'omonimo film con Valerio Mastrandrea – si trova nell'unità 15. Il brano della presente unità è tratto invece da *Il paese delle meraviglie* (2004), che racconta l'Italia del 1977 attraverso gli occhi di due quattordicenni, Attila (che narra in prima persona) e Zazzi (il suo compagno di banco), che vivono in una località di provincia del Piemonte.
Fra le altre opere di Culicchia ricordiamo *Paso doble* (1995), *Bla bla bla* (1997), *Ambarabà* (2000), *A spasso con Anselm* (2001), *Liberi tutti, quasi* (2002), *Torino è casa mia* (2005).

b. Altre informazioni: La canzone *Acqua azzurra acqua chiara* (1969) fu uno dei grandi successi ottenuti da Lucio Battisti (Poggio Bustone, Rieti, 1943 – Milano, 1998) in collaborazione con Mogol (al secolo Giulio Ripetti).

3. Ritorno al testo

Obiettivo: analisi linguistica (le forme dell'indicativo imperfetto).
Procedimento:
a. Seguite le istruzioni del manuale, assegnando alcuni minuti per l'esecuzione.
b. Dite agli studenti di cercare, fra le forme sottolineate, quelle relative ai verbi della tabella a p. 90. Quindi fatevele dettare chiedendo di specificare a quale persona del verbo corrispondano. Poi formate delle coppie e chiedete loro di completare la tabella aiutandosi con gli esempi che ci sono già. Infine controllate in plenum. Una volta completata la tabella, chiedete agli studenti di riflettere su come hanno proceduto per ricostruire le forme verbali in modo da riassumere le regole in base alle quali si coniuga l'imperfetto indicativo. In questa fase vi soffermerete in particolare su *sparire*: dite che è un verbo che al presente funziona come *preferire* e fatevi fornire la prima persona singolare del presente di entrambi i verbi. Chiedete quindi che differenza c'è fra la formazione del presente e quella dell'imperfetto dei verbi appartenenti a questa categoria (all'imperfetto l'infisso *-isc-* non compare e perciò questi verbi si coniugano come tutti gli altri verbi in *-ire*). Chiedete infine com'è l'imperfetto di *preferire*. Evidenziate anche *essere* nonché *dire* e *fare* chiedendo agli studenti di spiegarvi la particolarità di questi ultimi due verbi (dovrebbero saperlo, visto che hanno già studiato il gerundio, introdotto al punto 16 dell'unità 6).
Soluzione: *nel testo trovano (si) preparavano; arrivava, arrivavamo; (mi) chiedevo; doveva; partivamo; spariva; (mi) dicevo; ero, eravamo.*
Per il resto della coniugazione si veda la tabella a p. 95 dell'Eserciziario.

4. Gara di verbi (Gioco didattico)

Procedimento: Formate delle coppie, fate leggere le istruzioni del manuale e accertatevi che siano chiare. Assegnate 5–10 di minuti di tempo per il gioco.

5. Ritorno al testo

Obiettivo: analisi linguistica (l'uso dell'indicativo imperfetto).
Procedimento:
a. Seguite le istruzioni del manuale.

b. Seguite le istruzioni del manuale facendo lavorare le coppie per alcuni minuti. Riportate quindi l'attività in plenum e chiedete agli studenti di fornirvi almeno un esempio per ognuna delle funzioni elencate al punto *a*. Chiedete quindi quale di essa prevalga nel racconto di Attila e in base a quali elementi si giunga a tale conclusione. Infine tornate a p. 88 per evidenziare lo specchietto rosa e chiedete a che cosa serve il verbo *dovere* in quella frase (a fare una supposizione).
Soluzione: *Prevale il racconto di azioni abituali, come si deduce dalla presenza di indicatori di frequenza quali «tutte le volte, ogni volta, tutti gli anni, sempre».*

Nota: L'uso dell'imperfetto può risultare ostico per non pochi studenti perché in alcune lingue, come quella tedesca, non esiste un tempo che corrisponda esattamente all'imperfetto italiano, motivo per cui i discenti saranno costretti a costruirsi una nuova categoria mentale. Sarà bene avvertirli che questo processo richiede tempo, pazienza e soprattutto molti contatti con la lingua italiana: sottolineate che proprio per questo si propone loro di lavorare intensamente con testi (orali e scritti) autentici.

6. Occhio alla lingua!

Obiettivo: analisi linguistica (l'uso dell'imperfetto con *mentre*).
Procedimento:
a. Seguite le istruzioni del manuale.
Soluzione: *Mentre nostra madre si allontanava ..., Alice ed io facevamo a gara ...*

b. Fate lavorare gli studenti in coppia seguendo le istruzioni del manuale, poi controllate in plenum. Una volta chiarita la regola, ricordate agli studenti che *mentre*, qui usato come congiunzione temporale, ha anche un'altra funzione, come si è visto nell'unità 6 (punto 17d a p. 85), dove compare come congiunzione avversativa.
Soluzione: *si usa il tempo imperfetto preceduto da ‹mentre›.*

7. Estate da bambini (Produzione libera orale)

Obiettivo: sviluppo della competenza comunicativa orale (parlare delle vacanze da bambini).
Procedimento: Fate leggere le consegne ed accertatevi che il compito sia chiaro.

8. Ritorno al testo

Obiettivo: analisi linguistica (il superlativo assoluto di aggettivi ed avverbi).
Procedimento:
a. Seguite le istruzioni del manuale.
Soluzione: *lunghissimo; vicinissimo.*

b. Soffermatevi in particolare sugli aggettivi in *-go/-ga* e *-co/-ca*; chiedete infine agli studenti se si ricordano altri avverbi simili a *benissimo* (nell'unità 3 hanno incontrato *moltissimo* e nella 5 *tantissimo*), per sottolineare che la desinenza -o dell'avverbio è invariabile.

9. Il campionissimo (Esercizio scritto)

Soluzioni: *fortissimo; tantissime; lunghissima; bravissimo; popolarissimi; moltissimo; grandissimo*

10. Le mie memorie (Produzione libera scritta)

Obiettivo: sviluppo dell'abilità di scrittura, funzione comunicativa: raccontare le vacanze da bambini.
Procedimento: Procedete come indicato nell'introduzione a p. 26. Consigliate agli studenti di rileggere il testo di p. 88 per ispirarsi. Gli studenti non devono necessariamente attenersi alla realtà: se preferiscono, sono liberi di inventare.

11. Ritratto di famiglia (Produzione libera orale)

Obiettivo: sviluppo della competenza comunicativa orale, preparazione all'ascolto.
Procedimento: Invitate gli studenti a mettere in gioco tutta la loro capacità d'osservazione e conoscenza delle persone, quindi lasciate che lavorino per qualche minuto.
Soluzioni: *si vedano le soluzioni del punto 12*

▶II 12. **Anna, parlami della tua famiglia!** (Ascolto tipologia A)

Trascrizione del dialogo:

□ Bella questa foto. L'avete fatta a Grado, no?
■ Sì, a Grado senz'altro. Perché andavamo in vacanza a Grado soltanto, dove il nonno aveva un albergo.
□ Ah, e tu sei la ... la prima bambina a sinistra, no?
■ Io sono la prima bambina a sinistra, poi c'è la Grazia e Sandro.
□ Ma che anno era, circa?
■ Doveva essere il 1939, senz'altro prima della seconda guerra mondiale.
□ Ah ecco...
■ Poco prima.
□ Ah, ecco perché manca la ... la Lollo ancora.
■ Eh sì, la Lollo manca perché nascerà dopo diversi anni.
□ E quindi tu qui avevi circa quattro anni, no?
■ Io avevo tra i quattro, cinque anni.
□ E i tuoi avevano ...
■ I miei avevano trent'anni tutti e due, perché erano nati del ... nel 1909.
□ Ah, e già tutti e due del nove, sì. Eh ... dimmi qualcosa della famiglia di tuo padre che io conosco forse di meno. Erano ... erano toscani. Ma di dove esattamente?
■ Erano ... eh ... di origini lucchesi, ma abitavano a San Miniato al ... a San Miniato Alto in provincia di Pisa.
□ In provincia di Pisa. Cosa ... cosa ... che famiglia era, cosa facevano i tuoi nonni, per esempio paterni e i tuoi zii?
■ Il mio nonno ... il mio nonno paterno era insegnante, era professore di matematica e poi è diventato preside di un liceo scientifico, la zia, cioè la sorella di mio padre, insegnava chimica e la nonna aveva il diploma di maestra quindi ...
□ Ah, ecco vedi, non sapevo.
■ ... e c'era un'altra zia che era maestra, quindi ... diciamo una famiglia di insegnanti.
□ E tuo padre quindi l'unico ... l'unico militare.
■ A parte mio padre che si vede ... era stato instradato in maniera diversa perché forse non voleva studiare, non voleva fare l'università, quindi ha fatto l'accademia militare.
□ È così che è arrivato a Gorizia, e ha conosciuto la sua futura moglie ...

- ■ È proprio così che è arrivato a Gorizia, perché è arrivato per fare un corso di osservazione aerea al campo d'aviazione Duca d'Aosta e nel ... credo nel '34 ha conosciuto mia madre.
- □ Che invece è proprio di qua, originaria, no?
- ■ Mia madre è proprio di qua, di Gorizia. E non dimentichiamo che Gorizia era stata fino alla fine della prima guerra mondiale in territorio asburgico.
- □ Eh be', sì certo. Siete stati cittadini austriaci. Eh ... però era una famiglia completamente diversa, no ... quella di tua madre?
- ■ Sì, certo che era diversa, proprio per questi motivi che dicevo prima. Intanto la lingua diciamo che ... la lingua materna, la lingua familiare era il friulano. E poi i miei nonni parlavano bene il tedesco, lo sloveno e ... con noi ... per rispettare mio padre che non capiva nessuna di queste lingue parlavano l'italiano.
- □ Ah, ecco.
- ■ Ma in famiglia han continuato a parlare il friulano sempre.
- □ E tuo nonno materno cosa faceva?
- ■ Mio nonno materno era artigiano commerciante. Aveva ... aveva un negozio di valigerie, articoli sportivi ... e ... ed era anche artigiano, lavorava nella ... nei manufatti in pelle.
- □ Senti, ma tu hai qualche ricordo ancora di tuo padre?
- ■ Di mio padre pochi ricordi perché è morto quando io ero ancora piccola.
- □ E come te lo ricordi?
- ■ Me lo ricordo come una persona molto ... una persona autorevole, ma anche molto ... molto calorosa, molto estroversa e ... era un buon papà ... ci seguiva con attenzione ... era un buon papà quando era a casa naturalmente ...
- □ Appunto...
- ■ ... perché era molto poco a casa.
- □ E tua madre invece era diversa, no?
- ■ Mia madre era più apprensiva, era più introversa, era una mamma severa, molto attenta anche, molto direi... ansiosa ecco nei nostri confronti.
- □ E voi bambini che poi tra l'altro eravate tanti ... forse per questo era ansiosa ... e ... voi bambini a giudicare dalla foto dovevate essere tutti e tre molto diversi, no?
- ■ Eravamo ...
- □ Tu come eri da bambina?

- Mah, io ero ... penso di essere stata la tipica primogenita che si è chiusa in sé a un certo punto e ... quindi piuttosto introversa, riflessiva, protettiva nei confronti dei fratellini e molto giudiziosa.
- Eh, sì. La sorellina maggiore. E che rapporti avevi con i tuoi fratelli?
- Ottimi, avevamo quasi la stessa età più o meno insomma.
- Un anno di distanza...
- Un anno di differenza uno dall'altro quindi giocavamo insieme, facevamo gli stessi giochi [...]

Obiettivo: sviluppo della comprensione auditiva.
Procedimento: *a.* e *b.* Come indicato nell'introduzione alle pp. 11–12.
Soluzioni: *racconta la prima bambina a sinistra; era circa il 1939; Anna aveva quattro-cinque anni, l'età della sorella e del fratello non viene citata, i genitori avevano 30 anni (erano entrambi del 1909); il padre era toscano: la sua famiglia, di origini lucchesi, abitava a San Miniato Alto, in provincia di Pisa; era una famiglia di insegnanti; la famiglia di Anna abitava a Gorizia; la lingua familiare era il friulano, ma i nonni materni parlavano anche il tedesco e lo sloveno e con i nipoti parlavano in italiano per rispetto del genero.*

▶II 13. Ritorno al testo (Ascolto tipologia A)

Obiettivo: introdurre lessico utile a descrivere il carattere di una persona, in questo caso si tratta di aggettivi.
Procedimento: *a.* e *b.* Procedete come indicato nell'introduzione a p. 12 (Input orali, Tipologia A, Fase di comprensione più dettagliata).
Soluzione: a. *padre: autorevole, estroverso, caloroso; madre: apprensiva, introversa, severa, ansiosa*
b: *introversa, riflessiva, protettiva, giudiziosa*

14. E tu com'eri? (Esercizio orale)

Procedimento: *a.* e *b.* Seguite le istruzioni del manuale concludendo il lavoro con una verifica in plenum. In alternativa potrete far svolgere il punto *a.* in coppia, poi farvi dettare gli aggettivi aggiunti, in modo che diventino patrimonio di tutta la classe, e successivamente far formare le coppie di contrari (lasciando lavorare insieme gli stessi compagni).
Soluzione: b. *estroverso – introverso, indulgente – severo, caloroso – freddo, ansioso – tranquillo, allegro – malinconico, disinvolta – timida, capricciosa –*

giudiziosa, paurosa – coraggiosa. Altre coppie si potranno eventualmente formare con gli aggettivi aggiunti dagli studenti.

c. Fate leggere anche l'esempio e chiedete agli studenti di dedurre la il significato di *assolutamente* e di *anzi*. Lasciate quindi alcuni minuti per lo svolgimento dell'attività.

▶II 15. La famiglia di Anna (Ascolto tipologia A)

Obiettivo: introduzione dei nomi di parentela.
Procedimento:
a. Procedete come indicato nell'introduzione a p. 12. Se preferite abbreviare l'attività, potete usare il track 52 (previsto per il punto 16) che dura solo 1'33". Per concludere il controllo in plenum potete chiedere agli studenti se abbiano sentito qualche nome di parentela non riportato in questa lista: vengono infatti citati anche *papà, mamma, fratelli, fratellini, sorellina, nonni* e *zii* (se usate il track 52 solo gli ultimi due) ed è probabile che venga colto almeno qualche termine.
Soluzione: *moglie, sorella, zia, padre, madre, nonno*

b. Formate dei gruppi di 4 persone, fate leggere il compito da svolgere, ricordate l'assoluta proibizione di usare il vocabolario e sottolineate che saranno utilissime invece le conoscenze di altre lingue straniere e di latino; quindi date il via all'attività assegnando qualche minuto di tempo. Scaduto il tempo, interrompete e verificate in plenum. Potrete poi svolgere in classe l'esercizio 7 a p. 89 dell'Eserciziario.

▶II 16. I miei parenti (Ascolto tipologia B)

Trascrizione del dialogo: si veda la trascrizione al punto 12 da «Cosa … che famiglia era, …» fino a «Ah, ecco.».
Obiettivo: analisi linguistica (uso dell'articolo con i possessivi davanti ai nomi di parentela).
Procedimento:
a. Leggete il titolo e chiedete agli studenti chi sono, secondo loro, i parenti. Evidenziate quindi che questo termine non va confuso con il latino *parentes* né con *parents* (inglese e francese), ai quali nell'italiano moderno corrisponde *genitori*. Formate poi delle coppie e lasciate qualche minuto perché svolgano l'esercizio.

b. Procedete come indicato nell'introduzione a p. 13 (Procedimento per la modalità b).
Soluzione: *1. i tuoi, i tuoi; 2. mio; 3. tuo; 4. Mia; 5. i miei*

c. Procedete come indicato nell'introduzione a p. 21 (Ritorno al testo).
Soluzione: *L'articolo si usa con i possessivi che precedono nomi di parentela al plurale; non si usa con i possessivi che precedono nomi di parentela al singolare, eccezion fatta per quelli accompagnati da un aggettivo (qui nonno paterno) o usati in forma alterata (diminutivi, vezzeggiativi).*

d. Si tratta di un esercizio scritto. Seguite le istruzioni del manuale e poi controllate in plenum facendovi fornire le soluzioni.
Soluzioni: *il mio, mio, i miei; la tua, tua, le tue; la sua, suo, i suoi; il nostro, nostra, le nostre; la vostra, vostra, i vostri.*

e. Fate leggere la domanda e accertatevi che tutto sia chiaro. Lasciate che le coppie discutano per un paio di minuti, quindi chiedete di fornirvi la risposta e procedete come indicato nell'introduzione a p. 21 (Ritorno al testo). Alla fine invitate gli studenti a trascrivere la regola appena formulata nel riquadro verde.
Soluzione: *il possessivo ‹loro› è invariabile e di regola è preceduto dall'articolo (salvo espressioni particolari come «è loro dovere», che qui però non vanno tematizzate).*

17. La mia famiglia (Produzione libera orale)

Obiettivo: sviluppo della competenza comunicativa orale.
Procedimento: Seguite le indicazioni del manuale.
Alternativa: Se avete svolto in classe l'esercizio 7 a p. 89 dell'Eserciziario, per evitare che quest'attività ne diventi una ripetizione, potrete chiedere agli studenti di portare alla lezione successiva una foto di famiglia da descrivere. Oppure potete procurarvi voi stessi delle foto di famiglia ritagliandole da riviste.
In questo caso sarà bene far precedere la produzione libera dal seguente esercizio, che ha lo scopo di fornire ai discenti elementi utili per la comunicazione.
Distribuite agli studenti la fotocopia del brano a p. 131, estratto dalla conversazione del punto 12, e procedete come indicato nell'introduzione nel paragrafo *Ascolto tipologia B*, seguendo, a vostra scelta, la modalità *a* o *b*. Quando il dialogo originale sarà completo e visibile a tutti, commentatelo soffermandovi sui seguenti elementi:

Bella questa foto!: ordine delle parole marcato che si usa in un'esclamazione per sottolineare l'aggettivo (analogo a *Belle quelle scarpe!* Già sentito nell'unità 6);
...no?: Segnale discorsivo che si usa quando ci si aspetta o si desidera una conferma;
Senz'altro: segnale discorsivo che si usa per segnalare certezza;
Ah: segnale discorsivo che si usa per segnalare di aver capito;
la Grazia: l'uso dell'articolo davanti ai nomi propri (femminili e in alcune zone anche maschili) è una caratteristica delle regioni settentrionali;
doveva essere: il verbo *dovere* serve qui a fare una supposizione, come già visto nel testo di Culicchia (si veda specchietto a p. 88).

□ Bella ________ foto. ____ ________ _________ ___ Grado, no?

■ Sì, ___ Grado, senz'altro. Perché ______________ _____ vacanza ____ Grado soltanto, dove _____ _______ _________ ____ albergo.

□ Ah, e tu sei ____ ___________ ________________ ____ _____________, no?

■ Io ________ ____ ___________ _________________ _____ _____________, poi c'è la Grazia e Sandro.

□ Ma _____ ________ ________, circa?

■ _____________ ___________ ____ 1939, senz'altro __________ _________ seconda guerra mondiale.

Soluzione: *si veda la trascrizione al punto 12*

▶II 18. Ritorno al testo (Ascolto tipologia B)

Obiettivo: analisi linguistica (uso dell'imperfetto e del passato prossimo).
Procedimento:
a. Procedete come indicato nell'introduzione a p. 13 (Procedimento per la modalità a), saltando la fase di ascolto a libro chiuso. Quindi fatevi dettare le soluzioni che trascriverete sulla pagina 95 previamente riprodotta su lucido.
Soluzione: *1. avete fatta, andavamo, aveva; 2. voleva, voleva, ha fatto; 3. è morto, ero, Era, era; 4. eri, ero, si è chiusa; 5. giocavate, avevate, giocavamo, mi occupavo*

b. Procedete come indicato nell'introduzione a p. 21 (Ritorno al testo).
Soluzione: *per raccontare un'azione abituale, per descrivere una situazione e per descrivere il modo di essere: imperfetto; per raccontare un'azione che avviene una sola volta, un fatto concluso, un fatto nuovo o un cambiamento: passato prossimo.*

c. Fate leggere la domanda e accertatevi che tutto sia chiaro. Lasciate che le coppie discutano per un paio di minuti, quindi chiedete di fornirvi la risposta e procedete come indicato nell'introduzione a p. 21. In questo caso potrà essere utile un confronto con la lingua madre dei discenti.
Soluzione: *tutte le volte che: dialogo 3 (quando era a casa) e dialogo 5 (in entrambi i casi); in quel preciso momento: dialogo 3 (quando io ero ancora piccola).*

19. La prima volta (Esercizio orale)

Procedimento: Assegnate 5–10 minuti di tempo e invitate gli studenti a girare per la classe per intervistare quanti più compagni possibile. Scaduto il tempo potrete chiedere ad alcuni studenti con chi abbiano più esperienze in comune e quali.

20. A un certo punto... (Esercizio scritto)

Procedimento: Seguite le indicazioni del manuale. Alla fine invitate gli studenti a scrivere una frase simile su se stessi. Potrete poi formare dei gruppetti e dire loro di riferirsi quello che hanno scritto.
Soluzioni: *1. Rosanna abitava con i suoi genitori, a un certo punto, a 20 anni, ha deciso di andare a vivere da sola. 2. Gianna faceva l'università, a un certo punto ha smesso di studiare e si è messa a lavorare. 3. Fabio era impiegato, a un certo punto, a 31 anni, ha cambiato vita ed è diventato burattinaio. 4. Luca era un single convinto, a un certo punto ha incontrato Angela e ha cambiato radicalmente idea.*

21. Occhio alla lingua!

Obiettivo: analisi linguistica (*conoscere* e *sapere* all'imperfetto e al passato prossimo).
Procedimento: *a.*, *b.* e *c.* Procedete come indicato nell'introduzione a p. 21. Per maggiore chiarezza, sarà opportuno chiedere agli studenti quali verbi userebbero nella loro lingua madre per tradurre *conoscere* e *sapere* in queste frasi.

Soluzione:
b. *all'imperfetto significa «essere a conoscenza», al passato prossimo significa «fare la conoscenza» (in riferimento a persone e fatti).*
c. *all'imperfetto significa «essere a conoscenza», al passato prossimo significa «venire a conoscenza» (in riferimento a informazioni e notizie).*

22. Da bambino... (Gioco didattico)

Procedimento:
a. Assegnate alcuni minuti per la formulazione delle domande, precisando che sarà possibile rivolgersi a voi per qualsiasi dubbio.
b. Formate dei gruppi di quattro persone. Precisate che le risposte non devono necessariamente essere telegrafiche: più riescono a raccontare, meglio è. Lasciate poi che i gruppi lavorino per una decina di minuti.

23. E quindi... (Esercizio scritto)

Obiettivo: analisi e fissaggio dell'uso delle congiunzioni *quindi* e *perché*.
Procedimento:
a. Fate leggere la domanda ed invitate gli studenti a discutere con un compagno. Poi fatevi fornire la risposta ed accertatevi che sia chiara per tutti.
b. Fate svolgere l'esercizio dapprima individualmente, poi fate confrontare in coppia e infine controllate in plenum.
Soluzione: *1. Ho mangiato un panino perché avevo fame. 2. Non avevo voglia di uscire, quindi sono rimasto tutto il giorno a casa. 3. Non ho fatto il liceo perché non mi piaceva il latino. 4. Ero proprio stanco, quindi sono andato a dormire presto.*

24. Strano, ma era proprio così! (Produzione libera scritta)

Obiettivo: sviluppo dell'abilità di scrittura, funzione: confrontare il proprio passato con il presente.
Procedimento: Chiarite che il numero delle parole da scrivere prevede una certa tolleranza (per esempio del 10% in più o in meno) e che questo tipo di indicazione ha lo scopo di abituarli ad eseguire dei compiti scritti in base a regole ben precise, come accade negli esami o in certe situazioni della vita (per esempio quando si devono redigere relazioni di stage o domande di ammissione a corsi di laurea a numero chiuso). Quest'attività potrà anche essere assegnata come compito per casa.

FONETICA

▶II 1. Consonanti a confronto

Obiettivo: distinzione fra consonanti sorde e sonore (/f/ e /v/).
Procedimento: *a.* Seguite le istruzioni del manuale.
b. Seguite le istruzioni del manuale, spiegando, se necessario, il significato dei termini ‹sordo› e ‹sonoro› affinché sia chiaro a tutti. Lasciate quindi che gli studenti provino, poi chiedete loro di fornirvi la soluzione.
Soluzione: *con /f/ le corde vocali non vibrano; con /v/ le corde vocali vibrano*

c. Seguite le istruzioni del manuale.

d. Dite agli studenti che ascolteranno coppie di parole che hanno significato diverso a seconda che contengano una consonante sorda o una sonora. Il loro compito è quello di mettere, per ogni parola, una crocetta nel quadratino corrispondente al suono che sentono. Fate ascoltare un paio di volte, poi fate confrontare con un compagno. Quindi verificate in plenum.
Soluzione: 1. *fai;* 2. *vai;* 3. *voto;* 4. *foto;* 5. *inverno;* 6. *inferno;* 7. *fasi;* 8. *vasi;* 9. *vaglia;* 10. *faglia;* 11. *fifa;* 12. *viva;* 13. *vede;* 14. *fede;* 15. *uva;* 16. *uffa*

▶II 2. Coppie di suoni

Obiettivo: distinzione fra consonanti sorde e sonore (/p/ e /b/, /t/ e /d/, /k/ e /g/).
Procedimento:
a. Procedete come al punto 1b.
Soluzione: *suoni sordi: /p/, /t/, /k/; suoni sonori: /b/, /d/, /g/*

b. Dite agli studenti che ascolteranno coppie di parole che hanno significato diverso a seconda che contengano una consonante sorda o una sonora. Il loro compito è quello di scrivere, per ogni parola, la lettera che manca. Fate ascoltare un paio di volte, poi fate confrontare con un compagno. Quindi verificate in plenum. Se necessario, chiarite il significato dei vocaboli.
Soluzione: 1. *pelle,* 2. *belle;* 3. *gara;* 4. *cara;* 5. *topo;* 6. *dopo;* 7. *cubo,* 8. *cupo;* 9. *podere;* 10. *potere;* 11. *dica;* 12. *diga*

c. Seguite le istruzioni del manuale.

Tema: feste e tradizioni
Obiettivi comunicativi: descrivere feste e tradizioni; fare una proposta; accettare o rifiutare un invito motivando il rifiuto; fare una controproposta; prendere un appuntamento; esprimere un'intenzione al passato; parlare del tempo; *lingua scritta:* scusarsi e giustificare un comportamento in un'e-mail; scrivere un invito a una festa.
Elementi morfosintattici: l'uso del passato prossimo e dell'imperfetto (II); i verbi servili al passato prossimo e all'imperfetto; *mentre* + imperfetto e passato prossimo; i pronomi relativi *che* e *cui*; la dislocazione a sinistra del complemento oggetto; l'articolo partitivo (singolare); il pronome partitivo *ne*.
Fonetica: la pronuncia della s

1. Feste (Esercizio scritto e produzione guidata orale)

Obiettivo: introdurre il lessico utile al tema trattato nell'unità, presentare la funzione comunicativa «chiedere la data e rispondere», fare una riflessione interculturale.
Procedimento:
a. Seguite le indicazioni del manuale. Dopo il controllo in plenum, portate l'attenzione alle date e fate riflettere gli studenti: visti gli esempi non sarà difficile arrivare alla conclusione che in italiano per definire la data si usano i numeri ordinali solo nel caso del primo giorno del mese, in tutti gli altri casi si usano i numeri cardinali.
b. Per introdurre l'attività potete cominciare dicendo «Il 15 agosto in Italia si festeggia l'Assunzione.» (o qualche altra data e festività). Continuate poi seguendo le indicazioni del manuale.
Alla fine del punto *b.* portate l'attenzione degli studenti sullo specchietto, facendo loro presente le diverse possibilità di rispondere alle domande sulla data e sul giorno.

▶II 2. Tradizioni (Ascolto, tipologia A)

Trascrizione del dialogo:

▫ Serenella, tu sei romana?
▪ Sì.
▫ Di Roma. Roma proprio.

- ■ Sì, periferia di Roma.
- □ Senti, a proposito di Roma. Ho sentito che a Pasqua avete una tradizione particolare. Che cosa fate?
- ■ Sì, praticamente a Pasqua è molto importante la colazione. La mattina verso le dieci si riunisce tutta la famiglia ... e praticamente i bambini aprono le uova per vedere la sorpresa che c'è dentro. E si mangia insieme un po' di salame e c'è una torta particolare con i confettini colorati sopra.
- □ Senti una torta comprata o fatta in casa?
- ■ No, no. La torta da noi la faceva mia madre. Ehm... e poi dopo appunto viene portata a tavola la mattina insieme a tutte le altre cose, sia cose dolci che cose salate e vengono mangiate insieme. La sera prima vengono dipinte le uova sode e tutte colorate di solito dai bambini che poi vengono portate il sabato in chiesa, vengono benedette e la mattina vengono messe a tavola e quindi c'è questo un po' mescolare di sapori dolci e salati, tra le uova sode, il salame, la torta. Sono ricordi che io ho dell'infanzia, questi sapori un po' mescolati tra la cioccolata e il salame, l'uovo sodo e la colomba, ecco per esempio questo è un dolce classico che si mangia un po' in tutta Italia...
- □ Quindi è una colazione abbastanza robusta diciamo.
- ■ Molto sì, sì... nutriente.
- □ Nutriente, sì. Ehm ... poi non si pranza allora.
- ■ No, no. Il pranzo invece anche è molto elaborato.
- □ Aha.
- ■ Prima si comincia con la stracciatella, che è un brodo di pollo in cui viene versato un uovo sbattuto forte, quindi forma questi piccoli straccetti che danno appunto il nome al piatto.
- □ Mhm.
- ■ E poi dopo ci sono i primi che possono essere pasta al forno, fettuccine o anche tutte e due. E poi il secondo tipico che è l'agnello che è un piatto tipico, che è caratteristico in tutta Italia questo.
- □ Sì, certo. Senti, e la Pasquetta, il Lunedì di Pasqua, cosa si fa?
- ■ Ecco, questa anche è una cosa carinissima e che c'ho anche un ricordo molto bello di questo perché praticamente si usa andare in campagna o sui prati o nei boschi o nelle pinete vicino al mare. E praticamente si mangia lì questo pranzo, fuori porta si dice. E anche chi non può andare troppo lontano magari va in un prato vicino a casa. E quindi si vede questa cosa caratteristica intorno a

Roma che ci sono tutte queste famiglie sui prati con una tovaglia in terra e tutti intorno seduti che mangiano.

□ Bello ... è una bella cosa. Una cosa carina.

■ Sì, sì. Questa è ...

□ La fanno ...

■ ... una cosa caratteristica che è anche molto sentita anche dai giovani che magari vanno con gli amici ecco nei prati e portano via magari le cose del giorno prima, magari è rimasta la carne, è rimasta dolce, tanta pasta ...

□ Certo, certo.

■ ... quindi portano via queste cose e poi dopo le mangiano con gli amici fuori.

□ Sì, certo. Senti ... mhm ... questo lo facevate anche quando eri bambina?

■ Sì, sì, sì, anche quando ero bambina sempre ...

□ A Pasquetta ...

■ ... s'andava a Pasquetta fuori porta. Una volta o due magari non l'abbiamo fatto perché diluviava.

□ Certo.

Obiettivo: sviluppo della comprensione auditiva, introduzione di lessico utile al tema trattato nell'unità.

Procedimento:

a., *b.* e *c.* Procedete come indicato nel manuale e nell'introduzione alle pp. 11–12.

Soluzione:

b. *uova, salame, brodo, torta, pollo, cioccolata, pasta, colomba, agnello, carne;*
c. *La colazione è molto importante, si mescolano sapori dolci e salati: uova sode, salame, una torta con i confettini colorati sopra. La colomba e l'agnello. Si usa andare in campagna o sui prati o nei boschi o nelle pinete vicino al mare e pranzare lì. Di solito si mangia quello che è rimasto dal giorno prima.*

3. E invece da noi ... (Esercizio scritto e orale)

Obiettivo: fissare il lessico visto al punto 2b, fare una riflessione interculturale.

Procedimento: Introducete l'attività con un rimando all'ascolto chiedendo agli studenti: «Che cosa si mangia a colazione a Roma il giorno di Pasqua? E a pranzo?». Potete poi citare, se possibile, una festa (con le consuetudini alimentari) della vostra città d'origine. Fate poi leggere la consegna e lo schema e chiarite eventuali dubbi. Date quindi il via all'attività, che potrete portare poi in plenum chiedendo agli studenti di illustrare alcune feste con le abitudini alimentari annesse.

4. Facciamo ordine! (Esercizio scritto)

Obiettivo: catalogazione del lessico appreso ai punti precedenti.
Procedimento: Per lo svolgimento dell'attività seguite le indicazioni del manuale. Finite con un controllo in plenum.

5. Al mercato (Esercizio scritto)

Obiettivo: ampliamento del lessico appreso ai punti precedenti.
Procedimento: Seguite le indicazioni del manuale. Chiarite eventuali dubbi e fate notare la scritta *kilo*, comunemente usata nei mercati, ibrido derivante dalle espressioni *kg* e *chilo* (si veda anche il punto seguente).

6. Che cosa c'è nel vostro frigorifero, vi ricordate? (Esercizio scritto)

Obiettivo: fissaggio del lessico appreso; introduzione di alcune unità di misura.
Procedimento: Fate leggere la consegna e accertatevi che sia tutto chiaro. Definite la differenza tra le due espressioni «fare la spesa» e «fare spese» riportate nel primo specchietto. Passate poi al secondo in cui vengono riportate alcune unità di misura utili per lo svolgimento dell'attività. Date poi il via all'attività.

▶II 7. Ritorno al testo (Ascolto tipologia B)

Obiettivo: analisi linguistica (uso dell'imperfetto e del passato prossimo).
Procedimento: Per lo svolgimento dell'attività si veda l'introduzione a p. 21.
Soluzione: *si veda la trascrizione del dialogo.*
Per raccontare al passato un fatto abituale si usa l'imperfetto. Per raccontare al passato un fatto che non è abituale si usa il passato prossimo.

8. Magico Natale (Esercizio scritto)

Soluzione: *era, cominciava, piaceva, riguardava, custodiva, Aveva, sembrava, è venuta, era, erano, erano, era, è tornata, era, ha aperto, c'era, è rimasta, ha cominciato*

9. Mi piaceva molto... (Produzione libera orale)

Obiettivo: sviluppo della competenza comunicativa orale.
Procedimento: Per lo svolgimento dell'attività si veda anche l'introduzione a p. 24.

▸II 10. Ritorno al testo (Ascolto tipologia B)

Obiettivo: presentazione e trattazione dei pronomi relativi.
Procedimento: Per lo svolgimento dell'attività si veda l'introduzione a p. 21.
Soluzione: *che, che; che, in cui, che*
Si usa il pronome relativo ‹che› come soggetto e complemento oggetto diretto.
Si usa il pronome relativo ‹cui› quando questo è preceduto da preposizione.

11. Esercizio (Esercizio scritto)

Soluzione: *1. che; 2. che; 3. in cui; 4. che; 5. con cui; 6. in cui; 7. che; 8. a cui; 9. con cui*

Per la correzione dell'esercizio 7 a p. 102 dell'Eserciziario si veda l'introduzione a p. 27.

12. Occhio alla lingua!

Obiettivo: presentazione e trattazione della dislocazione a sinistra del complemento oggetto.
Procedimento: Fate leggere le battute riportate e fate riflettere gli studenti sulle componenti della seconda. Fate poi completare la tabella. Seguirà un controllo in plenum. Passate poi alla struttura della frase, fate completare e chiedete di rispondere a coppie alle domande. Riportate poi la discussione in plenum.
Nella lingua parlata quando si vuole dare risalto al complemento

oggetto, si usa metterlo all'inizio della frase, prima del verbo.
In questo caso è necessaria anche la presenza del pronome diretto.
Soluzioni: *‹la torta› è oggetto diretto, ‹la› si riferisce a ‹torta› ed è oggetto diretto, ‹mia madre› è soggetto; oggetto diretto accompagnato dal pronome + verbo + soggetto*

13. Chi compra cosa. (Esercizio orale)

Procedimento: Fate leggere la consegna e l'esempio, accertatevi che il compito sia chiaro e date il via all'attività.

14. Ferragosto (Produzione libera orale e lettura tipologia A)

Obiettivo: sviluppo della competenza comunicativa orale e della comprensione della lingua scritta.
Procedimento:
a. Questo punto si riallaccia al primo punto dell'unità prendendo in esame il Ferragosto. Fate leggere la consegna, accertatevi che sia chiara e fate parlare liberamente gli studenti per alcuni minuti.
b. Procedete come indicato nell'introduzione a p. 16. Questo momento è pensato come verifica delle idee e supposizioni formulate al punto precedente, per questo saranno sufficienti alcuni minuti per una lettura veloce. Fate presente agli studenti la foto di p. 104 che sta in basso a destra: sarà d'aiuto per la comprensione generale del testo.
c. Procedete come indicato nell'introduzione a p. 18 e concludete con una fase di analisi lessicale supplementare.
Soluzione: *distante – lontano; spiazza – disorienta, confonde; culmine – punto più in alto, centrale; dotte – intelligenti; «mordi e fuggi» – brevi e veloci; eccessivo – esagerato; affollate – con molta gente; ozio – il non far niente, il dolce far niente; denso – pieno; languido – sentimentale; ingannevole – non vero*

Informazioni sull'autore e sul libro:
Beppe Severgnini è nato a Crema (Cremona) il 26 dicembre 1956, dove ha studiato fino alla maturità classica. Laureato in diritto internazionale a Pavia dopo un tirocinio presso la Comunità Europea a Bruxelles, è stato corrispondente a Londra per *il Giornale* di Montanelli (1984–1988), inviato in Europa Orientale, Russia e Cina (1988–1992), distaccato presso *The Economist* a Londra (1993), corrispondente a Washington D. C. per *la Voce* (1994–1995).

Ha insegnato a Middlebury College, Vermont (2006) e nelle università di Milano-Bocconi (2003), Parma (1998) e Pavia (2002), che lo aveva scelto come «laureato dell'anno» per il 1998, e ha tenuto lezioni in altre università.
Nel 2001 Elisabetta II gli ha conferito il titolo di *Officer of the British Empire, O. B. E.*
Severgnini scrive per il Corriere della Sera dal 1995 e dal 1998 conduce *Italians* (www.corriere.it/severgnini), il più frequentato forum on-line del giornalismo italiano. È stato corrispondente in Italia per *The Economist* dal 1996 al 2003. Nel 2004, a Bruxelles, è stato votato *European Journalist of the Year.*
I suoi libri sono pubblicati da Rizzoli: *Inglesi* (1990), *L'inglese. Lezioni semiserie* (1992), *Italiani con valigia* (1993), *Un italiano in America* (1995, con un post-scriptum del 2001), l'autobiografia *Italiani si diventa* (1998) e *La testa degli italiani* (2005), un viaggio in compagnia di immaginari amici stranieri, ai quali viene ‹tradotto› sistematicamente il Belpaese.
La testa degli italiani è uscito il 15 agosto 2006 negli USA col titolo: *La Bella Figura – A Field Guide to the Italian Mind* (Broadway Books / Random House), ed è subito diventato un «New York Times Bestseller».

15. E da voi? (Produzione libera orale)

Obiettivo: sviluppo della competenza comunicativa orale.
Procedimento: Procedete come indicato nell'introduzione a p. 24.

16. E tu, di che ozio sei? (Lettura tipologia A e produzione libera scritta)

Obiettivo: sviluppo della comprensione della lingua scritta e dell'abilità di scrittura.
Procedimento:
a. Procedete come indicato nell'introduzione alle pp. 17–18 (Lettura tipologia A, fase b).
Soluzione: *l'ozio tedesco è denso; l'americano non esiste; l'ozio francese è languido; quello britannico è ingannevole; l'ozio italiano è comunitario e ossessivo*

b. Procedete come indicato nell'introduzione a p. 26. L'attività può essere assegnata anche come compito per casa.

▶II 17. Ti va di venire? (Ascolto tipologia A)

Trascrizione delle telefonate:

1.

▫ Pronto?
▪ Pronto, Carla?
▫ Ciao, Maria, come stai?
▪ Bene, grazie. Senti, lunedì, a Pasquetta, vogliamo organizzare qualcosa con degli amici, fare un picnic fuori porta, ti va di venire con noi?
▫ Beh, a dire il vero avevo una mezza idea di fare qualcosa con Cristina...
▪ Beh, può venire anche lei!
▫ Beh, sì, però devo prima chiederle se le va, no? Dove volete andare?
▪ Ma, noi pensavamo di andare al lago.
▫ E se fa brutto tempo, se piove?
▪ No, no, guarda le previsioni per lunedì sono buone.
▫ Beh, allora, guarda per me va bene, senti, io chiamo Cristina e poi ti faccio sapere.
▪ OK, ci sentiamo allora.

2.

▸ Pronto?
▫ Ciao, sono Carla!
▸ Ciao, come va?
▫ Bene, senti, ti chiamo perché mi ha telefonato Maria per chiedermi se facciamo Pasquetta con loro...
▸ Ma dove?
▫ Vogliono andare al lago e fare un picnic.
▸ Mah..., oddio, veramente a me non è che va molto di andare al lago, ma se poi fa brutto tempo?
▫ Guarda le previsioni sono buone...
▸ Senti, ma perché non ci vai tu, io preferisco farmi una giornata tranquilla, se vuoi però possiamo uscire poi la sera....
▫ Va bene, senti, possiamo sentirci durante la giornata, tanto io porto con me il cellulare.
▸ D'accordo, perfetto, ti chiamo io allora.

3.

- ▢ Pronto, Maria?
- ■ Ciao! Dimmi.
- ▢ Senti, ho parlato con Cristina, guarda a lei non va molto di andare al lago, però io vengo volentieri.
- ■ Bene!
- ▢ E senti, come rimaniamo?
- ■ Passi tu da noi?
- ▢ Sì, va bene... e a che ora?
- ■ Facciamo alle 10?
- ▢ OK! E senti che cosa porto?
- ■ Mah, abbiamo già un sacco di roba... magari puoi portare del formaggio.
- ▢ Va bene, del formaggio, e senti quanto ne porto?
- ■ Beh, siamo più o meno in 8...
- ▢ OK, non ti preoccupare, ci penso io allora.
- ■ Perfetto, allora ci vediamo lunedì!
- ▢ OK, a lunedì.

Obiettivo: sviluppo della comprensione auditiva e presentazione delle funzioni comunicative «fare una proposta», «accettare», «rifiutare» e «prendere un appuntamento».
Procedimento: *a.*, *b.*, *c.* e *d.* Procedete come indicato nell'introduzione alle pp. 11–12.
Soluzione:
b. *Parlano tre persone, Carla, Maria e Cristina;*

c.	*dialogo 1*	*dialogo 2*	*dialogo 3*
fare una proposta	*x*	*x*	*x*
accettare	*x*	*x*	*x*
rifiutare		*x*	
prendere un appuntamento			*x*

d. ed e. *fare una proposta: Ti va di venire ...? Facciamo ...? Hai voglia di...? Che ne dici di...? Perché non...? Se vuoi, possiamo...; accettare: per me va bene; d'accordo (perfetto); io vengo volentieri; rifiutare: veramente a me non è che va molto; mi dispiace, ma non posso...; purtroppo...; prendere un appuntamento: come rimaniamo? Facciamo alle...*

18. Che facciamo stasera? (Gioco di ruolo)

Obiettivo: sviluppo della competenza comunicativa orale (fare proposte, accettare, rifiutare, prendere un appuntamento).
Procedimento:
A libro chiuso, formate delle coppie e dite agli studenti che avranno il compito di produrre, insieme a un compagno, un dialogo con ruoli predefiniti: A e B. Fate aprire il libro e portate l'attenzione degli studenti sulle fotografie: chiedete che cosa rappresentano (un cinema, un teatro, un ristorante) e chiedete se conoscono altre possibilità per passare una serata insieme a un amico (p. es. discoteca, concerto, festa privata, visti all'unità 3). Fate leggere poi i ruoli corrispondenti, chiarite eventuali dubbi e lasciate parlare liberamente gli studenti, segnalando la vostra disponibilità per eventuali domande.

19. Un'e-mail (Lettura tipologia A e B)

Obiettivo: sviluppo della comprensione della lingua scritta; presentazione e analisi dell'uso dei verbi servili al passato prossimo e all'imperfetto.
Procedimento:
a. Seguite le indicazioni del manuale e dell'introduzione a p. 16 (Letture, Tipologia A)
b., *c.* e *d.* Seguite le indicazioni del manuale e dell'introduzione a p. 19 (Letture, Tipologia B, analisi).
Soluzione:
b. *dovevamo incontrarci, siamo dovuti tornare, volevo tornare, hanno voluto continuare; l'imperfetto (intenzione di fare qualcosa); il passato prossimo (l'azione si è realizzata);*
c. ... *mentre stavamo mangiando, è scoppiato un temporale pazzesco! Mentre + imperfetto, passato prossimo;*
d. *un fatto comincia mentre l'altro è già in corso*

20. Scusa! (Produzione libera scritta)

Obiettivo: sviluppo dell'abilità di scrittura.
Procedimento: Procedete come indicato nell'introduzione a p. 26. L'attività può essere assegnata anche come compito per casa.

▶II 21. Ritorno al testo

Obiettivo: analisi linguistica (articolo partitivo al singolare e pronome partitivo).
Procedimento: Seguite le indicazione del manuale e dell'introduzione a p. 21.
Dopo aver completato il dialogo e la prima parte del riquadro verde (articolo partitivo *del*) fate un rimando all'unità 6, dove è stato trattato l'articolo partitivo al plurale, e spiegate che l'articolo partitivo al singolare si usa con sostantivi che esprimono una nozione collettiva (non numerabili) per indicare una parte, una quantità imprecisata, e che questo uso è obbligatorio in italiano.
Passate poi alla seconda parte del riquadro (pronome partitivo *ne*), chiaritene la funzione (si usa quando in una frase si riferisce la quantità di un sostantivo nominato nella frase precedente) e fate svolgere l'esercizio 16 di p. 106 dell'Eserciziario: in questo modo avrete l'occasione di approfondire l'uso di ‹*ne*› con i verbi composti. Chiudete l'attività facendo riferimento alla grammatica dell'Eserciziario di p. 110.
Soluzione: *del formaggio, Quanto ne porto?; ‹del› è l'articolo partitivo al singolare, si forma con ‹di + il›, ‹ne› è il pronome partitivo*

22. Esercizio (Esercizio orale)

Soluzione: *2. della birra (quanta); 3. dei bicchieri (quanti); 4. del vino (quanto); 5. dei panini (quanti), 6. degli affettati (quanti); 7. delle fragole (quante); 8. dei piatti di plastica (quanti); 9. delle posate (quante); 10. dei tovaglioli di carta (quanti)*

23. Mi manca la parola

Obiettivo: presentare delle strategie di compensazione per ovviare a un deficit linguistico.
Procedimento:
a. e *b.* Seguite le indicazioni del manuale.
c. Formate dei piccoli gruppi, fate leggere la consegna, accertatevi che sia chiara e date il via alla discussione che riporterete in plenum dopo qualche minuto. Se non dovessero venire dagli studenti, aggiungete alla lista quelle strategie di carattere non prettamente linguistico, come mimare una parola che non si conosce con un gesto.

24. Occhio alla lingua!

Obiettivo: presentazione e analisi della funzione «chiedere e dire che tempo fa».
Procedimento:
a. A libro chiuso chiedete agli studenti i significati della parola *tempo*. Partite ora dall'accezione di *tempo meteorologico* e chiedete se qualcuno si ricorda i riferimenti a questo proposito fatti nei punti precedenti dell'unità (punti 7, 8, 17 e 19). Fate quindi aprire il libro e procedete come indicato nella consegna. Prima di passare al punto *b.*, chiarite eventuali dubbi.
b. Seguite le indicazioni del manuale.

25. Che tempo fa? (Esercizio scritto)

Procedimento: Fate leggere la consegna e le previsioni, chiarite eventuali dubbi e date il via all'attività. Dopo il confronto a due concludete con un controllo in plenum, in cui disegnerete voi in base alle indicazioni degli studenti i simboli sulle cartine dell'Italia riprodotte su lucido.
Elementi di civiltà: Il maestrale è un vento generalmente freddo e secco che spira da Nord-Ovest, tipico della stagione invernale, che soffia con particolare frequenza soprattutto in Sardegna. Si chiama così perché dall'isola di Creta, punto di riferimento della Rosa dei Venti, questo vento soffia da Nord-Ovest in corrispondenza di Roma, soprannominata nell'antichità ‹magister› (o ‹magistra›).

26. I capricci del tempo (Esercizio scritto)

Obiettivo: presentazione e fissaggio di altre espressioni appartenenti alla funzione «dire che tempo fa».
Procedimento: Fate leggere la consegna e le espressioni seguenti e accertatevi che sia tutto chiaro. Date poi il via all'esercizio. Potete poi riportare l'attività in plenum ponendo ad alcuni studenti le domande riportate.

27. Facciamo una festa! (Produzione libera orale e scritta)

Obiettivo: sviluppo della competenza orale e della lingua scritta.
Procedimento:
a. e *b.* Procedete come indicato rispettivamente alle pp. 24–27.

FONETICA

▶II La ‹s›

Obiettivo: presentazione e analisi della pronuncia sorda o sonora della ‹s› (/s/ ≠ /z/).

Procedimento: Procedete come indicato nel manuale, riproducendo i due diversi foni ad alta voce per accertarvi che sia chiara la differenza tra la pronuncia sorda e quella sonora.
a. Dite agli studenti che sentiranno una serie di parole contenenti la ‹s›: dovranno cercare di distinguere quando la ‹s› è sorda e quando è sonora. Chiedete loro di scrivere la pronuncia corretta sopra ogni parola che sentiranno utilizzando i simboli fonetici appena visti. Saranno necessari almeno due ascolti.
b. Seguite le indicazione del manuale e concludete con un controllo in plenum.

Soluzioni:
‹s› all'inizio di parola
‹s› + vocale: sole, sabato, subito, si pronuncia /s/
‹s› + consonante sorda: sconto, stato, spagnolo, si pronuncia /s/
‹s› + consonante sonora: sbagliato, svegliarsi, si pronuncia /z/

‹s› all'interno di parola
doppia ‹s›: cassa, rosso, essere, si pronuncia /s/
consonante + ‹s›: diverso, conseguenza, falso, si pronuncia /s/
vocale + ‹s› + vocale: brasiliano, chiuso, rosa, quasi, si pronuncia /z/ *

I due casi in cui la ‹s› si pronuncia sonora sono: 1. quando è seguita da una consonante sonora, 2. quando è tra due vocali. *

* *La pronuncia della ‹s› intervocalica è regolata, in realtà, da norme piuttosto complicate. In questo manuale abbiamo preferito, per ovvie ragioni di semplicità, seguire la tendenza più diffusa dell'italiano moderno.*

Tema: la casa
Obiettivi comunicativi: esprimere preferenze; descrivere un'abitazione; esprimere un desiderio; dire cortesemente a qualcuno cosa deve fare; formulare un'ipotesi o una supposizione; prendere appuntamento per vedere un'abitazione; elencare vantaggi e svantaggi della coabitazione con altri studenti; *lingua scritta:* scrivere un'inserzione per trovare un alloggio; rispondere a una lettera fornendo consigli e proposte per arredare un appartamento.
Elementi morfosintattici: i diminutivi; forme e uso del condizionale presente; il verbo *sapere* (essere capace); *stare per*; le congiunzioni *siccome* e *perché*; il superlativo relativo; alcune preposizioni di luogo.
Fonetica: la pronuncia della *r*

1. La casa per me è... (Produzione libera orale)

Obiettivo: introduzione al tema dell'unità.
Procedimento: Chiedete agli studenti che cosa rappresenta per loro la casa in cui abitano. Chiarite eventuali dubbi lessicali e seguite poi le indicazioni del manuale.

2. Interni (Esercizio scritto)

Obiettivo: introdurre il lessico relativo agli ambienti di una casa.
Procedimento: Seguite le istruzioni del manuale. Fatevi dettare la soluzione e trascrivetela su un lucido sul quale avrete riprodotto la pagina 112. Infine, fate notare che *guardaroba*, pur terminando in *-a* è maschile nonché invariabile e che anche *balcone* e *salone* sono maschili.

3. Annunci immobiliari (Lettura tipologia A)

Obiettivo: sviluppare l'abilità di lettura per consultazione (*scanning*) e la competenza interculturale.
Procedimento:
a. Seguite le istruzioni del manuale. È richiesta una lettura rapida: date due minuti per la prima lettura e altri due per rileggere e riconoscere l'appartamento.
Soluzione: *corrisponde all'annuncio 2.*

b. Concludete l'attività raccogliendo le idee in plenum per vedere se e quali differenze ci siano fra i Paesi d'origine degli studenti.

4. Le parole della casa (Lettura tipologia A)

Obiettivo: analisi del linguaggio tipico delle inserzioni e ampliamento del lessico relativo alla casa.
Procedimento: Prima di passare alla ricerca delle espressioni, soffermatevi sullo specchietto rosa evidenziando che *affittasi* è una di quelle forme contratte che si trovano spesso nelle inserzioni perché consentono di risparmiare parole e quindi soldi. Chiedete poi agli studenti di trovare negli annunci una forma analoga, ma costruita con un altro verbo (*offresi*, annuncio 2) e di dirvi a che cosa corrisponde. Dopo aver trascritto alla lavagna i due esempi, chiedete alla classe di fornirvi le forme corrispondenti a *si cerca, si vende, si prega*. Passate quindi alla ricerca delle espressioni procedendo come indicato nell'introduzione a p. 18 (Fase di analisi lessicale).
Soluzione: *camera singola (annuncio 1); camera doppia (2); cucina abitabile (2); appartamento ammobiliato (1); affitto (1); spese di condominio (1), spese condominiali (5), utenze (3); riscaldamento (1); doppi servizi (5)*

5. C'era una casa molto carina...

Obiettivo: ampliare il lessico utile a descrivere un'abitazione, in questo caso si tratta di aggettivi.
Procedimento:
a. Seguite le istruzioni del manuale.
Soluzione: *nuovo, ammobiliato, accessoriato, splendido, luminoso, arredata, ampio, (ben) servito, ristrutturato, composto da / di*

b. Formate delle coppie e lasciate che lavorino in base alla consegna del manuale. Dopo alcuni minuti fatevi riferire i risultati e trascrivete i vocaboli alla lavagna in modo che diventino patrimonio di tutta la classe.

6. Gusti (Produzione libera orale)

Obiettivo: sviluppo della competenza comunicativa orale, funzione: esprimere preferenze.
Procedimento: Formate delle nuove coppie e procedete come indicato nell'introduzione a p. 24.

7. Tutto molto piccolo

Obiettivo: analisi e fissaggio dei diminutivi.
Procedimento:
a. Potrete svolgere questa fase in plenum e vi sarà utile riprodurre su lucido la pagina 114. Chiedete agli studenti di cercare negli annunci la prima parola che manca al punto 1 (*mansardina*): il primo che la trova ve la dice. Trascrivetela dunque sul lucido, dite che si tratta di un diminutivo e chiedete di fornirvi il termine base. Domandate poi come si forma questo tipo di diminutivo (mediante il suffisso *-ino/a*). Infine invitate gli studenti a costruire e dettarvi gli altri diminutivi del punto 1, che trascriverete sul lucido. Spiegate quindi che in italiano esistono diversi suffissi diminutivi, il cui uso non è regolato da norme grammaticali fisse e ben precise, ma dipende piuttosto dalla consuetudine e può essere diverso a seconda delle regioni d'Italia. Passate quindi al punto 2 e procedete come per il punto 1. Fate quindi cercare la parola che manca nella frase del punto 3 (*balconcino*) e dopo averla trascritta chiedete agli studenti che differenza notano fra questo diminutivo e quelli del punto 1: non avranno difficoltà a riconoscere l'interfisso *-c-*. La frase 3 serve ad introdurre la riflessione prevista al punto *b*.
Soluzione: *1. mansardina, salottino, appartamentino, stradina; 2. stanzette, bagnetto, alberghetto, cameretta, casetta; 3. balconcino*

b. Formate dei gruppi, fate leggere le istruzioni del manuale, accertatevi che il compito sia chiaro e lasciateli lavorare per 5 minuti. Scaduto il tempo, controllate in plenum riportando sul lucido le soluzioni che vi verranno dettate. Soffermatevi poi sui seguenti vocaboli:
libretto: è un diminutivo di *libro*, ma viene usato anche con significati autonomi (testo di un melodramma, documento universitario);
cassetto: è il diminutivo di cassa, ma dato il suo uso non viene sentito come tale;
telefonino: è il diminutivo di *telefono*, ma oggigiorno viene usato soprattutto come sinonimo di *telefono cellulare* (termine comparso a p. 34);
cittadina: potrebbe anche venire interpretato come «abitante di una città o di un Paese» (cittadina di Bologna, cittadina francese), significato con il quale compare, al maschile, nell'unità 12, punto 3, o come aggettivo riferito a città.
Soluzione: *no: bambina (persona molto giovane), giardino (terreno con alberi*

e piante), biglietto (piccolo foglio di carta), scontrino (biglietto che testimonia un pagamento), cabina (cameretta a bordo delle navi); si: porticina (da porta), cittadina (da città), libric(c)ino (da libro), libretto (da libro), cassetto (da cassa), telefonino (da telefono), fiorellino (da fiore)

c. Formate delle coppie e chiedete loro di discutere in base alla consegna del manuale. Dopo qualche minuto fatevi dire la soluzione.
Soluzione: *alcuni si formano con un interfisso (-d-, -c-, -l-, -ll-) + un suffisso*

8. Casa dolce casa (Produzione libera orale)

Obiettivo: sviluppo della competenza comunicativa orale (descrivere un'abitazione).
Procedimento: Come indicato nell'introduzione a p. 24.
Attenzione: L'esercizio 5 dell'Eserciziario, da fare dopo il punto 8, prevede una ricerca in Internet e uno scambio di informazioni con i compagni; bisognerà dunque prevedere un po' di tempo per la socializzazione in classe.

9. Cerco casa (Produzione libera scritta)

Obiettivo: sviluppo dell'abilità di scrittura, funzione: scrivere un annuncio per cercare casa.
Procedimento: Come indicato nell'introduzione a p. 26.
Se ritenete che i vostri studenti abbiano bisogno di un modello preciso, potete proporre loro degli esempi (tratti da Internet) dal sito www.studenti.it (rubrica ‹Cerca casa›).

▶II 10. Giorgio cerca casa (Ascolto tipologia A)

Trascrizione del dialogo:

▸ Pronto?
▫ Pronto, mi chiamo Giorgio Bevilacqua e sto chiamando per il posto nella camera doppia, [per]ché ho letto un vostro annuncio. Vorrei sapere se è ancora disponibile.
▸ Sì, sì. Credo di sì. Senti, però dovresti parlare con Cristina perché è lei che si occupa della cosa. Ha scritto lei l'annuncio. Se aspetti un momento, te la passo.
▫ Ok, grazie.

- Pronto?
- Ehi Cristina, ciao. Mi chiamo Giorgio Bevilacqua. Sto chiamando per il posto nella camera doppia. Vorrei sapere se è ancora libero.
- Sì, sì, è ancora libero.
- Perfetto, io sinceramente sarei molto interessato, quindi vorrei avere qualche informazione, se possibile.
- Guarda, chiedimi pure tutto quello che ti serve.
- Mah, eh, eventualmente comincerei dal ... dal prezzo dell'affitto visto che non l'ho trovato nell'annuncio.
- Ah, uh, sì è vero. Mi sono dimenticata di mettere il prezzo nell'annuncio. Comunque sono 200 euro al mese più le spese di condominio.
- Ok, perfetto. Eh, un informazione, tu ... tu che ci vivi, la zona di Sacra Famiglia, io non la conosco bene, non sono proprio del luogo diciamo così, è una zona tranquilla?
- Sì, guarda, assolutamente. Poi comunque la stanza dove ... dove dormiresti tu non da sulla strada, per cui sotto questo punto di vista non ci sono assolutamente problemi.
- Perfetto, perfetto. Ma e ... e la zona Sacra Famiglia è distante dall'università?
- No, guarda, assolutamente. Sembra ... sembra ... sulla cartina sembra più lontana di quello che è. Comunque poi c'arrivano due linee di autobus, il 5 e il 18 e poi ci puoi andare anche in bici senza problemi, è veramente un attimo.
- Bene. Ma ... quanti inquilini ci sono nell'appartamento?
- Allora siamo in quattro. Due ragazzi e due ragazze; cioè oddio adesso siamo tre perché appunto Luca si è appena laureato, quindi si è trasferito. E ... sì in tre.
- Ok, bene. Ma ... la mia camera, diciamo così, eventualmente sarebbe già ammobiliata o è da ammobiliare.
- Beh, oddio, c'è solo l'essenziale proprio, eh.
- Ok. Ma se ho ben capito dovrei dividere la camera con un altro ragazzo. È giusto?
- Esatto, esatto, che si chiama Riccardo. Però adesso purtroppo non è in casa per cui non te lo posso passare.
- Peccato perché con lui parlerei veramente volentieri. Potrei eventualmente venire a vedere la camera?
- Ma certo, come no! Guarda, se vuoi potresti venire addirittura questa sera se hai tempo.
- Sì, questa sera, sì, sì. Io ho tempo. A... a che ora potrei venire?

■ Mah, guarda se vieni verso le otto secondo me riuscirai ad incontrare Riccardo.
□ Sì, sì, le otto sono perfetto, sono perfette scusa. Ma l'indirizzo esatto perché ...
■ L'indirizzo è via Narni al numero 5. Sai come arrivarci?
□ No, sinceramente no, ma non ti preoccupare perché ho una cartina quindi guarderò sulla cartina. Ah, a che campanello devo suonare?
■ Guarda è l'unico campanello con quattro cognomi. E ... comunque ti dico il mio ... che è Codevilla, ecco. E com'è che ti chiami [per]ché non mi ricordo più?
□ Io mi chiamo Giorgio Bevilacqua. Se vuoi ti do anche il mio numero di cellulare. Hai carta e penna da segnartelo?
■ Sì, sì, detta pure.
□ Ok, perfetto. Dunque il mio numero è 33 55 46 91 87.
■ Mhm, perfetto. Allora, ci vediamo stasera verso le otto.
□ Ok, perfetto, a questa sera. Ciao.
■ D'accordo. Ciao. Ciao.

Obiettivo: sviluppo della comprensione auditiva.
Procedimento: Come indicato nell'introduzione alle pp. 11–12.
Soluzione: *corrisponde all'annuncio n. 4; parla con due ragazze, la seconda delle quali ha scritto l'annuncio in questione; chiede quanto viene l'affitto, se la camera è ammobiliata, se è vero che la dovrebbe dividere con un altro ragazzo, quante persone abitano nell'appartamento, quant'è distante dal centro la zona Sacra Famiglia; decide di andare a vedere la stanza.*

Attività supplementare: analisi di una telefonata.
Vi consigliamo di inserire a questo punto la seguente attività di analisi, complementare a quella svolta nell'unità 5 (punti 24 e 25), da svolgere a libro chiuso. Qui si tratta di una telefonata ad un privato in una situazione informale. Fotocopiate il seguente testo a lacune e le domande a p. 154 senza le risposte. Poi piegate in due i fogli in modo che il testo e le domande si trovino sulle due facciate opposte. Consegnate agli studenti le fotocopie voltate dalla parte del testo spaziato e dite loro che, ascoltando più volte la registrazione, dovranno cercare di ricostruire il dialogo. Procedete quindi come indicato nell'Introduzione a p. 13 (Input orali, Tipologia B, Procedimento per la modalità a) usando la prima parte del track 1.

□ __________ ?

■ __________, ______ ___________ Giorgio Bevilacqua e sto chiamando per il ___________ nella camera ___________, [per]ché ho letto un vostro _________________. _____________ sapere se è ancora ____________________.

□ Eh...sì sì, _____________ di sì. _____________, però ______________ parlare con Cristina ____________ ____ lei che ____ _______________ della cosa, _____ ____________ _____ ___ _________________. Se _______________ _____ ________________ te la passo.

□ OK, _______________.

Cosa si dice per...
... rispondere al telefono? (Pronto)
... iniziare una telefonata (quando si chiama)? (Pronto)
... presentarsi al telefono? (Mi chiamo...)
... dire a qualcuno che deve rivolgersi ad un'altra persona? (Dovresti parlare con...)
... annunciare che si chiama al telefono un'altra persona? (Te la/lo passo; Ti passo X)

Una volta completato il testo, dite agli studenti di aprire del tutto il foglio e passate all'analisi delle funzioni comunicative seguendo la traccia delle domande. Chiarite la forma *te la* e spiegate che i pronomi combinati saranno tematizzati in seguito (unità 14), per ora ci si può limitare a capire la funzione dell'espressione *te la passo*.
Invitate in fine gli studenti a simulare un inizio di telefonata simile a questo variando nomi e riferimenti (per esempio non «posto nella camera doppia», ma «camera singola»).
Quest'attività risulterà utile soprattutto per lo svolgimento del gioco di ruolo del punto 14.
Soluzione: *si veda la trascrizione della registrazione*

▶II 11. Ritorno al testo (Ascolto tipologia B)

Obiettivo: analisi linguistica (le forme del condizionale presente)
Procedimento:
a. Seguite le indicazione del manuale e dell'introduzione a p. 13 (Procedimento per la modalità a.), saltando la fase di ascolto a libro chiuso.

Soluzione: 1. *dovresti;* 2. *sarei, vorrei;* 3. *comincerei;* 4. *dormiresti;* 5. *sarebbe;* 6. *dovrei;* 7. *parlerei, potrei;* 8. *potresti.*

b. Procedete come al punto 3 dell'unità 7.
Soluzione: *per parlare, mettere, dormire e preferire (analogo a finire) si veda la tabella a p. 121 dell'Eserciziario; essere: sarei, saresti sarebbe, saremmo, sareste, sarebbero.*

c. Fate lavorare le stesse coppie di prima, chiedendo loro di aggiungere alla lista di verbi irregolari del punto *c.* le forme verbali del punto *a.* non ancora analizzate. Procedete poi come indicato nell'introduzione a p. 21.
Soluzione: *perdono la -e- dell'infinito sapere, dovere, potere, vedere, avere, vivere; allo stesso modo si comporta andare; perdono la -e- dell'infinito e trasformano l'ultima consonante della radice in -r tenere, volere, rimanere (allo stesso modo si comporta venire ▷ verrei); conservano la -a- dare, stare, fare; i verbi in -care e -gare prendono una -h- prima della desinenza (cercherei, pagherei); i verbi in -(s)ciare e -giare perdono la -i- della radice (lascerei, comincerei, mangerei).*

12. Quando lo usiamo?

Obiettivo: analisi linguistica (l'uso del condizionale presente)
Procedimento: Come indicato nell'introduzione a p. 21.
Soluzione: *richiesta cortese: frase 2 (vorrei avere qualche informazione) e 7 (Potrei eventualmente...); desiderio: frase 7 (parlerei veramente volentieri con lui); dire cortesemente a qualcuno cosa deve fare: frase 1; fare una proposta: frase 8 (potresti venire...); formulare un'ipotesi, ecc.: frasi 3 (interpretabile anche come proposta), 4, 5, 6*

13. Io vorrei, non vorrei, ma se vuoi... (Gioco didattico)

Procedimento: Seguite le istruzioni del manuale.

14. Una telefonata (Gioco di ruolo)

Obiettivo: sviluppo della competenza comunicativa orale (telefonare per informarsi).
Procedimento: Con il libro ancora chiuso, annunciate agli studenti che avranno il compito di elaborare, insieme a un compagno, un dialogo con ruoli predefiniti: A e B. Aggiungete che dovranno scegliere

un annuncio del punto 3 come riferimento e che non si tratterà di un dialogo a tu per tu, bensì di una telefonata, motivo per cui dovranno sedersi schiena contro schiena per simulare meglio. Formate quindi delle coppie diverse da quelle del punto 13 e dite loro di dividersi i ruoli prima di aprire il libro: ognuno dovrà poi leggere solo le informazioni relative al proprio ruolo e ‹calarsi nella parte› (se necessario, potranno chiedervi delucidazioni). Lasciateli quindi lavorare tenendovi a disposizione per eventuali domande.

15. Minimalismo per un single (Lettura tipologia A)

Obiettivo: sviluppo della comprensione della lingua scritta; genere testuale: lettera a una rivista e relativa risposta.
Procedimento: Procedete come indicato nell'introduzione a p. 16.
È richiesta la lettura rapida: due minuti saranno sufficienti. I testi sono brevissimi, ma contengono diversi vocaboli nuovi, per cui sarà opportuno inserire un'analisi lessicale secondo la modalità illustrata nell'introduzione a p. 18 (Fase di analisi lessicale).

16. Progetti (Produzione libera orale e scritta)

Obiettivo: sviluppo della competenza comunicativa orale e dell'abilità di scrittura (dare consigli e fare proposte).
Procedimento:
a. Innanzi tutto chiedete agli studenti di completare l'elenco dei mobili con i nomi che mancano. Dopo aver controllato in plenum, fate leggere la consegna. Consigliate agli studenti di leggere ancora una volta le due lettere per avere ben presente la richiesta di Paolo e per farsi un'idea della persona a cui è destinato il progetto. Lasciateli quindi lavorare per una decina di minuti sottolineando che la discussione sul progetto dovrà avvenire esclusivamente in italiano (sono redattori di *Brava casa!*).

b. Procedete come indicato nell'introduzione a p. 26. Dite agli studenti che dovranno trasformare il progetto formulato insieme ad un compagno in una lettera per Paolo. Ricordate loro che per formulare ipotesi e dare consigli potranno usare il condizionale.

17. Occhio alla lingua!

Obiettivo: analisi e fissaggio della differenza fra *sapere* e *potere*.
Procedimento:
a. Seguite le istruzioni del manuale e lasciate che le coppie parlino per un paio di minuti. Poi riportate l'attività in plenum e fatevi fornire la risposta. Potrebbe comunque essere utile chiedere agli studenti come tradurrebbero nella loro lingua madre i verbi *sapere* e *potere* nelle frasi in questione.

b. Seguite le istruzioni del manuale.
Soluzione: *1. sa; 2. può; 3. sanno; 4. possono*

18. Abilità linguistiche

Obiettivo: riflettere sui propri punti di forza e sui punti deboli allo stato attuale dell'apprendimento dell'italiano.
Procedimento: Seguite le istruzioni del manuale e le indicazioni contenute nell'introduzione a p. 24 (Strategie). Ricordate agli studenti che per darsi consigli potranno usare il condizionale.

19. Ritorno al testo

Obiettivo: analisi linguistica (differenza fra *stare per* e *stare + gerundio*)
Procedimento: *a*. e *b*. Procedete come indicato nell'introduzione a p. 21.
Soluzione: a. *...sta... per;* b. *Per descrivere un'azione già in corso si usa stare + gerundio (cfr. Unità 6, p. 84); per descrivere un'azione che comincia in un futuro molto vicino si usa stare per + infinito.*

20. L'esperienza di una studentessa (Ascolto tipologia A)

Trascrizione del dialogo:

□ Allora Verena, tu studi lingue, no? Che lingue studi?
■ Italiano e francese.
□ E hai già fatto un semestre Erasmus in Italia se non erro.
■ Sì, due semestri, cioè un anno accademico italiano.
□ E dove sei stata?
■ Sono stata a L'Aquila, in Abruzzo.
□ E senti, dove abitavi? Abitavi da sola o con altri studenti?

■ Abitavo con quattro italiane.
□ Ah. E come hai fatto a trovare quest'alloggio?
■ Beh, a Regensburg c'era una riunione dove gli studenti che il semestre successivo sarebbero andati all'estero con l'Erasmus si potevano conoscere tra di loro ...
□ Mhm.
■ ... e lì ho conosciuto Daniela che con me sarebbe andata a L'Aquila. E lei conosceva un'italiana di L'Aquila che ha cercato casa anche per noi. E in settembre ci siamo andati con l'italiana e il ragazzo in macchina per presentarci al padrone di casa, per informarci all'università e per conoscere un po' la città.
□ Ah, ho capito. Ehm, a questo proposito, che consigli daresti agli studenti che vogliono andare a studiare in Italia, per quanto riguarda la casa, cercare casa, che cosa bisognerebbe fare secondo te, che cosa bisognerebbe evitare.
■ Beh, io non ne so molto perché non ho dovuto cercare casa personalmente, però ho sentito che l'università non è di gran(de) aiuto...
□ Mhm.
■ ... allora io andrei alla fine del semestre in Italia a cercare un appartamento personalmente.
□ Ho capito. E l'appartamento dove abitavi tu ti piaceva? Ti ci trovavi bene?
■ Sì. L'appartamento si trovava proprio nel centro storico ...
□ Bello.
■ ... cioè vicino all'università, al Corso, ai negozi, ai supermercati e così via ... però era anche un po' vecchio, per esempio i mobili, ed era un po' freddo, soprattutto in inverno...
□ Mhm.
■ ...il riscaldamento veniva acceso solo durante la giornata, quando c'era qualcuno, cioè soltanto la sera ...
(□ Eh, un po freddo ...)
■ ... e la notte era spento. E l'unica stanza un po' tiepida era la cucina.
□ Oh.
■ La notte dormivo con due coperte di lana e la borsa dell'acqua calda.
□ Poverina ... E le tue coinquiline? Avevano freddo anche loro?
■ Sì, anche loro avevano freddo, però dicevano sempre che io, tedesca, dovrei essere abituata al freddo ed era inutile spiegare loro che in Germania le case sono caldissime.

- ▫ Eh, sì, quelle italiane non vengono scaldate altrettanto, in effetti, di solito. E come era organizzato questo alloggio? Avevi una stanza tutta per te oppure no? E c'erano stanze d'uso comune?
- ▪ In comune erano la cucina e il bagno. Io abitavo in una stanza doppia.
- ▫ Ho capito. E l'affitto com'era? Caro?
- ▪ Direi che era un prezzo normale, 130 Euro al mese…
- ▫ Mhm.
- ▪ … però come ho già detto era una stanza doppia, costa di meno.
- ▫ E come ti trovavi con le tue coinquiline? Andavate d'accordo?
- ▪ Sì, in generale sì. Però se si vive insieme ci sono, prima o poi, piccoli problemi.
- ▫ Mhm, logico. E come vi eravate organizzate per la vita quotidiana? Vi eravate divisi i compiti, per esempio chi fa la spesa, chi fa i lavori di casa?
- ▪ Sì, abbiamo diviso i compiti, le altre siccome abitavano già insieme da anni, erano già organizzatissime.
- ▫ Mhm, e senti, avresti per caso qualche altro consiglio da dare agli studenti che vogliono andare a studiare in Italia?
- ▪ Sì, io personalmente andrei ad abitare soltanto con italiani perché così si impara la lingua.
- ▫ Eh, sì, hai ragione. Ho capito, ti ringrazio.
- ▪ Prego.

Obiettivo: sviluppo della comprensione auditiva.
Procedimento: Come indicato nell'introduzione alle pp. 11–12.
Soluzione: *Verena è stata a L'Aquila; con l'aiuto di una studentessa aquilana conosciuta a Regensburg; consiglia di andare personalmente in Italia a cercare un alloggio perché l'università non è di grande aiuto e di andare ad abitare soltanto con italiani per imparare la lingua; l'appartamento si trovava nel centro storico, vicino all'università ed alle strutture utili (negozi, ecc.); era vecchio e soprattutto freddo; i rapporti con le coinquiline erano buoni, ma con qualche inevitabile problema legato alla convivenza quotidiana.*
Elementi di civiltà: Fate presente che in italiano non esiste un termine preciso (come per esempio il tedesco *Wohngemeinschaft* o semplicemente *WG*) per indicare un appartamento in cui abitano diverse persone che però non sono una famiglia. In italiano basta dire che si abita con altre persone o che si divide l'appartamento con altre persone.

21. Occhio alla lingua!

Obiettivo: analisi linguistica (frasi causali introdotte da *siccome* e da *perché*)
Procedimento: Vengono qui introdotti i concetti di frase principale e frase subordinata, che verranno regolarmente ripresi nelle unità successive: nella verifica in plenum bisognerà accertarsi che siano veramente chiari. Sarà utile riprodurre su lucido la pagina 120.
a., *b.* e *c.* Procedete come indicato nell'introduzione a p. 21.
Soluzione:
a. *principale: Le altre erano già organizzatissime; subordinata: siccome abitavano insieme già da anni / perché abitavano insieme già da anni.*
b. *La frase causale con ‹siccome› precede la frase principale; la frase causale con ‹perché› segue la frase principale.*
c. *Siccome ho lavorato tutto il giorno sono stanchissimo. Accendo al luce perché è buio; Non ho visto il film perché sono arrivato tardi. Siccome sto cercando casa, oggi metto un annuncio sul giornale.*

22. Vita in comune (Produzione libera orale)

Obiettivo: sviluppo della competenza comunicativa orale, della capacità di sintetizzare e di riferire in pubblico.
Procedimento: Come indicato nell'introduzione a p. 24.

23. Abitazioni (Esercizio scritto)

Soluzione: *A. casale; B. villetta a schiera; C. villetta; D. condominio; E. grattacielo; F. edificio d'epoca*

24. Gli italiani e la casa (Lettura tipologia A)

Obiettivo: riflessione interculturale come preparazione alla lettura e sviluppo della comprensione della lingua scritta.
Procedimento:
a. Fate svolgere quest'attività a libro chiuso.
b. e *c.* Con i libri ancora chiusi, leggete i titoletti elencati ai sottopunti a–e di p. 121 (che avrete riprodotto su lucido) e chiarite eventuali dubbi lessicali. Assegnate due minuti di tempo, fate aprire i libri e date il via alla lettura. Si tratta di leggere rapidamente i testi alla ricerca di pa-

role o concetti chiave che consentano di scoprire il tema principale di ogni minitesto. Scaduto il tempo, fate confrontare i risultati in coppia, quindi controllate in plenum facendovi dire le soluzioni. Fate seguire una seconda lettura e procedete come indicato a p. 16.

Soluzione:

b. *a. testo 1 (Un ruolo decisivo....); b. testo 3 (Confermato il dato che...); c. testo 5 (La casa sognata dai maschi...); d. testo 2 (Ma che cosa pesa di più...); e. testo 4 (Certo, la casa in cui si vive...).*

c. *la villetta indipendente fuori città; hanno esigenze diverse, preferiscono stanze diverse, i loro investimenti emotivi sono diversi; per gli uomini: lo studio, per le donne: la cucina, per tutti: il soggiorno; vicino: il 20,3 % a meno di 2 km.*

d. Seguite le indicazioni del manuale. Per concludere potrete chiedere agli studenti quali affinità e/o differenze abbiano constatato.

25. Ritorno al testo

Obiettivo: analisi linguistica (il superlativo relativo)
Procedimento: Come indicato nel manuale e nell'introduzione a p. 21.
Soluzione:

a. *la soluzione più democratica, la stanza più vissuta, la percentuale più alta, le fasce d'età più alte, i più felici, le più soddisfatte;*

b. *il superlativo relativo ha di regola la seguente struttura: articolo determinativo + sostantivo +‹ più› o ‹meno› + aggettivo nella forma base (è vero che in alcuni casi il sostantivo si può posporre, ma qui non è il caso di dirlo); serve a fare un paragone nell'ambito di una determinata categoria, ad esprimere il massimo grado di una certa caratteristica nell'ambito di una determinata categoria*

26. Sogni e realtà (Produzione libera orale)

Obiettivo: sviluppo della competenza comunicativa orale.
Procedimento: Se preferite che i vostri studenti esercitino il superlativo relativo in singole frasi prima di parlare liberamente, potete far precedere l'attività dall'esercizio 19 a p. 120 dell'Eserciziario.

a. Assegnate 10–15 minuti di tempo e invitate gli studenti a girare per la classe per intervistare quanti più compagni possibile.

b. Formate ora dei gruppi e invitate gli studenti a riferirsi le informazioni che sono riusciti a raccogliere.

FONETICA

▶II 1. Rrrrrr...

Obiettivo: presentazione della pronuncia della consonante *r*.
Procedimento: Seguite le istruzioni del manuale. Il brano è stato tratto dall'ascolto del punto 10.

▶II 2. ‹R ›come Roma

Obiettivo: analisi della pronuncia della r in varie posizioni.
Procedimento: Fate ascoltare le parole e chiedete poi agli studenti di pronunciarle facendo attenzione alla posizione della lingua, spiegando che questo termine qui designa una parte del corpo (finora lo conoscono con il significato di ‹idioma›). Spiegate anche i termini palato e alveoli e poi fate fare delle ‹prove› in coppia in modo che gli studenti possano scambiarsi impressioni e opinioni. Poi riportate l'attività in plenum e chiedete di fornirvi la soluzione
Soluzione: *la lingua appoggia sugli alveoli e le corde vocali vibrano.*

▶II 3. ‹R› per sempre

Obiettivo: fissaggio della pronuncia della *r*.
Procedimento: Seguite le istruzioni del manuale. Mettete in evidenza il fatto che la ‹r› va pronunciata chiaramente nel gruppo ‹vocale + r + consonante›, facendo riferimento alla differenza tra la pronuncia di *carne* e *cane*.

▶II 4. ‹R› unica o gemella?

Obiettivo: discriminazione fra *r* semplice e doppia.
Procedimento:
a. Seguite le istruzioni del manuale.
b. Dite agli studenti che ascolteranno coppie di parole che hanno significato diverso a seconda che contengano una *r* semplice o doppia. Fate ascoltare un paio di volte, poi fate confrontare con un compagno. Quindi verificate in plenum.
Soluzione: *sera – serra; Ciro – cirro; porro – poro; bara – barra; mira – mirra*

Tema: Abitudini alimentari e sport
Obiettivi comunicativi: parlare di abitudini alimentari; esprimere la propria opinione; fare paragoni; parlare di un problema di salute; chiedere un consiglio, dare dei consigli o delle indicazioni; *lingua scritta:* scrivere un breve testo sulle proprie attività sportive.
Elementi morfosintattici: il comparativo; alcuni comparativi irregolari; il plurale irregolare di alcuni sostantivi; l'imperativo; la posizione dei pronomi con l'imperativo; il gerundio presente in frasi modali e causali.

1. I pasti degli italiani (Produzione libera orale)

Obiettivo: riflessione interculturale come preparazione alla lettura.
Procedimento: Leggete il questionario insieme agli studenti e chiarite eventuali dubbi lessicali. Invitateli a scegliere le risposte che ritengono più plausibili e date loro 5 minuti di tempo per eseguire il compito e per confrontarsi con un compagno.

2. Gli italiani a tavola (Lettura tipologia A)

Obiettivo: sviluppo della comprensione della lingua scritta.
Procedimento: *a.* e *b.* Procedete come indicato nell'introduzione alle pp. 16–18 (Letture, Tipologia A, fase a. e fase c.).
Soluzione: *emerge – risulta, viene fuori; consumare – mangiare; principe – principale; malgrado – anche se c'è; massiccia – grande; scorciatoia – soluzione rapida; maggioranza – il gruppo più grande; ha rinunciato - non fa più; convivialità – momento in cui si mangia e si beve insieme ad altri; minoranza – il gruppo più piccolo; sconveniente – poco corretto*

c. Seguite le indicazioni del manuale. Alla fine, chiedete alle coppie quali delle loro ipotesi corrispondessero alla realtà, ma soprattutto quali <u>non</u> vi corrispondessero e perché: potrete così tematizzare alcuni stereotipi relativi alle abitudini alimentari degli italiani.

3. Abitudini alimentari (Produzione libera orale)

Obiettivo: sviluppo della competenza comunicativa orale e riflessione interculturale.
Procedimento: Procedete come indicato nell'introduzione a p. 24. Per concludere potrete chiedere agli studenti quali affinità e / o differenze abbiano constatato.

4. Buono come il pane (*a.* Lettura tipologia A, *b.* e *c.* esercizio orale e scritto)

Obiettivo: introdurre lessico utile a definire le caratteristiche di un alimento.
Procedimento:
a. Seguite le indicazioni del manuale e poi fatevi dettare gli aggettivi.
Soluzione: *surgelato, leggero, fresco, magro, stagionato, grasso, extravergine, calorico*

b. Procedete come al punto 4 dell'unità 4.
c. Formate delle coppie e fate svolgere l'esercizio come previsto nel manuale. Poi formate dei gruppi diversi da quelli del punto 3 e fate confrontare le soluzioni. Alla fine potrete chiedere ad alcuni studenti le loro definizioni.

5. Ritorno al testo

Obiettivo: analisi linguistica (frasi comparative).
Procedimento: *a.* e *b.* Seguite le istruzioni del manuale e procedete come indicato nell'introduzione a p. 21.
Soluzione: a. *più ... del; più ... di; meno ... di; meno ... dello; come*
b. *più + aggettivo + di; meno + aggettivo + di; aggettivo + come*

6. Fast food... all'italiana (Esercizio scritto)

Procedimento: Seguite le istruzioni del manuale e concludete facendo leggere in plenum almeno alcune frasi.

7. Occhio alla lingua!

Obiettivo: analisi linguistica (2° termine di paragone introdotto da ‹che› o ‹di›).
Procedimento:
a. e *b.* Seguite le istruzioni del manuale e procedete come indicato nell'introduzione a p. 21 (Ritorno al testo). Conclusa l'analisi del punto *b.*, richiamate l'attenzione sullo specchietto rosa per specificare che con alcuni avverbi (in particolare avverbi di tempo, come ‹prima›, ‹ieri›, ‹oggi›, ecc.) normalmente si usa ‹ di› e non ‹che›.
Soluzione:
a. *verbi; pronomi; sostantivi; aggettivi; sostantivi preceduti da preposizione; avverbi*
b. *si usa ‹di› per paragonare fra loro pronomi e sostantivi; si usa ‹che› per paragonare fra loro due quantità, verbi, aggettivi, sostantivi preceduti da preposizione, avverbi*

8. Che o di? (Esercizio scritto)

Soluzione: *dei, che, che, di, che, che*

9. Occhio alla lingua!

Obiettivo: analisi linguistica (comparativi irregolari).
Procedimento: *a.* Seguite le istruzioni del manuale. Ottenuta la soluzione, spiegate che queste forme irregolari derivano dal latino, come anche quelle elencate al punto *b.*
Soluzione: *Di male in peggio.*

b. Seguite le istruzioni del manuale e procedete come indicato nell'introduzione a p. 21. Completata la tabella, spiegate che le forme regolari e quelle irregolari coesistono e spesso si equivalgono, anche se quelle irregolari si usano prevalentemente in senso figurato.
Soluzione: *migliore; peggiore; maggiore; minore*

10. Mi viene l'acquolina in bocca! (Produzione libera orale)

Obiettivo: sviluppo della competenza comunicativa orale.
Procedimento: Spiegate il titolo, poi seguite le istruzioni del manuale e procedete come indicato nell'introduzione a p. 24.

▶II 11. Avrei bisogno di un consiglio (Ascolto tipologia A)

Trascrizione del dialogo:

□ Buongiorno.
■ Buongiorno signora.
□ Senta, io avrei bisogno di un consiglio.
■ Prego mi dica.
□ Eh, da un paio di giorni io ho un'irritazione qui sulla pelle delle braccia. Vede?
■ Mhm, sì. Le capita ... cioè ce l'ha solo all'interno delle braccia, nell'articolazione delle braccia o Le è venuta anche sul collo, sotto le ascelle, magari dietro il ginocchio?
□ Mhm, no. Mi pare di no. Eh, io l'ho notato qui sulle braccia, sulle gambe no, sul collo mi pare nemmeno, mi pare di no.
■ Ma è la prima volta che Le viene?
□ Eh, per dir la verità mi pare di no. Mi pare di aver notato che mi venga quando mangio determinati cibi, però non ho ancora capito bene quali. Volevo andare dal medico, ma il mio è in ferie in questo momento e quindi vorrei chiederLe che cosa posso fare. Lei ha qualche consiglio?
■ Sì, guardi se vuole nel frattempo potrebbe fare un test per le intolleranze alimentari ad esempio.
□ Intolleranze alimentari dice. Esiste un test apposito per scoprirle proprio?
■ Sì, sì, sì.
□ Ah, e dove lo posso fare.
■ Anche qui da noi se vuole. Ne offriamo uno per esempio proprio il prossimo sei settembre.
□ Ah, benissimo. È un test affidabile?
■ Sì, guardi, lo abbiamo, lo facciamo da qualche mese e le persone si sono trovate bene.
□ Aha, e quanto costa circa questo test.
■ Allora viene trenta euro ...
□ Mhm.
■ ... e i trenta euro sono comprensivi di una prima visita e di una seconda visita di controllo che verrà effettuata dopo due mesi.
□ Ah quindi si svolge in due parti.
■ Sì, sì.

- ◻ Ah, ed è proprio una visita sotto controllo medico.
- ◼ Sì, perché la dottoressa Le consiglierà di eliminare determinati alimenti a cui risulterà intollerante.
- ◻ Ah, ho capito. Interessante. Si può fare, si può fare in effetti.
- ◼ Guardi, la prima visita dura circa mezz'ora ...
- ◻ Ah.
- ◼ ... e la seconda di controllo un quarto d'ora, venti minuti.
- ◻ Ah, ho capito. Io cosa dovrei fare? Posso venire semplicemente quel giorno ...
- ◼ Sì, sì, venga semplicemente qui quel giorno e porti con sè il suo gruppo sanguigno. Il resto facciamo noi.
- ◻ Il gruppo sanguigno chissà se ce l'ho. Comunque basta quello la tessera sanitaria?
- ◼ No, no, non è necessaria.
- ◻ Ah, ho capito, perfetto. E nel frattempo che cosa posso fare perché questa irritazione qui mi ... mi disturba.
- ◼ Ha già provato a utilizzare qualche crema?
- ◻ Eh sì, perché sono andata in farmacia e mi hanno dato una pomata al cortisone. Funziona però io non vorrei usare pomate al cortisone. Appunto per questo vengo qui da lei. Avete qualcosa ... ?
- ◼ Certo, certo. Noi in erboristeria abbiamo cose più naturali. Se vuole Le potrei consigliare questa pomata di calendula e Lei dovrebbe metterla due, tre volte al giorno nelle zone interessate per cui la metta spalmandola semplicemente e lasciandola assorbire bene.
- ◻ Mhm.
- ◼ Mi raccomando nel frattempo non si esponga al sole, cerchi di seguire un'alimentazione equilibrata, non mangi fritti e quindi appunto un'alimentazione leggera.
- ◻ Ah, va bene. E per quanto riguarda il test devo prendere un appuntamento adesso oppure ...
- ◼ Guardi se vuole basta un colpo di telefono, ci telefona e ci mettiamo d'accordo per l'ora.
- ◻ Ah, perfetto. Ok, allora io La chiamerò per il test, nel frattempo prendo questa pomata, alla calendula ha detto?
- ◼ Sì, sì.
- ◻ Ah, ecco. E quanto viene la pomata?
- ◼ 11 euro e 60.
- ◻ Eh, ecco qui.
- ◼ Bene, allora guardi questo è il Suo resto ...

□ Grazie.
■ … e ci sentiamo allora per l'appuntamento.
□ Sì, chiamerò sicuramente e verrò sicuramente.
■ Grazie signora, arrivederci.
□ Grazie.

Obiettivo: sviluppo della comprensione auditiva.
Procedimento: Procedete come indicato nell'introduzione alle pp. 11-12.
Soluzione: *Il dialogo si svolge in erboristeria. La cliente ha un'irritazione sulla pelle.*
Le viene consigliato di fare un test per le intolleranze alimentari e di usare una pomata alla calendula. Inoltre non si deve esporre al sole e deve seguire un'alimentazione equilibrata e leggera. Decide di fare il test per le intolleranze alimentari e prende la pomata alla calendula.

▶II 12. Il corpo umano (Ascolto tipologia B)

Trascrizione del dialogo: si veda la trascrizione del punto 11 fino a «*… sul collo mi pare nemmeno, mi pare di no.*»
Obiettivo: introduzione dei nomi delle parti del corpo e analisi di alcuni plurali irregolari.
Procedimento: Riproducete su lucido la pagina 128 per trascrivere tutte le soluzioni.
a. Procedete come indicato nell'introduzione a p. 13 (Procedimento per la modalità a).
Soluzione: *le braccia, il collo, l'ascella, le ginocchia, le gambe*

b. Procedete come indicato nell'introduzione a p. 21 (Ritorno al testo). Alla fine accennate ai nomi con doppio plurale facendo riferimento alla p. 136 dell'Eserciziario.
Soluzione: *plurale: le labbra, le mani, le ginocchia, i piedi, le braccia, le gambe; singolare: l'occhio, il naso, la bocca, il dito, l'ascella, il torace, il seno, la pancia, la testa, il viso, il collo, la spalla, la schiena, il sedere;*
Alcuni sostantivi sono al singolare maschili, al plurale invece femminili e formano il plurale con la desinenza irregolare -a; ‹mano› è femminile, ma ha la desinenza maschile -i;
gli occhi, i nasi, le bocche, il labbro, le dita, le ascelle, i seni, le pance, la mano, il ginocchio, il piede, le spalle, il braccio, la gamba, i sederi, le schiene, i colli, i visi, le teste

▶II 13. Ritorno al testo (Ascolto tipologia B)

Obiettivo: analisi linguistica (imperativo formale).
Procedimento:
a. Seguite le indicazione del manuale e dell'introduzione a p. 13 (Procedimento per la modalità a), saltando la fase di ascolto a libro chiuso.
Soluzione: *Senta; mi dica; guardi; venga; porti; La metta, non si esponga, cerchi, non mangi*

b. e *c*. Procedete come indicato nel manuale e nell'introduzione a p. 21.
Soluzione:
b. *verbi regolari: sentire – senta, guardare – guardi, portare – porti, mettere – metta, cercare – cerchi, mangiare – (non) mangi; verbi irregolari: dire – dica, venire – venga*
c. *verbi regolari: radice dell'infinito + desinenza dell'imperativo; irregolari: si parte dalla I^a pers. sing. dell'indicativo presente; La desinenza dei verbi in -are: -i. La desinenza dei verbi in -ere e in -ire: -a; i pronomi oggetto e i pronomi riflessivi si mettono prima dell'imperativo formale. L'imperativo negativo: non + imperativo.*

Ottenuta la regola, aggiungete che le particelle ‹ci› e ‹ne› si comportano come i pronomi. Specificate poi che l'imperativo, in questo caso, serve a formulare un consiglio ovvero una prescrizione (medica) e procedete ad un'analisi delle funzioni comunicative. Chiedete quindi agli studenti di rileggere i mini-dialoghi e di trovare le espressioni usate per chiedere un consiglio (avrei bisogno di un consiglio; lei ha qualche consiglio? io che cosa dovrei fare? E nel frattempo che cosa posso fare?), per invitare qualcuno a formulare una richiesta (Prego, mi dica), per dare un consiglio (se vuole nel frattempo potrebbe..., le potrei consigliare..., mi raccomando + imperativo). Infine evidenziate la funzione di ‹guardi›, segnale discorsivo che qui serve ad introdurre la risposta ad una domanda.

14. Che cosa mi consiglia, dottore? (Gioco di ruolo)

Obiettivo: sviluppo della competenza comunicativa orale (chiedere e dare consigli).
Procedimento: Con il libro ancora chiuso, annunciate agli studenti che avranno il compito di elaborare, insieme a tre compagni, un dialogo con ruoli predefiniti: un paziente, un medico, un farmacista e

un erborista. Formate quindi dei gruppi e dite loro di dividersi i ruoli prima di aprire il libro: ognuno dovrà poi leggere solo le informazioni relative al proprio ruolo e «calarsi nella parte» (se necessario, potranno chiedervi delucidazioni). Dite che ripetano la scena alcune volte cambiando sempre ruoli.

15. I consigli dell'esperto (Esercizio scritto)

Soluzione: *le prenda; lo beva; la provi; li eviti; Faccia, si stanchi*

16. Alimentazione e salute (Lettura tipologia A e B)

Obiettivo: sviluppo della comprensione della lingua scritta e analisi linguistica (imperativo informale).
Procedimento:
a. Dite agli studenti di leggere una volta tutto il brano per capire di che cosa si tratta. Poi dite loro di leggere un'altra volta alla ricerca degli imperativi.
Soluzione: *Scopri, Corri, leggi, Scova, non eliminare, fai, Non correre, non fare (di testa tua), Sottoponiti*

b. Seguite le istruzioni del manuale, poi fatevi dettare le soluzioni, trascrivetele alla lavagna e chiedete agli studenti di fornirvi l'infinito di ogni verbo (dovrete fornire voi *sottoporsi*).
Soluzione: *sì: corri, leggi, scova, fai, sottoponiti; no: non eliminare, non correre, non fare (di testa tua)*

c. Procedete come indicato nel manuale e nell'introduzione a p. 21. Ottenuta la regola, aggiungete che in presenza di un pronome l'imperativo negativo perde la *-e* dell'infinito.
Soluzione:
c. *Questo è l'imperativo informale singolare. La desinenza dei verbi regolari in -are è: -a. La forma dei verbi in -ere e -ire e quella dei verbi irregolari è uguale alla seconda persona singolare dell'indicativo presente. I pronomi riflessivi stanno alla fine dell'imperativo. La forma negativa è composta da non + infinito.*
d. *non scoprire, non correre, non leggere, non scovare, elimina, non fare, corri, fai (di testa tua), non sottoporti.*
e. *leggilo, non leggerlo; puliscili, non pulirli; guardale, non guardarle*

17. E inoltre... (Esercizio scritto)

Obiettivo: introdurre alcuni imperativi irregolari.
Procedimento: Fate svolgere individualmente e poi controllate in plenum. Precisate che per i verbi *fare, dare, stare, andare* esistono due forme di imperativo positivo che si equivalgono. Chiedete agli studenti di prendere come modello la coppia *fa'/fai*, già nota, e fornirvi le forme alternative a da', sta', va'. Introducete infine le forme con raddoppiamento consonantico ricorrendo all'esercizio 13 a p. 131 dell'Eserciziario.
Soluzione: *avere, dire, dare, fare, stare, andare, sapere, essere*

18. Allenamento (Lettura tipologia A)

Obiettivo: sviluppo della comprensione della lingua scritta.
Procedimento:
a. È un'attività di pre-lettura. Seguite le indicazioni del manuale.
Soluzione: *pesi (B), cyclette (L), ginnastica (E), pallacanestro (I), calcio (H), sci (M), nuoto (C), pallavolo (A), ciclismo (D), atletica (G), pattinaggio (F)*

b. e *c.* Procedete come indicato nell'introduzione alle pp. 16–18.
La prima lettura, orientativa, serve a rispondere alla domanda del manuale, perciò va svolta rapidamente.
Soluzione: *3–4: A; 6–10: D; 10–13: B; 14–21: C*

d. Seguite le indicazioni del manuale. Sarà opportuno approfondire l'analisi lessicale con il procedimento a p. 18 dell'introduzione.
Soluzione: *ha spiegato il fatto – l'ha messa; sta lì – se ne sta; entusiasmanti, eccezionali – da urlo; battere ritmicamente con le dita – ticchettare; non più giovani – attempate; in modo esagerato, ... – come forsennate*

Informazioni sull'autrice e sul libro:
Paola Zannoner è nata nel 1958 e vive a Firenze. Scrive romanzi e racconti per bambini e ragazzi nonché saggi sulla lettura e sulla scrittura. Tiene inoltre corsi e laboratori sulla lettura destinati agli insegnanti. *La linea del traguardo* è la storia di Leo (l'io narrante del brano qui proposto), un adolescente che in seguito ad un incidente in moto diventa paraplegico. Il suo traguardo, d'ora in poi, è quello di costruirsi una nuova vita: ci riuscirà grazie alla passione per lo sport e soprattutto con l'aiuto di Viola, una compagna di scuola che sogna di diventare campionessa di corsa ad ostacoli.

19. Tutti sportivi? (Produzione libera scritta)

Obiettivo: sviluppo dell'abilità di scrittura.
Procedimento: Come indicato nell'introduzione a p. 26. Per la correzione in coppia è consigliabile fornire indicazioni ben precise.

20. Ritorno al testo

Obiettivo: analisi linguistica (gerundio causale e modale).
Procedimento:
a. e *b.* Procedete come indicato nel manuale e nell'introduzione a p. 21. Prima di passare al punto *b.* chiedete agli studenti che tipo di frasi sono quelle introdotte da *perché* e *siccome*, richiamando alla memoria quanto detto nell'unità 9 (p. 120).
Soluzione:
a. *[...] tutte sulle cyclette a pedalare come forsennate [...], sperando di ottenere un sedere di marmo come il suo.; [...] spesso li mangiano pensando di diventare snelli, leggeri e scattanti [...].*
b. *Di solito il gerundio si usa quando il soggetto della frase principale e il soggetto della frase subordinata sono uguali.*
c. *1. Sostituiamo il pane con i grissini credendo di dimagrire. 2. Volendo dimagrire, Dario ha cominciato ad andare in palestra. 3. Ho regalato a Maria questo libro immaginando di farle un piacere e invece ... 4. Essendo tolleranti, i tuoi amici rispettano la tua opinione.*

d. Dopo aver letto insieme agli studenti la spiegazione e l'esempio riportati nel riquadro verde, soffermatevi sulla posizione dei pronomi, che con il gerundio si comportano come con l'imperativo informale. Quindi passate all'esercizio scritto sottostante.
Soluzione: *allenandomi, riposandosi, recitandole, facendo*

21. Stili di vita (Produzione libera orale)

Obiettivo: sviluppo della competenza comunicativa orale.
Procedimento: Procedete come indicato nell'introduzione a p. 24, assegnando tempi ben precisi per ognuna delle tre fasi (*a.* in coppia, *b.* tutti insieme, *c.* in gruppetti). Per concludere chiedete ad un rappresentante per gruppo di riferire i risultati.

Tema: il mondo dei giovani
Obiettivi comunicativi: parlare del tipo di vita che si conduce, esprimere opinioni e contraddire; argomentare pro o contro qualcosa; esprimere una necessità; fare promesse; *lingua scritta:* redigere un breve testo sulle proprie esperienze di studio e lavoro e sui desideri e i progetti riguardanti il futuro; scrivere l'inizio e la fine di una storia.
Elementi morfosintattici: il congiuntivo presente dopo verbi ed espressioni di speranza e d'opinione e dopo espressioni impersonali; il futuro semplice; *andarsene*; frasi secondarie implicite ed esplicite; il periodo ipotetico della realtà; la congiunzione subordinante *se* (condizionale e interrogativa indiretta).

1. Diversi modi di essere giovani (Produzione libera orale)

Obiettivo: introdurre il tema trattato nell'unità, sviluppo della competenza comunicativa orale.
Procedimento: Seguite le indicazioni del manuale. Per dare l'avvio alla discussione potete osservare le fotografie insieme agli studenti e porre le seguenti domande: dove si trovano le persone raffigurate? Quanti anni hanno, secondo voi? Nelle fotografie con più persone, quali sono i rapporti di parentela?
Con queste fotografie si sono voluti illustrare i diversi modi di essere giovani oggi in Italia trattati in questa unità: il ragazzo che vive in famiglia durante (e forse anche dopo) l'università (tema presentato al punto 2), la ragazza che, al contrario, sta partendo per una meta lontana (Europei, punto 10), la famiglia giovane (In macchina? No a piedi, punto 17), e la ragazza che studia in biblioteca.

▶II 2. Intervista (Ascolto tipologia A)

Trascrizione dell'intervista:

□ […] se essi vivono ancora con la famiglia o meno. Ebbene, risulta che la più alta percentuale di persone sotto i 35 anni che vivono ancora in famiglia si ha in Italia e a Malta. Questa è una … una valutazione che tiene conto tra l'altro della … dell'Europa estesa, quindi anche dei Paesi dell'Est, ed è un dato impressionante. Non è un dato veramente nuovo per … per i sociologi, perché questa è anzi una tendenza storica della ... della cultura, dell'economia, della società italiana. Però noi vogliamo cercare di capire meglio, anche perché attorno a questo dato, che ... che ... che è noto anche alla percezione immediata di coloro che non si interessano di sondaggi, attorno a questo dato si sviluppano anche delle forme di identità, delle forme di lettura della propria realtà: il mammismo italiano, per esempio. Oggi in un commento Marco Belpoliti sulla Stampa parlava di un babbismo italiano, quindi di un'estensione al maschile del mammismo. Beh, in primo luogo, mandateci le vostre opinioni su questo argomento, il nostro indirizzo di posta è Fahre con l'acca al centro @ rai.it e poi ne parliamo nel frattempo con Alessandra Pescarolo, buongiorno!

■ Buongiorno!

□ Pescarolo insegna Sociologia della famiglia all'università di Firenze, ecco, Pescarolo, dicevamo che questi non sono ... non sono dei dati veramente nuovi. Forse l'elemento nuovo che deriva anche dal confronto con un'indagine ISTAT è che il fenomeno è in crescita, ma soprattutto che c'è una maggiore insoddisfazione riguardo a questo stato di cose.

■ Sì, ecco, questo mi sembra un aspetto nuovo, perché i giovani hanno sempre risposto alle numerose interviste su questo tema, dato che appunto il fenomeno è un fenomeno di lunga durata e molto conosciuto, hanno sempre risposto che erano contenti di stare in famiglia, e davano un giudizio sostanzialmente positivo. Quindi la crescita dell'insoddisfazione è invece qualche cosa da segnalare che probabilmente si lega a tanti altri aspetti su cui forse vale la pena di soffermarsi.

□ Per esempio, se ci fermiamo ancora un momento su questa insoddisfazione: lei pensa che il modello di altri Paesi europei, per non parlare dell'America, sia presente alla coscienza dei... dei giovani e delle giovani italiani, oppure ... oppure non hanno neanche modo di confrontarsi con quella realtà ipotetica e in parte reale?

■ Mah, io penso che i giovani italiani si confrontino, soprattutto quelli più istruiti, quelli che studiano, fanno l'università, vanno via con Erasmus in altri Paesi europei, si confrontino in modo crescente con i giovani di altri stati europei, ad esempio, e quindi stia crescendo fra di loro la consapevolezza di una specificità che molti considerano negativa e attribuiscono, in parte realisticamente perché è vero, in parte anche costruendoci sopra una mitologia, alla debolezza del welfare italiano. Cioè, i giovani dicono: noi non possiamo fare quello che fanno gli altri perché se studiamo, dobbiamo restare in casa, perché lo stato non ci dà tutti quegli aiuti che, per esempio, i paesi nordici danno ai giovani per studiare fuori casa.

□ E questa è una mitologia, secondo lei?

■ No, no è una realtà.

Obiettivo: sviluppo della comprensione auditiva.
Procedimento: Prima di partire con l'ascolto è bene avvisare gli studenti che sentiranno un'intervista fatta alla radio: si dovranno dunque confrontare per la prima volta con un tipo di testo che presenta caratteristiche, e quindi anche difficoltà, diverse da quelle affrontate finora. Sarà pertanto opportuno prepararli e rassicurarli sin dall'inizio (a questo proposito si rimanda all'introduzione, p. 8, Input orali, Caratteristiche). Fate anche presente (se lo ritenete necessario) che l'abilità *capire per sommi capi il contenuto di un programma radiofonico* fa parte delle competenze previste per la certificazione UNIcert® I.
a., *b.* e *c.* Procedete come indicato nell'introduzione alle pp. 11–12.
Soluzione: *Il tema del sondaggio è: le condizioni di vita dei giovani europei. Si nominano Italia e Malta. La più alta percentuale di persone sotto i 35 anni che vivono ancora in famiglia si ha in Italia e a Malta. No, i giovani italiani non sono soddisfatti della loro situazione. No, lo stato non aiuta i giovani.*

3. E tu? (Produzione libera orale)

Obiettivo: sviluppo della competenza comunicativa orale.
Procedimento: Si veda l'introduzione a p. 24.

▶II 4. Ritorno al testo (Ascolto tipologia B)

Obiettivo: analisi linguistica (congiuntivo presente).
Procedimento: *a.* e *b.* Si veda l'introduzione a p. 21.
Soluzione:
a. *ci fermiamo, pensa, sia, confrontarsi, penso, si confrontino, studiano, fanno, si confrontino, stia crescendo, considerano, possiamo, studiamo, dobbiamo, è*
b. *2 e 3: si confrontino – confrontarsi; 4: stia – stare*

5. Mettiamo in ordine! (Esercizio scritto)

Obiettivo: trattazione delle forme del congiuntivo presente.

Procedimento:
a. Seguite le indicazioni del manuale. Dopo aver completato la tabella chiedete agli studenti di riflettere sulle forme che hanno appena scritto: che cosa notano? Dovrebbero uscire le seguenti informazioni: le prime tre persone hanno la stessa desinenza, la I e II persona plurale hanno la stessa desinenza per tutte e tre le coniugazioni, permane l'infisso *-isc-* nei verbi di questa categoria, il verbo *essere* è irregolare.
Soluzione: *parli, parliamo, parliate, parlino; prenda, prendiamo, prendiate, prendano; dorma, dormiamo, dormiate, dormano; finisca, finiamo, finiate, finiscano; sia, siamo, siate, siano*

b. Seguite le indicazioni del manuale.
Soluzione: *dal verbo ‹pensare›*

A questo punto è raccomandabile far svolgere l'esercizio 2 di p. 139 dell'Eserciziario, in modo da poter introdurre e analizzare le forme irregolari del congiuntivo (derivanti in gran parte dalla I^a persona singolare del presente indicativo).

6. Occhio alla lingua!

Obiettivo: il congiuntivo in dipendenza da verbi di opinione (ampliamento), trattazione di *secondo me, te...*
Procedimento:
a. Seguite le indicazioni del manuale. È importante che escano alcune varianti per esprimere la propria opinione che saranno utili per lo svolgimento dell'esercizio al punto 7 (*credere, essere dell'opinione, ritenere...*).
b. Seguite le indicazioni del manuale.
Soluzione: *Secondo me / te / lei / ... + indicativo.*

7. Io credo che ... (Esercizio orale)

Procedimento: Seguite le indicazioni del manuale e leggete la prima frase insieme agli studenti; dite poi la vostra opinione usando una delle espressioni viste al punto precedente e date il via all'attività raccomandando di variare nella scelta delle diverse possibilità.
Alla fine dell'attività sarebbe bene approfondire la funzione comunicativa *esprimere un'opinione*. Potete a questo proposito esprimere la vostra opinione riguardo a una delle frasi di questo punto e chiedere agli studenti come potrebbero contraddire (*io invece penso che, non sono assolutamente d'accordo con...*) scrivendo le varie proposte alla lavagna.

Soluzione: *(Non) credo / penso che: non riescano a trovare, aiutino, decidano di rimanere, manchi, sia comodo, comporti; Secondo me: non riescono a trovare, aiutano, decidono di rimanere, manca, è comodo, comporta*

8. I pro e i contro (Produzione guidata scritta)

Obiettivo: sviluppo dell'abilità di scrittura, preparazione per lo svolgimento del prossimo punto.
Procedimento: Seguite le indicazioni del manuale. Potete poi riportare l'attività in plenum scrivendo alla lavagna le due liste.

9. Parliamone! (Produzione libera orale)

Obiettivo: sviluppo della competenza comunicativa orale (esprimere opinioni, contraddire e argomentare pro o contro qualcosa)
Procedimento: Seguite le indicazioni del manuale e dell'introduzione a p. 24. Nella consegna appare il verbo *andarsene*: a questo proposito riportate l'attenzione degli studenti allo specchietto in fondo alla p. 138: chiarite che si tratta di un verbo pronominale, che cioè compare in una forma con, in questo caso, due particelle pronominali, la riflessiva e il *ne* (quest'ultima invariabile). Non soffermatevi sulla trasformazione mi, ti, ecc. ▷ me, te, ecc.: verrà tematizzata nell'unità 14. Fate poi coniugare il verbo al passato prossimo, in modo da accertarvi che il meccanismo sia chiaro (una forma al passato prossimo si vedrà al punto 10 a, Sabine K.).

10. Europei (Lettura tipologia A)

Obiettivo: sviluppo della comprensione della lingua scritta.
Procedimento: Seguite le indicazioni del manuale e dell'introduzione a p. 16. Se il numero degli studenti non dovesse essere divisibile per tre, formate gruppi di quattro in cui due studenti leggeranno lo stesso testo e si divideranno il compito di raccontarlo agli altri.
Soluzione:
c. *Fabio: italiana; Inghilterra, Spagna, Germania; pizzaiolo; Sabine: tedesca; Italia; baby-sitter, guida turistica, assistente marketing; Laura: italiana; Inghilterra, Francia, Portogallo; ragazza alla pari, studentessa, stagista;*
d. *Tutti e tre sono tolleranti, cosmopoliti, indipendenti, hanno più o meno la stessa età.*

11. La vostra opinione (Produzione libera orale)

Obiettivo: sviluppo della competenza comunicativa orale.
Procedimento: Procedete come indicato nell'introduzione a p. 24.

12. Ritorno al testo

Obiettivo: analisi linguistica (futuro semplice).
Procedimento:
a. Seguite le indicazioni del manuale e dell'introduzione a p. 21. Dopo aver completato la tabella, chiedete agli studenti a quale persona si riferiscono le forme verbali trovate (io) e quindi di scrivere la forma del futuro di *tornare* nella tabella del punto *b*.
Soluzione: *1. andrò – andare; 2. troverò – trovare; 3. tornerò – tornare; 4. resterò - restare*

b. Seguite le indicazioni del manuale. Dopo il controllo in plenum tematizzate le regole della formazione del futuro.
Soluzione: *tornare: tornerò, tornerai, tornerà, torneremo, tornerete, torneranno; prendere: prenderò, prenderai, prenderà, prenderemo, prenderete, prenderanno; sentire: sentirò, sentirai, sentirà, sentiremo, sentirete, sentiranno; preferire: preferirò, preferirai, preferirà, preferiremo, preferirete, preferiranno*

c. Seguite le indicazioni del manuale: date alcuni minuti perché i gruppi possano elaborare le liste e proibite la consultazione del manuale o di altro materiale. Concludete con un controllo in plenum, aggiungendo, se necessario, forme irregolari dimenticate.

13. Quando? (Analisi linguistica)

Obiettivo: riflessione sull'uso del futuro.
Procedimento: Seguite le indicazioni del manuale.
Soluzione: *Il futuro si usa per descrivere eventi che accadranno nel futuro.*

14. E adesso è il vostro turno! (Produzione libera scritta)

Obiettivo: sviluppo dell'abilità di scrittura.
Procedimento: Si veda l'introduzione a p. 26.

15. Ritorno al testo

Obiettivo: analisi linguistica (congiuntivo in dipendenza da espressioni impersonali).
Procedimento:
a. Seguite le indicazioni del manuale. Dopo che gli studenti avranno completato la frase, definite che *è normale che* è un'espressione impersonale e passate al punto *b.*
Soluzione: *è normale che i figli vadano*

b. Seguite le indicazioni del manuale: a questo punto gli studenti saranno in grado di completare la tabella. Alla fine sarà bene fare una raccolta di altre espressioni impersonali.
Soluzione: 1. *dopo verbi che esprimono un opinione personale;* 2. *dopo espressioni impersonali*

16. È importante che ... (Esercizio orale e scritto)

Procedimento: Seguite le indicazioni del manuale. Alla fine potete riportare l'attività in plenum, facendovi dire le frasi più originali.

17. In macchina? No, a piedi. (Produzione libera orale e lettura tipologia A)

Obiettivo: sviluppo della competenza comunicativa orale e della comprensione della lingua scritta.
Procedimento:
a. Seguite le indicazioni del manuale.
b. Procedete come indicato nell'introduzione a p. 16.
c. e *d.* Chiedete agli studenti di rileggere il testo con il compito di cercare le risposte alle domande e poi passate al punto *d.*
Soluzione:
c. *Si parla di tre persone. Si tratta di una famiglia. Il protagonista e forse anche la moglie non hanno ancora 30 anni, il figlio è ancora molto piccolo. Vuole fare un viaggio a piedi dall'Argentario al Conero.*
d. *ci vorranno – saranno necessarie; implorandoti – pregandoti; è saltato fuori – hai scoperto; ce l'aveva – era arrabbiata; calura – gran caldo; pazzo – una persona non sana di mente; depurarmi – liberarmi da pensieri negativi; la fede – anello matrimoniale*

Informazioni sull'autore e sul libro:
Enrico Brizzi è nato a Bologna nel novembre del 1974.
Si è rivelato al grande pubblico non ancora ventenne con il romanzo d'esordio *Jack Frusciante è uscito dal gruppo*, tradotto in ventiquattro paesi e divenuto film nel 1996. All'ingombrante esordio, l'autore ha fatto seguire il tenebroso *Bastogne*, storia di un quartetto di teppisti nizzardi in rivolta contro una società perbenista.
L'onirico *Tre ragazzi immaginari* completa, nel 1998, un'ideale trilogia della giovinezza.
Dopo un volume di racconti scritti insieme all'autore noir bolognese Lorenzo Marzaduri, Brizzi è tornato alla ribalta nel 2005 con il libro di viaggio *Nessuno lo saprà – Viaggio a piedi dall'Argentario al Conero*, ispirato ad una reale camminata fra Tirreno e Adriatico compiuta dall'autore l'anno precedente. Dal tour di presentazione del romanzo insieme alla band bolognese Frida X è nato un CD, *Nessuno lo saprà. Reading per voce e rock 'n' roll band.*
Nonostante il ridimensionamento del clamoroso successo commerciale dell'esordio, resta una delle voci più riconoscibili ed accreditate dell'intera pattuglia di autori esorditi negli anni Novanta.

18. Parliamone (Produzione libera orale)

Obiettivo: sviluppo della competenza comunicativa orale.
Procedimento: Seguite le indicazioni del manuale e portate poi l'attività in plenum: chiedete agli studenti se capiscono, o magari si identificano nello stato d'animo del ‹tu narrante›, che cosa significherebbe / significa per loro compiere trent'anni.

19. Ritorno al testo

Obiettivo: analisi linguistica (frasi subordinate implicite ed esplicite dipendenti da un verbo che richiede il congiuntivo).
Procedimento:
a. Seguite le indicazioni del manuale e scrivete su un lucido le frasi che vi detteranno gli studenti.
Soluzione: 1. *[…] questa volta spero di tornare in tempo per le elezioni.* 2. *Se speri che faccia una scenata, amore, o ti abbracci le ginocchia implorandoti di non andare, sarà per un'altra volta.* 3. *Spero solo non sia un piano per liberarti di noi qualche tempo.*

b. Seguite le indicazioni del manuale e riportate poi la discussione in plenum: negli esempi presi in considerazione quando nel periodo la frase principale e la frase subordinata hanno lo stesso soggetto, quest'ultima si risolve con la forma all'infinito. Un'altra puntualizzazione riguarda la congiunzione ‹che›: come si deduce dal terzo esempio, talvolta (soprattutto nel parlato) viene omessa, senza pregiudicare la correttezza dell'enunciato.
Soluzione: *frase 1: sperare di + infinito (il soggetto della frase principale e quello della frase subordinata sono uguali); frasi 2 e 3: sperare (che) + congiuntivo (il soggetto della frase principale e quello della frase subordinata non sono uguali)*

20. Esercizio (Esercizio scritto)

Soluzione: 1. *Carlo spera di arrivare puntuale / che Maria arrivi puntuale.* 2. *Paolo crede che Daniela abbia l'influenza / di avere l'influenza.* 3. *Tu pensi che Giovanni sia grasso / di essere grasso.* 4. *Maria e Sara sperano di tornare domani / che voi torniate domani.* 5. *Io non penso che sia troppo tardi / di essere in ritardo.*

Alla fine di questo punto sarà bene approfondire il tema ‹congiuntivo› facendo riferimento alla grammatica dell'Eserciziario a p. 149–150.

21. Occhio alla lingua!

Obiettivo: analisi linguistica (periodo ipotetico della realtà).
Procedimento: Seguite le indicazioni del manuale e dell'introduzione a p.21.
Soluzione:
b. *condizione: introdotta da ‹se›, tempo: presente, modo: indicativo; conseguenza: tempo: presente o futuro, modo: indicativo;*
c. *Queste ipotesi si possono realizzare. Si riferiscono al presente/futuro.*
d. *Ipotesi che si possono realizzare e si riferiscono al presente e al futuro si esprimono con: se + presente + futuro; se + presente + presente; se + presente + imperativo; se + futuro + futuro*

22. Un ‹morto vivente›? Mai! (Esercizio scritto)

Procedimento: Seguite le indicazioni del manuale e date 5 minuti di tempo per redigere le liste. Riportate poi l'attività in plenum, scrivendo alla lavagna almeno alcune proposte, in modo da poter effettuare un controllo.

23. Occhio alla lingua!

Obiettivo: analisi linguistica (*se* congiunzione subordinante interrogativa indiretta ≠ congiunzione subordinante condizionale).
Procedimento:
a. e *b.* Seguite le indicazioni del manuale e riportate poi la discussione in plenum. Trascrivete le tre frasi in questione alla lavagna: per le due del punto 21 si è già stabilito che introducono una condizione. Chiedete agli studenti se anche il ‹se› della terza frase introduce una condizione (evidentemente no): apparirà allora chiara la differenza di significato. Potrà essere utile un'analisi contrastiva in riferimento alla lingua madre degli studenti.
Soluzione: *funzione del ‹se›: introduce una domanda indiretta; non ha lo stesso significato del ‹se› del punto 21, là aveva un senso condizionale, cioè quello di introdurre una condizione*

24. Ritorno al testo (Analisi linguistica e gioco di ruolo)

Obiettivo: analisi linguistica (uso del futuro dopo il verbo *promettere*).
Procedimento:
a. Seguite le indicazioni del manuale e dell'introduzione a p. 21.
Soluzione: *Però promettimi che terrai la fede al dito e non andrai con nessuna. Dopo il verbo ‹promettere› si usa il futuro.*

b. A libro chiuso, formate delle coppie e dite agli studenti che avranno il compito di produrre, insieme a un compagno, un dialogo con ruoli predefiniti: A e B. Fate aprire il libro, leggere i ruoli e date il via all'attività.

25. Inventiamo! Cosa c'era prima? Cosa c'è dopo? (Produzione libera scritta e orale)

Obiettivo: sviluppo della competenza della lingua scritta e orale.
Procedimento: Cominciate con lo stabilire insieme agli studenti i nomi e i ruoli dei tre personaggi. Riproducete su lucido la tabella di questo punto e fatevi dire i punti 2 e 3. Per il punto 1 si deciderà di scrivere un nome in base alle preferenze della maggioranza.
Soluzione: *2. Dina: moglie, madre; 3. Malcom: figlio*

a. e *b.* Seguite le indicazioni del manuale e dell'introduzione alle pp. 24–27.

Tema: la lettura
Obiettivi comunicativi: parlare delle proprie abitudini di lettura ed informarsi su quelle di altri; fare supposizioni; *lingua scritta:* indicare il proprio libro preferito spiegando le ragioni di tale preferenza in un'e-mail ad un quotidiano; scrivere il finale di un racconto; riassumere il contenuto di un libro.
Elementi morfosintattici: il trapassato prossimo; il passato remoto; i numeri collettivi; i pronomi relativi *il quale, la quale, i quali, le quali*; la posizione dei pronomi oggetto e dei pronomi riflessivi.

1. Leggere è... (Produzione libera orale)

Obiettivo: introduzione al tema dell'unità.
Procedimento: Dopo aver lasciato qualche minuto per la discussione in coppia, raccogliete le idee in plenum disegnando alla lavagna una mappa mentale sul tema ‹leggere›. Invitate gli studenti a copiarla (meglio se su un foglio DIN A 3) e ad ampiarla man mano che si procederà nell'unità.

2. Incontro con l'autore (Produzione libera orale)

Obiettivo: sviluppare la competenza comunicativa orale e riflettere sulle conoscenze di letteratura italiana
Procedimento: Come indicato nell'introduzione a p. 24. Concludete raccogliendo le informazioni in plenum.

3. Qual è il libro che ti ha cambiato la vita? (Lettura tipologia A e produzione libera scritta)

Obiettivo: *a.* e *b.*: sviluppo della comprensione della lingua scritta; *c.* ampliamento del lessico relativo ai libri; *d.* sviluppo dell'abilità di scrittura.
Procedimento:
a. e *b.* Come indicato nell'introduzione alle pp. 16–18 (Fase a. e fase b.).
c. Seguite le istruzioni del manuale. Alla fine fatevi riferire i risultati e trascrivete i vocaboli alla lavagna in modo che diventino patrimonio di tutta la classe.
d. Come indicato nell'introduzione a p. 26.

4. Ritorno al testo

Obiettivo: analisi linguistica (il trapassato prossimo: forme e uso).
Procedimento: Come indicato nell'introduzione a p. 21.
Soluzione:
a. *avevo iniziato, avevo già capito*
b. *Il trapassato prossimo si forma con l'ausiliare avere o essere all'imperfetto + il participio passato. Il trapassato prossimo esprime un'azione passata che si svolge prima di un'altra azione, anche questa al passato.*

5. Passato o trapassato? A voi la scelta! (Esercizio scritto)

Soluzione: *avevi parlato; l'ho trovato; ho incontrato; erano tornati; ha raccontato; ha mostrato; aveva comprato; l'ho comprato*

▶II 6. Un libro per ogni lettore (Ascolto tipologia A)

Trascrizione del dialogo:

□ Allora, siamo alla Libreria Editrice Goriziana per parlare di libri e di lettori. Parliamo prima di lettori. Le statistiche periodicamente diffuse dei media ci dicono di solito che gli italiani leggono poco, anche se ultimamente pare che ci sia una leggera ripresa. Lei può confermare questo dato?

■ Sì, posso confermare che ci sia una leggera ripresa negli ultimi tempi. È un dato che ... può essere dimostrato sia dal fatto che ci sono molte persone che entrano in libreria, sia anche dal fatto che ci sono molti lettori che non seguono più tanto facilmente le mode o le pubblicità che vengono ... vengono portate dai giornali o dagli altri strumenti insomma di ... di comunicazione, ma scelgono un po' anche da ... da se stessi e scelgono anche generi diversi, quindi non sono fissi o comunque limitati ad un unico genere.

□ Ho capito. E a proposito è possibile individuare delle diverse categorie di lettori in base per esempio alle abitudini di acquisto o alle preferenze?

■ Sì, sì, soprattutto i clienti abitudinari, quelli insomma che vengono più spesso da noi hanno delle ... hanno delle preferenze in particolar modo nel settore della storia o della saggistica perché sono ... ehm ... quei settori che noi ecco ... a cui noi diamo maggiore spazio qui nella libreria. Ci sono comunque poi anche altri lettori e clienti sempre quelli che vengono più spesso che prediligono un genere di narrativa piuttosto che un altro, quindi una narrativa straniera oppure la narrativa italiana insomma secondo ecco delle preferenze.

□ Mhm. Ho capito. Ed è per caso possibile dire quali siano i generi preferiti per fascia d'età o non è possibile?

■ Eh, sì, per fascia d'età si può dire che i più giovani prediligono … ehm … la narrativa anche italiana e il genere del thriller o del romanzo storico, mentre i meno giovani comunque sono più attratti anche dalla saggistica o dai libri di storia, ecco, cosa che i giovani invece apprezzano un po' di meno.

□ E fra gli autori italiani quali potremmo citare come quelli attualmente preferiti?

■ Sì, fra gli autori italiani … ehm … soprattutto dai giovani è stato molto amato Moccia che ha scritto sia «Tre metri sopra il cielo» sia il suo ultimo libro «Ho voglia di te», ci sono poi anche altri autori fra i quali ad esempio Sebastiano Vassalli che è amato perché scrive dei libri che stanno a metà fra il giallo e il romanzo storico, quindi sono interessanti anche da questo punto di vista per i giovani.

□ Ho capito, la ringrazio.

Obiettivo: sviluppo della comprensione auditiva.
Procedimento: Come indicato nell'introduzione alle pp. 11–12.
Soluzione:
b. *Ultimamente gli italiani leggono di più.*
I clienti di questa libreria scelgono i libri soprattutto in base ai gusti personali.
La libraia cita saggi, narrativa, libri gialli (thriller), romanzi storici e libri di storia
I più giovani prediligono la narrativa anche italiana e il genere del thriller o del romanzo storico, i meno giovani sono più attratti dalla saggistica o dai libri di storia.
La libraia cita Federico Moccia (Tre metri sopra il cielo) e Sebastiano Vassalli.

Informazioni sugli autori:
Federico Moccia è nato a Roma nel 1963, lavora come sceneggiatore per il cinema e come autore di testi televisivi. *Tre metri sopra il cielo*, uscito nel 1992 per una piccola casa editrice e subito esaurito, ha spopolato fra gli adolescenti che lo hanno diffuso in fotocopie. Nel 2003 ne è stato tratto l'omonimo film di Luca Lucini ed il successo ha spinto la Feltrinelli a ripubblicarlo nel 2004. Stesso successo per il suo seguito, *Ho voglia di te* (2006), citato nell'intervista.
Sebastiano Vassalli (Genova, 1941) scrive soprattutto romanzi a sfondo

storico, ma negli ultimi libri si è avvicinato al presente. Fra le sue opere più recenti ricordiamo *Stella avvelenata* (2004); *Amore lontano* (2005); *Terra d'acque* (2005). Ha riscoperto il genere del racconto soprattutto con *La morte di Marx e altri racconti* (2006). Ultimamente è anche opinionista del *Corriere della sera*.

7. E voi che lettori siete? (Produzione libera orale)

Obiettivo: sviluppo della competenza comunicativa orale.
Procedimento: Fate leggere il questionario e assicuratevi che il lessico sia chiaro. Quindi procedete come indicato nell'introduzione a p. 24.

8. Un incontro a Buenos Aires (Lettura tipologia A e produzione libera orale)

Obiettivo: sviluppo della comprensione della lingua scritta e della capacità di inferenza.
Procedimento:
a. Fotocopiate il testo su lucido e proiettate, a libri chiusi, solo la prima consegna fino a ‹quale?›. Fate poi leggere rapidamente il testo riportato al punto *a*., fate subito richiudere i libri e proiettate il resto della consegna. Lasciate alle coppie qualche minuto per fare delle ipotesi.
b. e *c*. Procedete come indicato nel manuale e nell'introduzione alle pp. 16–18 (Fase a. e b.).
d. Come indicato nel manuale e nell'introduzione a p. 24.

Informazioni sull'autore e sul libro:
Paolo Maurensig (Gorizia, 1943) ha fatto per lungo tempo l'agente di commercio prima di ottenere un improvviso ed enorme successo con *La variante di Lüneburg* (1993), che prende spunto dalla sua passione per gli scacchi e di cui egli stesso ha approntato un adattamento teatrale. Dal secondo romanzo, *Canone inverso* (1996), che si ispira alla sua passione per la musica, è nato un film di Ricky Tognazzi. Seguono *L'ombra e la meridiana* (1997), *Venere lesa* (1998) e *Il guardiano dei sogni* (2003).
Il brano qui proposto è l'incipit de *L'uomo scarlatto* (2001). Nelle righe successive J.M. Kokubu racconta che, dopo un tragico incidente in cui ha perso moglie e figlia, si è avviato sulla strada della conoscenza: per raggiungere tale scopo si trasferirà in Giappone, dove intende sfruttare

la sua condizione di ‹mezzosangue› per vivere in completa solitudine. Il narratore accetta la busta, nella quale trova cinque nastri magnetici su cui sono registrati i colloqui terapeutici fra un misterioso uomo con il viso sfigurato dal fuoco e il dottor Klein. I capitoli del libro corrispondono alla trascrizione delle cinque bobine.

9. Numeri

Obiettivo: analisi linguistica (i numeri collettivi).
Procedimento: Come indicato nell'introduzione a p. 21. Dopo il punto c. passate alla formazione del plurale, soffermandovi su quello di *centinaio* e *migliaio*: chiedete agli studenti se si ricordano il plurale di *braccio* e *labbro* (se no, fateli tornare a p. 128 per ripeterlo) e dite loro che quello di *centinaio* e *migliaio* si forma allo stesso modo, invitandoli a fornirvi la soluzione. Infine specificate che i numeri collettivi possono indicare o una cifra non ben precisata (come al punto a. del manuale) o una serie di unità (per esempio, una dozzina = una serie costituita da dodici unità).
Soluzione:
a. *dozzina*
b. *da sinistra a destra: decina, ventina, cinquantina, quindicina, trentina, centinaio, migliaio*
c. *quarantina, sessantina, settantina, ottantina, novantina*

10. Ritorno al testo

Obiettivo: analisi linguistica (il passato remoto).
Procedimento: Leggete la consegna *a.* e dite che per riconoscere i passati remoti torneranno utili le eventuali conoscenze di latino poiché molte forme sono uguali o molto simili a quelle del perfetto indicativo latino (come *vidi*, riga 12). Seguite poi le indicazioni del manuale. Completata la regola del punto *e.*, soffermatevi su *dire* e *fare* chiedendo agli studenti di richiamare alla mente altri modi / tempi in cui questi verbi presentano forme analoghe a quelle regolari del passato remoto (gerundio, unità 6 e imperfetto, unità 7) e fatevi dire da che cosa derivano tali forme. Qui comunque vengono introdotti solo alcuni verbi irregolari, un ampliamento si trova nell'Eserciziario. Infine precisate che nell'Italia del Centro (soprattutto in Toscana) e del Sud questo tempo si usa anche nella lingua parlata, mentre al Nord il suo uso è

limitato alla lingua scritta o a ben determinate situazioni (per esempio, a scuola o all'università per parlare di storia o di letteratura).
Soluzione:
b. *tornai, tornò, insistette, sentii;* d. *si veda l'Eserciziario a p. 165–166;*
e. *Sono irregolari la 1ª e la 3ª persona singolare e la 3ª persona plurale. Sono regolari la 2ª persona singolare, la 1ª e la 2ª persona plurale.*

11. E vissero felici e contenti (Gioco didattico)

Procedimento: Fotocopiate lo schema ingrandendolo, ritagliatelo e consegnate a ogni gruppo un set di carte e un dado. Stabilite la durata del gioco e dite di seguire le regole di p. 151. Oppure fate giocare gli studenti senza cartine modificando un po' le regole: a turno, un giocatore dice un verbo all'infinito e tira il dado (il resto rimane tale e quale). Prima di dare il via, leggete il titolo, spiegate che è la classica forma con cui si concludono le favole italiane e chiedete agli studenti qual è l'infinito di *vissero* facendo poi formulare tutta la coniugazione.

PARLARE	VEDERE	ESSERE	AVERE
DIRE	FARE	CONOSCERE	ANDARE
USCIRE	SENTIRE	DARE	CHIEDERE
INSISTERE	FERMARSI	CORRERE	ENTRARE
SVEGLIARSI	RIPETERE	CAPIRE	VIVERE

12. Passati a confronto (Ritorno al testo)

Obiettivo: analisi linguistica (uso dei tempi del passato).
Procedimento: Lasciate discutere gli studenti con calma, riportate poi l'attività in plenum e fatevi riferire le loro osservazioni usandole come base per riassumere le regole. Invitateli infine a metterle in pratica ricostruendo l'incipit di un nuovo racconto.

13. Mai due volte nella stessa città (Esercizio scritto e orale)

Soluzione:
a. *Si lasciarono; salì; rimase; era; mosse; sillabava; abbassò; partiva; rispose;*
b. *A p. 160 dell'Eserciziario si trova il resto del racconto diviso in tre esercizi.*

Informazioni sull'autore e sul testo:
Gabriele Romagnoli (Bologna, 1960) è giornalista e scrittore. Come inviato all'estero ha trascorso molto tempo in vari Paesi (soprattutto negli Stati Uniti, in Egitto e in Libano). Come scrittore è stato scoperto da Pier Vittorio Tondelli nella prima antologia degli UNDER 25, *Giovani Blues*, per la quale ha scritto *Undici calciatori*, ma si è rivelato al grande pubblico con la raccolta di racconti *Navi in bottiglia* (1993): questo è anche il titolo dei racconti che pubblica sul sito web di «la Repubblica», da cui è tratto il testo qui proposto. Fra le sue opere ricordiamo ancora *In tempo per il cielo* (1995), *Passeggeri* (1998), *L'artista* (2004) e *Non ci sono santi* (2006).

14. Occhio alla lingua!

Obiettivo: analisi linguistica (il pronome relativo *il quale*).
Procedimento: Come indicato nell'introduzione a p. 21. Dopo il punto *d.* precisate che la funzione di oggetto diretto è del tutto esclusa.
Soluzione:
a. *le quali;*
b. *il pronome relativo si riferisce a ‹lingue› e si forma con l'articolo determinativo + quali (plurale, singolare: quale);*
c. *nella quale; il quale; dal quale; i quali*
d. *soggetto e oggetto indiretto (= con preposizione)*

15. Ritorno al testo

Obiettivo: analisi linguistica (i pronomi oggetto e i pronomi riflessivi con l'infinito).
Procedimento: come indicato nell'introduzione a p. 21. Ottenuta la regola aggiungete che anche le particelle *ci* e *ne* si comportano allo stesso modo e chiedete agli studenti se si ricordano un altro caso in cui i pronomi si uniscono al verbo (il gerundio e l'imperativo informale, vedi unità 10).
Soluzione:
a. *averlo; essermi; sdebitarmi; accompagnarmi; seguirlo; consegnarmi;*
b. *averlo: il portafogli; essermi, sdebitarmi, accompagnarmi e consegnarmi: io narrante; seguirlo: José Maria; i pronomi sono uniti al verbo all'infinito, che ha perso la -e finale.*

16. Correzione di bozze (Esercizio scritto e produzione libera orale)

Soluzione: *lasciarli, acquistarli; li trovo; prenderti, ti riempie; averla; prendersi, li trovo, permettermi*

17. Raccontate un libro in 25 parole

Obiettivo: sviluppo dell'abilità di scrittura (riassumere).
Procedimento: *a.* e *b.* Seguite le indicazioni del manuale. Nella fase *b.* potrete invitare le coppie con le soluzioni giuste a dire se abbiano tirato a indovinare o abbiano abbinato in base a informazioni precise. In quest'ultimo caso potrete chiedere loro di informare i compagni, in italiano naturalmente. Oppure potrete assegnare il compito di cercare delle informazioni da riferire in classe (inserendo qui il punto 19 dell'Eserciziario).
c. Fate leggere la consegna e accertatevi che sia chiara. Precisate che, come gli esempi appena letti, i mini-riassunti potranno anche essere semiseri. Potete anche far ripetere l'operazione alcune volte, stabilendo un tempo massimo per l'attività.
Soluzione: *dall'alto in basso: 4, 2, 1, 3*

Informazioni su autori e libri:
Nessuno lo saprà: si veda l'unità 11.
Iliade e Odissea: sono i due grandi poemi tradizionalmente attribuiti ad Omero, poeta epico greco - vissuto, pare, fra l'VIII e il VII secolo a.C. - del quale non si sa quasi nulla. Il primo è incentrato sulla guerra di Troia (Ilio, città sulla costa nord-occidentale dell'Asia Minore), scoppiata a causa del rapimento di Elena – moglie di Menelao, fratello del re di Argo e Micene, Agamennone – ad opera di Paride, figlio di Priamo, re di Troia. Il secondo è ambientato nel periodo successivo a tale guerra e narra il ritorno di Odisseo (per i latini Ulisse) a Itaca, l'isola in cui è nato, di cui era re e dove lo attende con incrollabile fiducia la moglie Penelope. È un viaggio tanto ricco di avventura che ancora oggi il termine ‹odissea› indica un'esperienza ricca di vicissitudini.
Le tre sorelle (1900): opera in tre atti di Anton Čechov (1860-1904), medico, scrittore e drammaturgo russo. Dramma delle aspirazioni fallite: in una città di provincia vivono le tre sorelle Prosorov che, fallite le speranze giovanili ed il progetto di andare a Mosca, si rifugiano in una realtà fittizia.

Tema: cinema e musica
Obiettivi comunicativi: descrivere l'aspetto fisico di una persona; esprimere una condizione e la sua conseguenza; parlare dei propri gusti in fatto di film e di musica; parlare di desideri non realizzati; raccontare un'esperienza indimenticabile; fare delle supposizioni; *lingua scritta:* raccontare per iscritto la trama di un film.
Elementi morfosintattici: il congiuntivo imperfetto; il periodo ipotetico della possibilità e dell'irrealtà al presente; il futuro suppositivo; il condizionale passato; aggettivi in *-bile*; il prefisso negativo *in-*.

1. Chi sono? (Produzione guidata orale)

Obiettivo: sviluppo della competenza comunicativa orale, presentazione di aggettivi ed espressioni utili per descrivere l'aspetto fisico di una persona.
Procedimento: *a.* e *b.* Seguite le indicazioni del manuale.
Se ritenete necessario un approfondimento lessicale, potete svolgere in classe l'esercizio 3 a p. 170 dell'eserciziario (per la correzione del punto *d.* si veda l'introduzione p. 27).

2. Andiamo al cinema! (Lettura tipologia A)

Obiettivo: sviluppo della comprensione della lingua scritta.
Procedimento: Seguite le indicazioni del manuale e dell'introduzione a p. 16. La prima lettura sarà rapida, utile ad identificare la trama corrispondente al fotogramma del punto 1.
Soluzione: *Il primo testo è la trama di «Nuovo Cinema Paradiso», il secondo di «Pane e tulipani», il terzo di «La finestra di fronte». Il fotogramma del punto 1a si riferisce a quest'ultimo.*

3. Chi cerca trova. (Esercizio scritto)

Obiettivo: analisi lessicale.
Procedimento: Seguite le indicazioni del manuale.
Soluzione: *rifugio, funerale, fuori uso, comitiva, compaesani, torpedone, smarrimento, istanti, scruta, spezzare*

4. E il titolo? (Produzione libera orale)

Obiettivo: sviluppo della competenza comunicativa orale.
Procedimento:
a. Seguite le indicazioni del manuale: gli studenti prima leggeranno i tre titoli e poi cercheranno, attraverso una nuova lettura del punto 2, di abbinarli alla trama corrispondente. Gli abbinamenti per «Nuovo Cinema Paradiso» e «La finestra di fronte» sono deducibili dalla trama, per «Pane e tulipani» si dovrà procedere per esclusione.
b. Seguite le indicazioni del manuale.
Soluzione:
a. *Il primo testo è la trama di «Nuovo Cinema Paradiso», il secondo di «Pane e tulipani», il terzo di «La finestra di fronte».*

Informazioni sui film:
Nuovo Cinema Paradiso, Italia 1989. Regia: Giuseppe Tornatore. Cast: Salvatore Cascio, Jacques Perrin, Philippe Noiret, Leo Gullotta.
Pane e tulipani, Italia 2000. Regia: Silvio Soldini. Cast: Licia Maglietta, Bruno Ganz, Felice Andreasi, Marina Massironi.
La finestra di fronte, Italia 2002. Regia: Ferzan Ozpetek. Cast: Giovanna Mezzogiorno, Raoul Bova, Massimo Girotti, Filippo Nigro.

5. Un film fantastico! (Analisi linguistica e produzione libera scritta)

Obiettivo: analizzare la struttura di una trama e sviluppare l'abilità di scrittura.
Procedimento:
a. Seguite le indicazioni del manuale e riportate poi l'attività in plenum. È importante che dalla discussione escano le seguenti considerazioni: normalmente i personaggi vengono brevemente descritti all'inizio della trama (età, professione...), non si descrivono fatti singoli, a meno che questi non siano fondamentali per lo sviluppo della vicenda (il torpedone parte senza Rosaria), il tempo maggiormente usato è il presente.
b. Seguite le indicazioni del manuale e dell'introduzione a p. 26.

▸II 6. Parliamo di cinema! (Ascolto tipologia A)

Trascrizione del dialogo:

□ Emilia, tu ti occupi di cinema, mi sembra, no?
■ Sì, non direttamente, non solo di cinema. Ma, diciamo che per la mia attività uso molto anche il cinema, la storia del cinema, pezzi di film.
□ Perché? Che cosa fai esattamente?
■ Beh, io realizzo delle serate, degli incontri di letteratura, delle conferenze che però sono animate anche da musica, da scene cinematografiche perché credo che la cultura sia qualcosa di molto complesso e non riducibile solo a letteratura, cinema, musica, ecc. ecc. ecc.
□ Certo, senti, da che cosa è nato questo interesse per il cinema per la letteratura, e così via?
■ Sì, un po' naturalmente da una passione naturale e anche dal fatto che sono cresciuta in un ambiente teatrale, perché i miei erano attori da generazioni, quindi sono cresciuta in palcoscenico e ho avuto proprio occasione anche di visitare i set cinematografici insomma era un'esperienza diretta un po' anche la mia infanzia diciamo.
□ Una passione di famiglia.
■ Sì.
□ Se ti chiedessi di scegliere il film che più rappresenta l'Italia dei nostri giorni, quale prenderesti? E perché?
■ Beh, sceglierei, è una scelta del tutto soggettiva, naturalmente, però sceglierei ‹La vita è bella› di Roberto Benigni.
□ ‹La vita è bella› però è un film che è ambientato negli anni 40, mi sembra?
■ Beh sì. Però secondo me invece è assolutamente rappresentativo dei cambiamenti avvenuti nella società italiana dopo gli anni 70, nei rapporti interpersonali fra un uomo e una donna, in questa relazione, nella relazione di quest'uomo con il figlio, con il bambino. C'è qualcosa di estremamente rivoluzionario in questo che soltanto dopo i cambiamenti culturali, ripeto, della seconda metà del secolo veramente sono stati possibili.
□ Sì, tornando al cinema italiano in generale, secondo te, affronta tematiche strettamente legate alla realtà nazionale, oppure si muove su un piano di più ampio respiro?

- ■ Eh, in generale ho l'impressione che purtroppo si muova su un piano un po' troppo ... troppo italiano che per noi è molto interessante, ma è difficile da capire per un pubblico internazionale. Però ci sono naturalmente grandi eccezioni. Oltre a Benigni c'è Moretti, per esempio, con ‹La stanza del figlio› che è riuscito anche a ... a infatti a vincere la Palma d'oro a Cannes e quindi affronta una tematica sicuramente di più ampio respiro.
- □ Sì, dei giovani registi italiani quale ti piace di più?
- ■ Bella domanda perché il giovane regista italiano che mi piace di più non è italiano, ma è turco perché è nato a Istanbul, però ha studiato e lavora in Italia, soprattutto fa film di ambiente italiano. Il suo nome è Ferzan Ozpetek. Uno dei suoi film più famosi è stato ‹Le fate ignoranti›.
- □ Senti, che genere di film preferisci, che so gialli, drammatici, la commedia all'italiana?
- ■ Ma, un po' tutto, direi. Se è un bel film, non ho grosse preclusioni.
- □ Non hai preferenze?
- ■ No, assolutamente.
- □ Degli ultimi film italiani che hai visto, ce n'è uno che ti è piaciuto in particolar modo?
- ■ Sì, e torno al mio amico Ozpetek. Perché quello che mi è piaciuto di più è ‹La finestra di fronte› che è ambientato a Roma sia ai giorni nostri che giusto nel periodo della guerra. È una storia interessante, i personaggi sono convincenti, è una bella trama, emotivamente coinvolgente, ha una bella musica.
- □ Quindi...
- ■ È un bel film.
- □ ... è un bel film.
- ■ Sì.

Obiettivo: sviluppo della comprensione auditiva, presentazione di lessico utile a commentare un film.
Procedimento:
a. e *b.* Come indicato nell'introduzione alle pp. 11–12.
Soluzione: b. *Roberto Benigni, Nanni Moretti, Ferzan Ozpetek; «La vita è bella» di Roberto Benigni, «La stanza del figlio» di Nanni Moretti, «Le fate ignoranti» e «La finestra di fronte» di Ferzan Ozpetek; «La vita è bella»; Ferzan Ozpetek; «La finestra di fronte»; la storia è interessante, i personaggi sono convincenti, la trama è coinvolgente, la musica è bella*

Per informazioni sui registi e sui film si consiglia di consultare, tra gli altri, il sito www.italica.rai.it.

7. Contrari (Esercizio scritto)

Obiettivo: approfondimento del lessico utile a commentare un film.
Procedimento: Seguite le indicazioni del manuale.
Soluzione: *brutto – bello, piacevole; semplice – complicato; noioso – interessante, avvincente; datato – attuale; improbabile – convincente; monotono – trascinante, appassionante*

8. Intervista (Esercizio scritto e produzione guidata orale)

Obiettivo: sviluppo della competenza comunicativa orale.
Procedimento: *a.* e *b.* Seguite le indicazioni del manuale.

▶II 9. Ritorno al testo (Ascolto tipologia B)

Obiettivo: analisi linguistica (congiuntivo imperfetto).
Procedimento: *a.* e *b.* Come indicato nell'introduzione a p. 21.
Soluzione:
a. *chiedessi, prenderesti, sceglierei, sceglierei; chiedessi*
b. *si veda la tabella a p. 179 dell'Eserciziario*
A questo punto è consigliabile fare in classe l'esercizio 6 alle pp. 171–172 dell'Eserciziario per presentare le forme irregolari e per fare una riflessione generale sulle forme del congiuntivo imperfetto.

10. Se fossi ...

Obiettivo: analisi linguistica (il periodo ipotetico della possibilità e dell'irrealtà al presente).
Procedimento: *a.* e *b.* Come indicato nel manuale e nell'introduzione a p. 21.
Soluzione:
a. *se + congiuntivo imperfetto , condizionale presente*
b. *1. impossibile, presente / futuro; 2. possibile, presente / futuro; 3. possibile, presente / futuro; 4. impossibile, presente / futuro*

11. Che cosa faresti, se... (Esercizio scritto)

Procedimento: *a.* e *b.* Seguite le indicazioni del manuale. Alla fine fate leggere alcune soluzioni in plenum per un controllo.
Alla fine dell'attività fate il punto, insieme agli studenti, sulle forme del periodo ipotetico trattate finora (la prima parte è nell'unità 11).

12. Indovinate! (Produzione orale e lettura tipologia A)

Obiettivo: sviluppo della comprensione della lingua scritta.
Procedimento:
a. Fotocopiate su lucido il punto *a.* e chiedete agli studenti, a libro chiuso, di rispondere alla domanda. Formate delle coppie: gli studenti dovranno confrontare le risposte e motivarle.
b., *c.* e *d.* Come indicato nell'introduzione alle pp. 16-18.
Soluzione:
c. *risale al 1970 – è del 1970; memorabile – che si ricorda a lungo; emozionante – appassionante; mi misi in testa – decisi; insonorizzata – senza rumori esterni; a ridosso – subito dopo; dilagò – si diffuse; racimolare – raccogliere;*
d. *fu una serata memorabile; bacchette spezzate dei batteristi; si ascoltava musica senza mai usarla da sottofondo spesso insieme agli amici.*

Informazioni sul testo e sull'autore:
Il brano è tratto da «La musica che abbiamo attraversato» a cura di Ranieri Polese, pubblicato dalla casa editrice Guanda nel 2005. Il primo Almanacco Guanda contiene testi di diversi autori sia italiani che stranieri tra i quali Silvia Ballestra, Massimo Carlotto, Carlo Lucarelli, Niccolò Ammaniti, Vasco Rossi, Wim Wenders e Nick Hornby. Il tema centrale dell'Almanacco è la ‹musica del tempo› cioè il rapporto tra musica e società in questi ultimi decenni.
Marco Vichi è nato a Firenze nel 1957. Ha debuttato con il romanzo *L'inquilino*, seguito da *Donne donne*, *Il commissario Bordelli*, *Una brutta faccenda*, *Il nuovo venuto* e la raccolta di racconti *Perché dollari?*, tutti pubblicati da Guanda.

13. C'è musica e musica (Produzione libera orale)

Obiettivo: sviluppo della competenza comunicativa orale.
Procedimento: Come indicato nell'introduzione a p. 24.

14. Ritorno al testo

Obiettivo: analisi linguistica (futuro suppositivo).
Procedimento: Seguite le indicazioni del manuale e dell'introduzione a p. 21.
Soluzione:
a. *Saranno tutti così i concerti?*
b. *Il futuro esprime qui una supposizione.*

15. Mah... (Esercizio scritto)

Procedimento: *a.* e *b.* Seguite le indicazioni del manuale. Alla fine dell'attività fatevi dare alcune risposte per un controllo. A questo punto scrivete alla lavagna una delle domande, p. es. *Qual è l'automobile più venduta in Italia?* e le due risposte: 1. *Sarà la FIAT*, 2. *La FIAT*, e fate riflettere gli studenti sulla diversità del messaggio trasmesso: se si risponde alla domanda senza verbo, significa che l'interpellato è sicuro della risposta che dà, mentre con il verbo al futuro no.

16. Occhio alla lingua!

Obiettivo: analisi linguistica (condizionale composto)
Procedimento: Come descritto nel manuale e nell'introduzione a p. 21.
Soluzione: b. *Il condizionale composto si forma con essere o avere al condizionale presente + il participio passato del verbo ed esprime un desiderio che non si è realizzato.*

17. L'avrei fatto volentieri (Esercizio scritto)

Procedimento: Seguite le indicazioni del manuale. Alla fine del punto *b.*, dopo che gli studenti avranno scritto le quattro frasi, formate dei piccoli gruppi e fate confrontare. Portate poi l'attività in plenum, facendovi dire alcune frasi.
Soluzione: a. *Avrei voluto imparare a giocare a rugby. Non mi sarei mai alzato presto. Avrei mangiato solo quello che piace a me. Non avrei mai fatto i compiti. Avrei bevuto solo Coca-Cola.*

Concludete il discorso sul condizionale passato facendo riferimento alla grammatica dell'Eserciziario (p. 180): il condizionale passato può esprimere anche un'azione che avrebbe potuto succedere, ma non è successa.

18. Occhio alla lingua!

Obiettivo: analisi linguistica (aggettivi in *-bile*).
Procedimento: *a.* Seguite le indicazioni del manuale.
Soluzione:
a. *immaginare, che si può immaginare; vendere, che si può vendere; definire, che si può definire; gli aggettivi derivati dai verbi in -are prendono il suffisso -abile; gli aggettivi derivati dai verbi in -ere e -ire prendono il suffisso -ibile;*
b. *prevedibile, credibile, mangiabile, discutibile, leggibile, sostituibile*

Alla fine del punto *b.* portate l'attenzione degli studenti allo specchietto con le forme irregolari.

19. ‹in›, ma non sempre!

Obiettivo: analisi linguistica (il prefisso negativo *in-* e le sue varianti).
Procedimento: Seguite le indicazioni del manuale.
Soluzione:
a. *che non si può discutere; negativo;*
b. *si veda la tabella a p. 180 dell'Eserciziario;*
c. *irrangiugibile, imbevibile, indimenticabile, incredibile, insostituibile; insopportabile*

Alla fine dell'attività specificate che il prefisso *in-* e le sue varianti possono essere usati per esprimere negazione anche con aggettivi non in *-bile* (nella grammatica dell'Eserciziario a p. 180 si trova l'esempio *illegale*).

20. Un concerto indimenticabile... (Produzione libera orale)

Obiettivo: sviluppo della competenza comunicativa orale.
Procedimento: Come indicato nel manuale e nell'introduzione a p. 24.

Tema: i nuovi sviluppi della lingua italiana
Obiettivi comunicativi: esprimere un'opinione e motivarla; riferire il contenuto di una discussione; parlare delle proprie esperienze con i nuovi mezzi di comunicazione; *lingua scritta:* riscrivere una storia dalla prospettiva di un altro personaggio.
Elementi morfosintattici: la formazione delle parole (I); la costruzione passiva con *essere*; *prima di / prima che*; i pronomi combinati; alcuni connettivi (I)

1. Messaggini (Lettura tipologia A e B)

Obiettivo: analisi linguistica (formule e simboli usati nei messaggini).
Procedimento: Seguite le indicazioni del manuale e fate seguire un controllo in plenum.
Soluzione: *comunque = cmq; tutto = ttt; per = x; che = ke; cellulare = cell; sempre = smp; sei = 6*

2. E voi? (Produzione libera orale)

Obiettivo: sviluppo della competenza comunicativa orale.
Procedimento: Seguite le indicazioni del manuale. Potete riportare poi l'attività in plenum facendo riferire i risultati della discussione da un portavoce per gruppo.

3. Sì, no, forse... (Lettura tipologia A)

Obiettivo: sviluppo della comprensione della lingua scritta
Procedimento: Seguite le indicazioni del manuale e dell'introduzione alle pp. 16 e 18 (fase a. e c.).
Soluzione: *Articolo A: impoveriscono – rendono più povero; imporre – pretendere il rispetto; approfondimento – analisi attenta; istruzione – livello culturale; devastata – in cattive condizioni; semmai – ma; Articolo B: è capitato – è successo; duplice – doppia; termini – parole; sciatte – non eleganti; escludendo – non considerando; lemmi – vocaboli spiegati in un dizionario*

4. Chi dice cosa? (Lettura tipologia A)

Obiettivo: sviluppo della comprensione della lingua scritta.
Procedimento: Seguite le indicazioni del manuale e dell'introduzione a p. 18 (fase b.).
Soluzione: *la lingua dei giovani si è impoverita: B; gli sms sono un esempio dell'impoverimento della lingua: B; gli sms possono essere un arricchimento della lingua: A; nell'italiano di oggi si notano diverse tendenze: B*

5. Forum (Produzione libera orale e scritta)

Obiettivo: sviluppo della competenza della lingua scritta e orale.
Procedimento: Seguite le indicazioni del manuale e dell'introduzione alle pp. 24–27.

6. Formazione delle parole (Analisi linguistica)

Obiettivo: analisi linguistica (la derivazione di parole attraverso il meccanismo della suffissazione partendo da una base aggettivale).
Procedimento:
a. Seguite le indicazioni del manuale e fate seguire un controllo in plenum.
Soluzione: *povero – impoverimento – impoveriscono, si è impoverita – impoverire, impoverirsi; migliore – miglioramento – migliorarlo – migliorare; profondo – approfondimento – approfondire; ricco – arricchimento – arricchire*

b. Seguite le indicazioni del manuale. Abbiamo preferito, per ragioni di semplicità, analizzare esclusivamente il meccanismo della suffissazione; in realtà, in alcuni degli esempi visti al punto *a.* (*impoverimento, approfondimento, arricchimento, ecc.*), entra in atto anche una prefissazione. Per lo svolgimento dell'esercizio 7 gli studenti ricaveranno l'informazione sul tipo di prefisso necessario alla derivazione dalle parole già presenti nella tabella.
Soluzione: *suffisso: -mento; indicano un processo; hanno al presente l'infisso -isc-.*

7. Facciamo una gara! (Esercizio scritto)

Procedimento: Riproducete su lucido il punto 7 e seguite le indicazioni del manuale. Chiedete agli studenti di alzare la mano quando

avranno finito di completare la tabella. La coppia vincente detterà le parole mancanti all'insegnante, che le scriverà sul lucido. Tutta la classe dovrà controllare la correttezza delle proposte. In caso di dubbi, l'ultima istanza è rappresentata dall'insegnante.
Soluzione: *peggioramento – peggiorare; chiaro – chiarire; vecchio – invecchiamento; giovane – ringiovanire; magro – dimagrimento; grasso – ingrassare*

8. L'uso del vocabolario

Obiettivo: analisi di una voce di un vocabolario monolingue.
Procedimento:
a. Seguite le indicazioni del manuale. Spiegate che la voce riportata è un esempio di come si presenta normalmente una voce in un vocabolario monolingue italiano. Dopo una prima lettura, chiedete agli studenti che cosa hanno notato. Dovrebbero uscire le seguenti riflessioni: ci sono molte abbreviazioni (normalmente per definire categorie grammaticali o lessicali), alcune parti sono in corsivo (generalmente gli esempi), per un lemma vengono fornite diverse spiegazioni (identificate dalla numerazione). Tutte queste riflessioni (e quelle del punto *b.*) saranno necessarie per agevolare gli studenti nell'uso del vocabolario monolingue, pratica ormai (a questo livello del corso) auspicabile per lo svolgimento di diverse attività.
b. Seguite le indicazioni del manuale.
Soluzione: *categorie grammaticali: aggettivo (agg.), avverbio (avv.), sostantivo maschile (s. m.); compaiono contrario (CONTR.) e figurato (fig.); espressioni rimanenti: sostantivo femminile (s. f.), familiare (fam.), sinonimo (sin.), volgare (volg.)*

▶II 9. L'italiano del terzo millennio (Ascolto tipologia A)

Trascrizione dell'intervista:

□ Patota, c'è un processo di graduale volatilizzazione della lingua man mano che produrre ... produrre messaggi diventa sempre più facile, sempre più agevole, sempre più un'attività di consumo e questo come dire toglie profondità al ... non solo al singolo messaggio volatile, ma anche alle parole stesse che usiamo?
■ Mah, direi proprio di no, ... sicuramente non ... non c'è un pericolo per l'italiano per il fatto che esista anche un italiano adoperato negli sms. Intanto, p. es. posso dirvi che alcune soluzioni grafiche

applicate negli sms, p. es. quello di non adoperare le due lettere, quelle che i linguisti chiamano il digramma ‹ch› per indicare il suono cosiddetto duro della ‹c›, il suono ‹k›, ma adoperare direttamente il ‹k› non è una novità di oggi. Grammatici e linguisti hanno provato a farlo addirittura dal '400; pensate che il primo che tentò una sostituzione grafica di questo genere fu addirittura Leon Battista Alberti, senza successo.
Io invece penso che sia proprio possibile che oggi una sostituzione di questo genere possa avere successo. E l'italiano non deve, credo, avere paura di queste novità, se foste qui con me a Malta, non potreste che darmi ragione. Siamo qui … al centro di un'isola che è al centro del Mediterraneo, e qui, in questo convegno, trovo decine, centinaia di persone, di colleghi che stanno raccontando il mondo … il mondo in italiano. D'altra parte l'italiano è una lingua che si presta molto bene a, come dire, combinare il Nord e il Sud, l'Est e l'Ovest del mondo. Vi faccio soltanto un esempio. Pensate a una parola di recente coniazione come ‹papa-boys›, per esempio, no?, pensate, questa parola è adoperata in italiano da pochi anni, dal 2000, però è una parola in cui collidono la sacralità del greco delle prime comunità cristiane, ‹papas› è un termine del greco antico che voleva dire per l'appunto ‹padre›, e ‹boy›, che è una parola che invece mi fa pensare a … a, come dire, alla spettacolarità dell'inglese cinematografico e televisivo. Penso alla parola ‹boy› e penso ai ‹cowboys› dei film western, o penso addirittura ai ‹boys› che ballano negli … negli spettacoli e nei film, per intenderci. Quindi, nessuna paura della modernità.

Obiettivo: sviluppo della comprensione auditiva.
Procedimento:
a. e *b.* Seguite le indicazioni del manuale e dell'introduzione alle pp. 11–12. Non dimenticate di avvisare gli studenti che ascolteranno un brano estratto da una trasmissione radiofonica (si veda anche unità 11, punto 2, p. 175 di questa Guida).
Soluzione: *no, sì, sì, no*

10. Neologismi (Ascolto tipologia A)

Obiettivo: sviluppo della comprensione auditiva.
Procedimento:
a. Seguite le indicazioni del manuale: fate sentire l'intervista ancora una volta e concludete con un controllo in plenum.
Soluzione: *neologismo: papaboys, le due culture: greca e inglese*

b. Seguite le indicazioni del manuale.

▶II 11. Ritorno al testo (Ascolto tipologia B)

Obiettivo: analisi linguistica (la costruzione passiva con *essere*).
Procedimento:
a., *b.* e *c.* Seguite le indicazioni del manuale e dell'introduzione a p. 21.
Soluzione:
a. *Questa parola è adoperata in italiano da pochi anni, dal 2000.*
b. *L'opinione [...] è condivisa da semiologi, linguisti, filosofi.*
c. *si forma con ‹essere› + participio passato; è introdotta dalla preposizione ‹da›; non è sempre specificata; si vuole evidenziare l'azione; allo stesso tempo e modo del verbo della forma attiva; deve concordare con il numero e il genere del sostantivo a cui si riferisce*

12. Che mi dite delle chat? (Produzione libera orale)

Obiettivo: sviluppo della competenza comunicativa orale.
Procedimento: Come indicato nel manuale e nell'introduzione a p. 24.

13. Puzzle (Produzione orale e lettura tipologia A)

Obiettivo: sviluppo della competenza comunicativa orale e della comprensione della lingua scritta.
Procedimento:
a. e *b.* Seguite le indicazioni del manuale.
Soluzione: a. *si veda il testo a p. 168 del manuale*

c. Come indicato nel manuale e nell'introduzione a p. 16.

Informazioni sul Premio Grinzane Cavour:
Il Premio Grinzane Cavour nasce nel 1982 nel cuore del Piemonte con l'intento di avvicinare i giovani alla letteratura abituandoli al gusto per la narrativa contemporanea. L'obiettivo principale, che privilegia fra i referenti la scuola e i ragazzi, è quello di diffondere il piacere per la lettura.
Il concorso «Scrivere web: webmania» è un'iniziativa dedicata ai giovani tra i 15 e i 25 anni. Il progetto ha l'obiettivo di esplorare il rapporto tra le giovani generazioni e i linguaggi delle nuove tecnologie e di valorizzare il ruolo del web come motore di cambiamento della comunicazione. Il tema del concorso è: webmania/blogmania? Stiamo diventando web-addicted? Siamo web-aholic (web-dipendenti)? Quale influenza esercita Internet sulla nostra vita quotidiana, sui nostri sistemi di valori, sul nostro modo di concepire e affrontare il mondo? Quali le nuove mode, le nuove manie, le nuove dipendenze? Ma soprattutto, come vive la «generazione Internet» questa rivoluzione?

14. Mettiamo in ordine! (Esercizio scritto)

Procedimento: seguite le indicazioni del manuale e fate seguire un controllo in plenum.
Soluzione: *ordine cronologico: Un ragazzo e una ragazza [...]. Non si sono mai visti [...]. Una sera al ragazzo [...]. Mentre stanno parlando [...]. Non riesce più a [...]. La mattina [...].; informazioni sbagliate: la ragazza non è di Roma, ma di Rocca Crea; al ragazzo non arriva un'e-mail, ma un sms; il ragazzo non passa tutta la notte a chattare con altre persone; il ragazzo la mattina controlla la posta elettronica a casa sua*

15. Ritorno al testo

Obiettivo: analisi linguistica (*prima di* e *prima che*).
Procedimento:
a. e b. Seguite le indicazioni del manuale e dell'introduzione a p. 21.
Soluzione: a. *1. Prima di spegnere la luce [...]; 2. Come tentavo di dirti prima che il cellulare si spegnesse.*
b. *Prima di + infinito si usa quando nelle due parti della frase il soggetto è lo stesso. Prima che + congiuntivo si usa quando nelle due parti della frase il soggetto non è lo stesso.*

A questo punto richiamate l'attenzione degli studenti sulla congiunzione *affinché* nella frase «dovette esercitare un alto controllo affinché la destra tenesse saldo il mouse e dirigesse ...» (righe 33–34), chiedendo che cosa esprime tale congiunzione (fine, scopo) e facendo presente l'uso del congiuntivo. Un approfondimento in proposito avverrà nell'unità 16, punto 16b.

16. Facciamo una ricerca! (Esercizio scritto)

Obiettivo: approfondimento lessicale.
Procedimento:
a. e *b.* Seguite le indicazioni del manuale. Concludete l'attività con un controllo in plenum, in cui scriverete alla lavagna i nuovi termini proposti dagli studenti.
Soluzione: a. *computer: chat, indirizzo di posta elettronica, e-mail, chattare, chiudere la chat, restare collegato, scollegarsi, connettersi, aprire la casella, scaricare, mouse, puntatore, cliccare, schermo, chiudere la posta, disconnettersi; cellulare: numero di cellulare, messaggio, accendere il cellulare, rubrica, squillo, la linea cade, richiamare, raggiungibile, scaricarsi*

17. Computer o cellulare? (Produzione libera orale)

Obiettivo: sviluppo della competenza comunicativa orale.
Procedimento: Come indicato nel manuale e nell'introduzione a p. 24.

18. Occhio alla lingua!

Obiettivo: analisi linguistica (i pronomi combinati)
Procedimento:
Seguite le indicazioni del manuale e dell'introduzione a p. 21.
Soluzione:
b. *‹te› (pronome indiretto) si riferisce alla persona con cui newage78 sta parlando, ‹lo› (pronome diretto) si riferisce a cose che newage78 ha già detto;*
c. *si veda la tabella a p. 193 dell'Eserciziario;*
d. *‹mi, ti, ci, vi› diventano ‹me, te, ce, ve› e si scrivono separati dal pronome diretto; ‹gli› e ‹le› diventano ‹glie› e si scrivono uniti al pronome diretto*

19. Che significherà? (Esercizio scritto e orale)

Procedimento:
a. Seguite le indicazioni del manuale. Usufruite del controllo in plenum per inserire un momento di analisi e riflessione. Chiedete agli studenti di quali strategie si sono serviti per ‹decifrare› le informazioni delle frasi con i pronomi combinati: sono partiti dal verbo (per individuare subito il soggetto della frase)? Se sono partiti dai pronomi, da quale parte: quella che rappresenta il pron. diretto o quella che rappresenta il pron. indiretto? Quale strategia, di volta in volta, si è rivelata più proficua? Quali sono gli elementi, nelle frasi che non hanno lo stesso significato, che segnalano una non-corrispondenza?
Soluzione: *1. Roberto mi ha regalato il libro. 2. L'ho detto a Carla. L'ho detto a Giovanni e Carla. 3. Marco e Lucia vi hanno mandato le foto per posta. 4. Hai già dato i CD ad Andrea? Hai già dato gli appunti a Elisabetta.*

b. Seguite le indicazioni del manuale.

20. I connettivi (Lettura tipologia B)

Obiettivo: analisi linguistica (alcuni connettivi).
Procedimento: Come indicato nel manuale e nell'introduzione a p. 19. Fate seguire un controllo in plenum.
Soluzione: *e: unisce due frasi senza aggiungere significati alla loro relazione; una volta: introduce e mette nel passato un evento che si sta per raccontare; adesso: introduce un'azione che si svolge nel tempo presente; tuttavia: introduce un'informazione che è in contrapposizione con un'altra espressa in precedenza, è usata spesso dopo un punto; quando: indica un rapporto di contemporaneità; quindi: introduce una conseguenza; prima: indica che un'azione si svolge in un momento precedente rispetto a un altra; poi: indica che un'azione si svolge in un momento successivo rispetto a un'altra*

21. Tutti scrittori! (Produzione libera scritta)

Obiettivo: sviluppo dell'abilità di scrittura.
Procedimento: Come indicato nel manuale e nell'introduzione a p. 26.

Tema: scuola e università in Italia
Obiettivi comunicativi: motivare una scelta; esprimere speranza, dubbio e timore; confrontare diversi sistemi universitari; parlare della propria esperienza di studio; formulare propositi; *lingua scritta:* scrivere un'e-mail a un amico italiano per raccontare i propri progetti e chiedere informazioni in vista di un soggiorno di studio Erasmus in Italia.
Elementi morfosintattici: il congiuntivo passato e trapassato; il periodo ipotetico dell'irrealtà; alcuni connettivi; il gerundio presente in frasi temporali.

1. Ultima pratica sexy: usare il congiuntivo (Lettura tipologia A)

Obiettivo: sviluppo della comprensione della lingua scritta.
Procedimento:
a. Riproducete su lucido la pagina 173 e proiettate solo il titolo e la consegna *a.*, facendo svolgere il compito a libro chiuso.
b.–f. Come indicato nel manuale e nell'introduzione alle pp. 16–18. La prima lettura deve essere rapida, a scopo orientativo. Fra i punti *e.* ed *f.* è consigliabile inserire un'ulteriore fase di analisi lessicale con il procedimento illustrato nell'introduzione a p. 18.
Soluzioni: d. *ho assistito (r. 1); bendati (r. 2); bussola (r. 3); aspiranti (r. 3); sbocchi [universitari e professionali] (r. 5); acquamarina (r. 7), sbalorditivo (r. 12), qualunque (r. 15), badate bene (r. 16), zitelle (r. 16), prezioso (r. 19).*
e. *mi sono sorpreso molto; avere la testa che funziona molto bene; conformi alle regole della moda.*
f. *È una giornata in cui ex-allievi di una scuola ed esperti forniscono agli alunni attuali informazioni utili per la continuazione degli studi o per il lavoro; che ben tre ragazze italiane del tutto normali usassero il congiuntivo; perché permette di formulare i propri pensieri in modo più esatto e completo e perché al giorno d'oggi sono particolarmente preziose le conoscenze acquisite con lo studio, visto che il resto si può ottenere senza sforzo col denaro.*

2. Il mondo della scuola (Esercizio scritto)

Obiettivo: mettere a fuoco il lessico che riguarda la scuola.
Procedimento: Formate delle coppie e lasciate che lavorino in base alla consegna del manuale. Dopo alcuni minuti fatevi riferire i risultati e trascrivete i vocaboli alla lavagna in modo che diventino patrimonio di tutta la classe.

3. Scelte di vita (Produzione libera orale)

Obiettivo: sviluppo della competenza comunicativa orale.
Procedimento: Come indicato nell'introduzione a p. 24.

4. Occhio alla lingua!

Obiettivo: analisi linguistica (il congiuntivo passato).
Procedimento: Come indicato nell'introduzione a p. 21. Si introducono qui i concetti di anteriorità, contemporaneità e posteriorità che costituiscono il ‹filo rosso› grammaticale delle unità 15–17, accertatevi quindi che siano ben chiari. In questa unità si trattano solo i casi di concordanza dei tempi che si ricavano dai testi, le regole vengono poi ricapitolate in modo sistematico nelle unità 16 (principale al presente) e 17 (principale al passato).
Soluzioni:
a. *Il congiuntivo passato si forma con il verbo ausiliare al congiuntivo presente + participio passato.*
b. *riferita al futuro, contemporanea, anteriore; il congiuntivo passato esprime un fatto che si svolge prima di quanto espresso dal verbo della frase principale al tempo presente.*

5. Che dire? (Esercizio scritto)

Procedimento: Leggete la consegna e l'esempio spiegando le espressioni nuove, poi seguite le indicazioni del manuale. Alla fine fate leggere almeno alcune frasi in plenum per un controllo, specificando però che non esiste una soluzione univoca.
Soluzioni possibili: 1. *Spero che le informazioni ti siano state utili.* 2. *Può darsi che abbia perso il treno.* 3. *Mi pare che tu li abbia lasciati qui.* 4. *Credo che si siano trasferiti / abbiano cambiato casa.*

6. Ritorno al testo

Obiettivo: analisi linguistica (il congiuntivo trapassato e il periodo ipotetico dell'irrealtà).
Procedimento:
a.–d. Come indicato nell'introduzione a p. 21. Dopo il punto *d.* fate un riepilogo del periodo ipotetico guidando gli studenti a ricordare

le forme trattate nelle unità 11 e 13.
e. Fate svolgere individualmente, poi fate leggere alcune frasi in plenum.

Soluzioni:

a. *Se non avessi studiato qui; Se quello fosse stato un colloquio di lavoro, le avrei assunte…*
b. *si forma con ‹avere / essere› al congiuntivo imperfetto + participio passato*
c. *Si tratta di ipotesi irrealizzabili che si riferiscono al passato.*
d. *Un'ipotesi irrealizzabile riferita al passato si costruisce con ‹se› + congiuntivo trapassato, + condizionale composto.*

7. Se… (Esercizio orale e scritto)

Procedimento: seguite le indicazioni del manuale.
Soluzione: *domande: Che cosa avresti fatto, se…: non ti fossi iscritto (…), non avessi trovato (…), fossi nato (…), avessi potuto scegliere (…), ti avessero proposto (…), avessi scoperto (…); le risposte sono libere.*

▶II 8. L'università italiana (Ascolto tipologia A)

Trascrizione della registrazione:

□ Giovanna, tu sei professore associato all'Università di Perugia. In quale facoltà esattamente?
■ Insegno nella facoltà di economia.
□ E che materia insegni?
■ Dunque, quest'anno ho tre corsi: economia e gestione delle imprese, marketing internazionale e strategie competitive di impresa.
□ Mhm, senti, mi potresti spiegare brevemente come funziona il sistema universitario italiano, o meglio, cos'è e come funziona questo ‹tre più due› in vigore da qualche tempo?
■ Sì certo, è molto semplice. Il sistema ‹tre più due› funziona così: dopo i primi tre anni di studio lo studente consegue quella che si chiama la laurea triennale, con la quale può già, diciamo, presentarsi su un mercato del lavoro. Se poi lo studente intende proseguire con gli studi, dopo ulteriori due anni può conseguire la laurea specialistica.
□ E secondo te funziona? Ci sono degli svantaggi o dei vantaggi rispetto al sistema precedente?

- ■ Dunque, ci sono appunto sia vantaggi che svantaggi rispetto al sistema che era in vigore fino a qualche anno fa. Il principale vantaggio del nuovo sistema è che dopo soli tre anni lo studente ha già in mano un titolo con il quale, appunto, può sperare di ottenere un lavoro – cosa che prima non accadeva perché lo studente impiegava almeno quattro, ma molto spesso almeno cinque o sei anni, per conseguire un titolo di studio. Il principale svantaggio, a mio parere, di questo sistema è che molto spesso lo studio delle materie è meno approfondito rispetto a prima.
- □ Senti, tu hai anche a che fare con studenti stranieri che studiano in Italia temporaneamente oppure stabilmente?
- ■ Certo, abbiamo numerosi studenti stranieri, sia studenti di Paesi europei che vengono in Italia per un periodo di sei mesi o un anno con il programma Erasmus, sia studenti magari del Terzo Mondo, di Paesi in via di sviluppo che vengono a studiare in Italia con la speranza poi di rimanerci.
- □ Mhm, se volessimo scrivere un breve manuale su come sopravvivere nella giungla universitaria italiana, che consigli potresti dare a uno studente straniero che volesse venire a studiare in Italia? Tre cose da fare, tre cose da evitare.
- ■ Mah, dunque, mi sentirei prima di tutto di consigliargli di curare molto bene lo studio della lingua perché una conoscenza diciamo per lo meno basilare della lingua italiana è fondamentale per poter assimilare bene le materie di studio. In secondo luogo, consiglierei a questi studenti di evitare di fare quello che fanno i loro colleghi italiani, e cioè di non venire a lezione, perché molto spesso gli studenti pensano che la frequenza sia in qualche modo una perdita di tempo, mentre invece è fondamentale venire a lezione. La terza … il terzo consiglio che mi sento di dare agli studenti stranieri è … quello di evitare un comportamento tipico dello … dello studente all'estero, che è quello di cercare di frequentare persone che parlano la loro stessa lingua. Questo naturalmente può facilitare all'inizio … gli incontri sociali, ma al tempo stesso poi ostacola l'integrazione nel Paese nuovo e soprattutto rallenta di molto l'apprendimento della lingua.
- □ Mhm. Un'ultima domanda: considerando l'università italiana, secondo te, quali sono i suoi problemi più grossi, allo stato attuale delle cose?

■ Dunque, i problemi dell'università italiana sono molti. Quelli che a me sembrano i più grossi, i più urgenti, sono innanzitutto la ... scarsità del corpo docente rispetto al numero di studenti e al numero di corsi laurea, e soprattutto la scarsa ... motivazione dei docenti, dovuta anche al fatto che siamo pagati molto poco rispetto alla media europea. Questo fa sì che molti docenti considerino il lavoro universitario quasi come un hobby o comunque spesso come un secon... lo trattino come un secondo lavoro. E questo naturalmente non giova alla qualità della didattica e alla qualità del rapporto con gli studenti. L'altro grande problema dell'università italiana, a mio modo di vedere, è la carenza cronica di fondi per la ricerca. Sappiamo ed è, come dire, cosa nota che non c'è una didattica di eccellenza senza una ricerca di eccellenza. Le due cose vanno di pari passo e ... e su questo purtroppo l'Italia è indietro, non solo rispetto agli Stati Uniti ma anche rispetto a molti altri Paesi europei, in primis la Spagna e l'Inghilterra.

□ Mhm. Va bene, ti ringrazio.

■ Grazie.

Obiettivo: sviluppo della comprensione auditiva.
Procedimento: Come indicato nell'introduzione alle pp. 11–12.
Soluzioni: *la persona intervistata è professore associato e insegna alla facoltà di economia; è diviso in due cicli: laurea triennale, che si consegue dopo 3 anni e dà accesso al mondo del lavoro, e laurea specialistica, che si consegue dopo ulteriori due anni; vantaggi: si entra nel mondo del lavoro prima di quanto accadeva in passato (ci volevano 4–6 anni), svantaggi: lo studio è meno approfondito di prima; consigli: 1. curare molto bene lo studio della lingua italiana, 2. Non fare come gli studenti italiani, che non frequentano, perché la frequenza è fondamentale, 3. non fare come quegli studenti stranieri che frequentano persone che parlano la loro stessa lingua; i principali problemi dell'università italiana sono la scarsità del corpo docente (che è anche poco motivato) e la carenza cronica di fondi per la ricerca.*

▶II 9. Pianeta università (Ascolto tipologia A)

Obiettivo: introduzione di lessico tipicamente accademico.
Procedimento: *a.* Come indicato nell'introduzione a p. 12.
Soluzione: *laurea specialistica, conseguire un titolo di studio, programma Erasmus, frequenza, corpo docente*

b. Formate dei gruppi e invitate gli studenti a cercare di risolvere insieme gli eventuali dubbi, poi riportate l'attività in plenum per ulteriori chiarimenti con riferimento alla terminologia in uso nella vostra università.

Attività supplementare: si può prendere lo spunto per un approfondimento lessicale dedicato alla collocazione e unito magari ad un'analisi contrastiva rispetto alla lingua madre degli studenti. Esistono infatti molti modi di combinare fra loro le parole, ma non tutte le combinazioni sono ammesse: per esempio, si dice *dare un esame* e nella lingua parlata si può anche dire *fare un esame*, ma non *scrivere un esame*, come si usa invece dire in altre lingue, quali il tedesco. Allo stesso modo, un titolo di studio non si riceve, ma si consegue.

Elementi di civiltà:
La *riforma* che organizza il sistema universitario italiano in due cicli è entrata in vigore nell'anno accademico 2001/02; alcuni corsi di laurea, come Medicina, sono tuttavia rimasti a ciclo unico. Il *credito formativo universitario*, introdotto con la riforma, è un'unità di misura che quantifica la mole di lavoro (ore di lezione e/o laboratorio, studio individuale, stesura di tesine, ecc.) richiesta ad uno studente per una determinata attività didattica. Un credito corrisponde convenzionalmente a 25 ore di lavoro. I CFU fanno parte del sistema universitario europeo e consentono di comparare diversi sistemi di studio e valutare i contenuti dei programmi per riconoscere esami sostenuti o titoli di studio conseguiti all'estero (ECTS). Il termine *ateneo*, spesso usato come sinonimo di università, deriva dal latino Athenaeu(m) (< greco Athēnaion = tempio di Atena), che indicava un istituto d'istruzione superiore fondato nell'antica Roma da Adriano (76–138 d. C.).

10. Come funziona l'università (Produzione libera orale)

Obiettivo: sviluppo della competenza comunicativa orale (funzione: paragonare).
Procedimento: Ci si può basare sulle informazioni raccolte con l'ascolto oppure si può assegnare agli studenti il compito di trovare e stampare uno schema attuale del sistema universitario italiano (utilizzando i siti Internet indicati nell'Eserciziario a pp. 201–202) e di portarlo alla lezione successiva per svolgere quest'attività.

▶II 11. Ritorno al testo (Ascolto tipologia B)

Obiettivo: analisi linguistica (alcuni connettivi).
Procedimento: Come indicato nell'introduzione a p. 21. Alla fine chiedete agli studenti se conoscano altre espressioni che possono avere le funzioni analizzate al punto *b*.
Soluzione:
a. *dunque, sia ... che; sia ... sia; dunque, prima di tutto, in secondo luogo, cioè; innanzi tutto, non solo, ma anche.*
b. *dunque; sia ... che / sia ... sia / non solo ..., ma anche ...; prima di tutto / innanzi tutto; in secondo luogo; (e) cioè*

12. Con Erasmus in Italia (Produzione libera orale e scritta)

Obiettivo: sviluppo della competenza comunicativa orale e scritta (fare progetti, chiedere informazioni e consigli).
Procedimento: Come indicato nel manuale e nell'introduzione alle pp. 24–27.

13. Prima degli esami (Produzione libera orale)

Obiettivo: sviluppo della competenza comunicativa orale e preparazione alla lettura.
Procedimento: Come indicato nel manuale e nell'introduzione a p. 24.

14. La mattina dell'esame (Lettura tipologia A)

Obiettivo: sviluppo della comprensione della lingua scritta.
Procedimento: Come indicato nel manuale e nell'introduzione alle pp. 16–18. La prima lettura deve essere rapida, a scopo orientativo. Per le informazioni sul testo e sull'autore si veda il punto 2 dell'unità 7 a p. 122 di questa Guida.
Soluzioni:
b. *falso, vero, falso, falso, vero;*
c. *stravolto – stanchissimo e nervoso; una volta – quando mi trovai; constatai – notai; esaminando – persona che deve fare un esame; sfoggiavano – portavano mettendole in mostra; quanto alle – se consideriamo le; comunque – in ogni caso; cantieri edili – posti in cui si sta costruendo ...; riguardo all' – in relazione all'; esaminò – guardò con molta attenzione*

d. *avevano creduto adatto alla situazione; lo guardò rapidamente; fui così sorpreso che ...*

15. Occhio alla lingua!

Obiettivo: analisi linguistica (concordanza dei tempi al passato).
Procedimento: Come indicato nel manuale e nell'introduzione a p. 21. Alla fine fate leggere almeno alcune frasi in plenum per controllo.
Soluzioni: a. *le prime due sono contemporanee, la terza è anteriore; quando la frase principale ha il verbo al tempo imperfetto, nella frase subordinata si usa l'imperfetto per esprimere la contemporaneità e il trapassato (prossimo) per esprimere l'anteriorità.*

16. Ritorno al testo

Obiettivo: analisi linguistica (il gerundio presente in frasi temporali).
Procedimento: *a.* e *b.* Come indicato nel manuale e nell'introduzione a p. 21; c. come esercizio scritto.
Soluzioni:
a. *... guardandomi negli occhi;* b. *il gerundio, qui, ha funzione temporale;*
c. *1 – c: tornando; 2 – d: preparando; 3 – a: iscrivendomi; 4 – e: facendo; 5 – b: uscendo.*

17. Il primo esame non si scorda mai (Produzione libera orale)

Obiettivo: sviluppo della competenza comunicativa orale.
Procedimento: Chiarite il significato di ‹sfogarsi› e procedete come sempre per le produzioni orali.
L'esercizio 17 dell'Eserciziario, consigliato a questo punto, prevede un momento di socializzazione fra compagni e poiché può servire a ricapitolare e fissare il lessico dell'intera unità, di particolare rilevanza per gli studenti, potrà essere utile svolgerlo in classe.

Tema: il mondo del lavoro
Obiettivi comunicativi: parlare dei propri desideri e progetti professionali; argomentare pro o contro qualcosa; riassumere e riferire opinioni diverse su un tema; *lingua scritta:* scrivere una lettera di candidatura per un tirocinio e il proprio *curriculum vitae*; esporre la propria opinione su un tema controverso.
Elementi morfosintattici: la formazione del femminile e del plurale dei nomi di professione (riepilogo); la forma passiva con *venire*; la concordanza dei tempi all'indicativo e al congiuntivo (I: verbo principale al presente); *non so se* + congiuntivo; *peccato che* + congiuntivo.

1. Il mestiere dei miei sogni (Produzione libera orale)

Obiettivo: introdurre il tema dell'unità.
Procedimento: Dopo aver lasciato qualche minuto per la discussione in coppia, raccogliete in plenum le osservazioni, che potranno tornare utili in vista dell'attività 2d.

2. Per lui e per lei

Obiettivo: analisi liguistica e riflessione interculturale (il femminile dei nomi di professione: riepilogo).
Procedimento: *a.*, *b.*, *c.* Come indicato nel manuale e nell'introduzione a p. 21. La formazione del femminile dei nomi di professione è un tema complesso e ricco di eccezioni: qui ci si limita a riepilogare le regole relative a quei casi che sono già comparsi nelle unità precedenti. Non vengono trattati per esempio i nomi in *-sore*, fra i quali si cita soltanto *professore / professoressa* perché già noto: dopo il punto *b.*, richiamate quindi l'attenzione sullo specchietto e dite semplicemente che si tratta di un caso particolare (infatti è un'eccezione nella sua categoria). Concluso il punto *c.*, passate alla formazione del plurale: i nomi in *-e* e in *-ante / -ente* (tranne *studente*) sono ambigeneri anche al plurale (gli / le interpreti, i / le cantanti, gli / le agenti), mentre quelli in *-ista* e *-a* lo sono, di regola, solo al singolare (eccezione: il / la geometra, che ha solo il plurale maschile). Se volete, potete precisare che i nomi in *-a* ambigeneri sono quasi tutti di origine greca.
d. Seguite le indicazioni del manuale.

Soluzione: a. m.: *esperto, allenatore, attore; f.: ricercatrice, direttrice, attrice; m. + f.: capo, regista, giornalista, manager;*
b. *-o ▷ -a; -a ▷ -essa; -e ▷ -essa / -a; -tore ▷ -trice, eccezione: dottore / dottoressa;*
c. *desinenza -o (medico), desinenza -e (interprete), desinenza -a (geometra), desinenza -ista (giornalista), desinenza -ante (cantante);*
d. *altri esempi possono essere sindaco, ministro, assessore, architetto, magistrato, prefetto*

3. Da grande io... (Produzione libera orale)

Obiettivo: sviluppo della competenza comunicativa orale (parlare di aspirazioni e desideri).
Procedimento: Come indicato nell'introduzione a p. 24.

4. AAA collaboratore cercasi (Lettura tipologia A)

Obiettivo: sviluppare l'abilità di lettura per consultazione (*scanning*).
Procedimento:
a. Chiarite, insieme agli studenti, il termine ‹apprendistato› e poi fate svolgere una lettura rapida. Ottenuta la soluzione, chiedete agli studenti di cercare negli annunci i due sinonimi di ‹apprendistato› (tirocinio e stage, che è un termine francese, benché molti italiani lo pronuncino all'inglese) e il termine usato per definire una persona che svolge quest'attività (il / la stagista). Chiedete quindi come si può definire chi svolge un tirocinio (tirocinante) e aggiungete che chi svolge i due anni di pratica previsti per accedere a determinate professioni (per es. avvocato, notaio, commercialista) si definisce ‹praticante›.
Soluzione: *lavoro: 2; periodo di apprendistato: 1, 3, 4*

b. Seguite le indicazioni del manuale.
Soluzione: 1. *sede: Jesi, durata: 6 mesi, settore: ufficio del personale, titolo di studio: laurea in facoltà umanistiche-letterarie, altri requisiti: attitudine ai rapporti interpersonali, capacità di problem solving, flessibilità, determinazione; 2. sede: Roma, durata: –, settore: studio di consulenza assicurativa, titolo di studio: laurea in giurisprudenza, altri requisiti: buona conoscenza della lingua inglese; 3. sede: Bergamo, durata: sei mesi, settore: azienda di spedizioni, titolo di studio: laurea in marketing o comunicazione o simili, altri requisiti: buona conoscenza di office e della lingua inglese; 4. sede: Roma, durata: sei mesi, settore: biblioteca, titolo di studio: –, altri requisiti: –*

5. Ritorno al testo

Obiettivo: analisi linguistica (il passivo con *venire*).
Procedimento: Come indicato nel manuale e nell'introduzione a p. 21. Prima di dare il via alla ricerca, chiedete agli studenti come si forma il passivo che conoscono già (v. unità 14).
Soluzioni:
a. *la candidata verrà formata; uno stage viene offerto*
b. *‹venire› + participio passato*
c. *Il passivo con l'ausiliare ‹essere› evidenzia più uno stato. Il passivo con l'ausiliare ‹venire› evidenzia più un'azione.*
d. *Nei tempi composti il passivo si forma solamente con ‹essere›.*

▶II 6. Intervista a un amministratore delegato (Ascolto tipologia A)

Trascrizione dell'intervista:

□ Signor Cavalli, Lei è amministratore delegato di una casa editrice.
■ Sì.
□ Senta, potrei farle delle domande riguardo a stagisti, stage e così via ...
■ Certo, certo. Mi dica.
□ Allora voi assumete regolarmente stagisti o solo saltuariamente?
■ No, ultimamente, negli ultimi anni li abbiamo assunti con una certa regolarità.
□ Mhm. Assumete studenti soprattutto oppure ...
■ Possono essere studenti o giovani laureati, non... non necessariamente laureati ma possono essere anche studenti, non... non è molto importante questo.
□ Ehm, studenti stranieri?
■ Anche studenti stranieri, sì.
□ E gli studenti stranieri, come li trovate?
■ Li troviamo attraverso ... come gli studenti italiani, come i giovani italiani attraverso agenzie specializzate nell'incontro tra le esigenze formative dei ... dei giovani, che possono essere studenti o appunto laureati e le aziende.
□ Mhm.
■ Ci mettono in contatto loro con queste persone.
□ E senta, quali qualità bisogna avere per entrare come stagista nella vostra casa editrice ... diciamo così: che cosa bisogna saper fare, che cosa ...

■ Mah, non c'è un saper fare tecnico particolare. Naturalmente bisogna saper utilizzare il computer minimamente, ma penso che le capacità che sono maggiormente apprezzate, maggiormente richieste sono quelle della capacità di integrazione nell'ambiente della ... dell'azienda, con una certa velocità, la capacità di capire velocemente quan... che cosa bisogna fare, in che modo bisogna rapportarsi ai colleghi, in che modo collaborare.

□ Ho capito. Ehm ... c'è una regola riguardo ai semestri di studio che gli studenti devono avere già alle spalle oppure no?

■ No, appunto non c'è una regola, però noi preferiamo prendere gente che abbia già un ... insomma che sia un po' più grande insomma. I ragazzi molto molto giovani probabilmente per le ragioni che dicevo prima di integrazione nella ...

□ Quindi meglio un paio di semestri alle spalle.

■ Meglio un paio di semestri e soprattutto per gli stranieri meglio un paio di semestri di lingua italiana perché questo è importante per noi.

□ Aha, quindi per ... ehm ... uno studente straniero che vorrebbe fare uno stage da voi sarebbe importante avere anche un ... diciamo un ... non solo la conoscenza di ling... della lingua italiana ma magari anche un diploma oppure come ... come ...

■ No.

□ ... misurate la conoscenza della lingua italiana?

■ Eh purtroppo la misuriamo una volta che lo studente viene da noi. Perché molto spesso gli studenti stranieri non li conosciamo prima, ma li conosciamo attraverso i curricula che ci mandano queste agenzie per impiego di stagisti. E quando arrivano il problema è vedere se hanno la capacità linguistica per capire quello che succede eh... in azienda. Spesso può succedere che non ce l'abbiano e quindi li mandiamo a fare corsi di lingua italiana.

□ Ah, mhm. Lo stagista viene retribuito?

■ Da noi sì, però ... eh ... la legge prevede che non ... non prevede che ci debba essere una retribuzione necessaria ma soltanto un'assicurazione per eventuali danni a terzi. Noi però lo retribuiamo con ... un fondo cassa di 400 ... poco più di 400 euro al mese.

□ Si ... che cosa si può imparare facendo uno stage nella vostra ditta?

■ Ma, mi sembra che quello che gli studenti e i ragazzi che arrivano ... comprendono di più ... la novità che la rappresenta per loro è il capire come funziona effettivamente una azienda dentro, quali sono i ritmi di lavoro, in che modo vengono impostati, in ... in che maniera ci si relaziona all'interno di un'azienda. Questo mi sembr... eh ... il vantaggio per loro grosso. Poi ci sono alcune cose tipo utilizzare particolari software, particolari tecniche per le telefonate che vengono imparate, però mi sembrano non tanto questioni tecniche i vantaggi dello stage.

□ Va bene, la ringrazio.

■ Niente.

Obiettivo: sviluppo della comprensione auditiva.
Procedimento: Come indicato nell'introduzione alle pp. 11–12.
Soluzione: *Si parla di stagisti. Vengono contattati attraverso un'agenzia. Devono sapere utilizzare il computer, integrarsi nell'ambiente dell'azienda ed essere capaci di capire velocemente, di rapportarsi ai colleghi e di collaborare. I collaboratori stranieri devono avere una buona conoscenza della lingua italiana. Lo stagista viene retribuito con circa 400 euro al mese (ma non è la regola perché la legge non prevede retribuzione).*

7. Esperienze (Produzione libera orale)

Obiettivo: sviluppo della competenza comunicativa orale (parlare di esperienze e progetti).
Procedimento: Come indicato nel manuale e nell'introduzione a p. 24.

8. Una candidatura

Obiettivo: analisi linguistica (struttura di una lettera di candidatura per uno stage).
Procedimento: *a.- d.* Seguite le indicazioni del manuale. Alla fine chiedete agli studenti di elencare le capacità e competenze citate nei testi ai punti 4 e 8 (aggettivi e sostantivi) e ampliate insieme a loro il campo semantico «requisiti richiesti per una professione»
Soluzioni: a. *Egregi signori, come seconda lingua, presso, attraverso, svolti, tirocinio, fare esperienza, cortese attenzione, cordiali saluti*
b. *Annuncio 4*
c. *r. 1–3: d; r. 5–9: c; r. 10–11: b; r. 11–13: e; r. 13–15: a*
d. *per iniziare: Egregi signori, ...; per concludere: Confidando nella Vostra disponibilità, Vi ringrazio per la cortese attenzione e Vi porgo i miei più cordiali saluti*

9. Il CV di Laura (Esercizio scritto)

Obiettivo: imparare a scrivere il proprio curriculum vitae.
Procedimento: Come indicato nel manuale. Il modello proposto a p. 189 è estratto dal formato europeo per il CV, che non prevede la voce ‹stato civile›: i termini ‹celibe› e ‹nubile› si trovano nell'es. 7 a p. 213 dell'Eserciziario.
Soluzione: *Nome: Laura Fischer; Indirizzo: Karlstr. 35 80333 Monaco di Baviera GERMANIA; Telefono / Cell.: tel.089 83 398 15 – cell. 0170 32218794; E-Mail: laura.fischer@web.de; Nazionalità: Tedesca; Luogo e data di nascita: Unterhaching, 18.07.1983; Istruzione e formazione: Diploma di maturità [...], a.a. 2003/04 iscrizione alla [...]; Esperienza lavorativa: Febbraio / Aprile 2005 tirocinio presso [...]; lingue straniere: Inglese: ottima conoscenza [...], Italiano: buona conoscenza [...]; Competenze informatiche: Buona conoscenza dei programmi Word e Excel*

10. La vostra candidatura (Produzione scritta)

Obiettivo: sviluppo dell'abilità di scrittura.
Procedimento: Come indicato nel manuale e nell'introduzione a p. 26. Potete anche abbinare quest'attività all'es. 8 dell'Eserciziario, che prevede comunque due fasi di socializzazione in classe e approfondisce il tema ‹CV›.

11. Trovare lavoro (Produzione libera orale)

Obiettivo: sviluppo della competenza comunicativa orale e preparazione alla lettura.
Procedimento:
a. Svolgete questo punto come brain-storming: scrivete alla lavagna «trovare lavoro» in una nuvoletta e trascrivete le idee espresse dagli studenti senza commentare. Il procedimento dev'essere rapido.
Se viene fuori un'idea che assomigli a quella dell'agenzia interinale introducete il termine italiano, altrimenti aggiungetelo voi alla lista e chiedete agli studenti che cosa può essere.
b. Come indicato nel manuale e nell'introduzione a p. 24.

12. Un colloquio all'agenzia interinale (Lettura tipologia A)

Obiettivo: sviluppo della comprensione della lingua scritta.
Procedimento: Come indicato nell'introduzione alle pp. 16-17. Dopo il punto *b.* è consigliabile inserire una fase di analisi lessicale con il procedimento illustrato nell'introduzione a p. 18.
Soluzione: *aspettative (tipi di lavoro desiderato, stipendio), lingue straniere e viaggi studio, competenze informatiche, esperienze lavorative, sport*

Informazioni sull'autore e sul libro:
Giuseppe Caruso è giornalista e vive a Milano. *Chi ha ucciso Silvio Berlusconi* (2005) è il suo secondo romanzo. Nel 2002 ha pubblicato per la stessa casa editrice, Ponte alle Grazie, il suo romanzo d'esordio, *Rigore*. Ettore Saleri, il protagonista di *Chi ha ucciso Silvio Berlusconi*, è di famiglia modesta, si è appena laureato in Storia e ha già iniziato il calvario dei lavori interinali, malpagati, dequalificanti e senza alcuna certezza. Ettore è innamorato di Allegra e, un po' per starle vicino e un po' per dare espressione alla propria rabbia, entra a far parte di un gruppo clandestino di estrema sinistra.

13. La concordanza dei tempi all'indicativo (I)

Obiettivo: analisi linguistica (concordanza dei tempi con verbo principale al presente).
Procedimento: Come indicato nel manuale e nell'introduzione a p. 21. Concluso il punto c., aggiungete le precisazioni che si trovano a p. 221 (punto 3) dell'Eserciziario: è importante sottolineare soprattutto che per la scelta del tempo in caso di anteriorità (in particolare fra imperfetto e passato prossimo / remoto) restano valide le regole imparate nelle Unità 7, 8, 12.
Soluzione:
a. *Leggo che lei conosce bene l'inglese. Leggo che ha molte esperienze lavorative alla spalle. Leggo che ha giocato a rugby. Sono convinta che per un giovane di qualità come lei non mancheranno le proposte. Sono sicura che tra poco la contatteranno per un impiego.*
b. *Presente; Frase 3; Frase 1 e 2; Frasi 4 e 5;*
c. *frase principale: verbo al presente; frase subordinata: anteriorità: verbo al passato prossimo, contemporaneità: verbo al presente, posteriorità: verbo al futuro*

14. Un colloquio di lavoro (Gioco di ruolo)

Obiettivo: sviluppo della competenza comunicativa orale.
Procedimento: Con il libro ancora chiuso, annunciate agli studenti che avranno il compito di elaborare, insieme a un compagno, un dialogo con ruoli predefiniti: A e B. Precisate che prima di cominciare a parlare dovranno prepararsi individualmente e fate leggere la consegna.

15. Occhio alla lingua!

Obiettivo: analisi linguistica (il verbo sapere con l'indicativo e con il congiuntivo).
Procedimento: Come indicato nel manuale e nell'introduzione a p. 21.
Soluzioni:
a. *1ª frase: certezza; 2ª frase: dubbio;*
b. *certezza = sapere + congiunzione ‹che› + verbo all' indicativo; dubbio = non sapere + congiunzione ‹se› + verbo al congiuntivo*

16. Caccia al congiuntivo

Obiettivo: analisi linguistica (usi del congiuntivo: ampliamento e riepilogo).
Procedimento:
a. Seguite le indicazioni del manuale. Ottenuta la soluzione, chiedete agli studenti che cosa esprime, secondo loro, *peccato che* (rammarico, dispiacere, disappunto).
Soluzione: *Peccato che poi nella pratica vogliano solo persone già formate (r. 27–28); espressione che introduce il verbo: Peccato che*

b. Formate dei gruppi e invitate gli studenti a ripensare alle unità 11–15, magari sfogliandole, e a fare una lista degli usi del congiuntivo finora studiati, con almeno un esempio per ogni uso. Poi raccogliete le idee trascrivendole alla lavagna. Non dimenticatevi di citare l'uso finale, comparso al punto 13c dell'unità 14 (r. 33: «dovette esercitare un alto controllo affinché la destra tenesse saldo il mouse»). Scrivete poi alla lavagna, una sotto l'altra, la frase in questione e «dovette esercitare un alto controllo per tenere saldo il mouse» e chiedete agli studenti quando si usa *per* + infinito (noto fin dall'unità 1) e quando *affinché* + congiuntivo, evidenziando quindi l'analogia con l'uso di *sperare che / sperare di* (unità 11) e *prima che / prima di* (unità 14).

17. La concordanza dei tempi al congiuntivo (I)

Obiettivo: analisi linguistica (concordanza dei tempi con verbo principale al presente).
Procedimento: Come indicato nel manuale e nell'introduzione a p. 21. Alla fine aggiungete le precisazioni che si trovano a p. 221–222 (punto 4) dell'Eserciziario.
Soluzione: a. *Penso che lei parli…; Penso che abbia…; Penso che abbia giocato…; Penso che per un giovane…; Penso che tra poco….*
b. *frase principale: verbo al presente; frase subordinata: anteriorità: verbo al congiuntivo passato, contemporaneità: verbo al congiuntivo presente, posteriorità: verbo all'indicativo futuro*

18. Una nuova collega (Esercizio scritto)

Soluzione: *stia, si sia trasferita, conosca, ha chiesto, abbia, è, racconti, abbia fatto, sia, andremo.*

19. Posto fisso oppure no? (Produzione libera orale e scritta)

Obiettivo: sviluppo della competenza comunicativa orale (argomentare pro o contro, riferire) e dell'abilità di scrittura (esporre la propria opinione su un tema controverso).
Procedimento:
a. Leggete insieme agli studenti le due opinioni e le prime due righe della consegna *a.*, che avrete riprodotto su lucido. Formate quindi dei gruppi e avviate la discussione ricordando che per strutturare il discorso sarà bene ricorrere ai segnali discorsivi analizzati nell'unità 15 alle pp. 178–179 e stabilendo un tempo massimo per l'attività. Scaduto il tempo, formate nuovi gruppi e dite di riferire i risultati della discussione.
b. Come indicato nel manuale e nell'introduzione a p. 26. Anche qui sarà bene raccomandare l'uso dei connettivi di cui sopra.

Tema: le vacanze
Obiettivi comunicativi: parlare delle vacanze; esprimere preferenze e raccontare esperienze; parlare di un'iniziativa culturale; *lingua scritta:* raccontare per iscritto esperienze fatte in vacanza; esporre la propria opinione riguardo a un'affermazione.
Elementi morfosintattici: la formazione delle parole (II); *bisogna* e *ci vuole*; la forma impersonale con i sostantivi e gli aggettivi; alcuni pronomi indefiniti; la concordanza dei tempi all'indicativo e al congiuntivo (II: verbo principale al passato); la definizione dei secoli.

1. La tua vacanza ti dà benessere? (Test)

Obiettivo: introdurre il tema dell'unità.
Procedimento: *a.* e *b.* Seguite le indicazioni del manuale. Alla fine del punto *b.* riportate l'attività in plenum: quanti studenti si sono riconosciuti nei profili e quanti invece no?

2. Oltre il test (Produzione libera orale)

Obiettivo: sviluppo della competenza comunicativa orale.
Procedimento: Seguite le indicazioni del manuale. Riportate poi l'attività in plenum e fatevi riferire da un portavoce per gruppo i risultati della discussione.

3. Derivazione

Obiettivo: analisi linguistica (derivazione).
Procedimento: *a.* e *b.* Seguite le indicazioni del manuale.
Soluzione:
a. *-mento: movimento, cambiamento; -ità: novità, tranquillità, continuità, velocità; -ezza: sicurezza, regolatezza, sregolatezza; -ione: riflessione, trasgressione, organizzazione*
b. *muovere ▷ movimento, cambiare ▷ cambiamento, il suffisso -mento si usa normalmente per ricavare sostantivi da una base verbale; nuovo ▷ novità, tranquillo ▷ tranquillità, continuo ▷ continuità, veloce ▷ velocità, il suffisso -ità si usa per ricavare normalmente sostantivi da una base aggettivale; sicuro ▷ sicurezza, regolare ▷ regolatezza/sregolatezza, il suffisso -ezza si usa normalmente per ricavare sostantivi da una base aggettivale; riflettere ▷ riflessione, trasgredire ▷*

trasgressione, organizzare ▹ organizzazione, il suffisso -(s/z)ione si usa normalmente per ricavare sostantivi da una base verbale, nel caso del suffisso -sione la base è normalmente il participio passato. Alcune volte le parole cambiano nella derivazione.

Alla fine del punto *b.* chiedete se i quattro suffissi possono essere raggruppati in base a un significato comune (nell'unità 14 si è trattata la derivazione con *-mento* ▹ processo, azione), date un paio di minuti e raccogliete poi le risposte in plenum: con i suffissi *-mento* e *-(z/s)ione* si ricavano sostantivi che indicano una certa azione e il risultato che ne consegue; con i suffissi *-ezza* e *-ità* si ricavano sostantivi astratti. Aggiungete che in alcuni casi è possibile derivare dalla medesima base, attraverso due suffissi diversi, due sostantivi con significati diversi (p. es. tratta*zione* e tratta*mento*).
c. Seguite le indicazioni del manuale.

4. In viaggio: organizzazione o avventura? (Lettura tipologia A)

Obiettivo: sviluppo della comprensione della lingua scritta.
Procedimento: *a.* e *b.* Seguite le indicazioni del manuale e dell'introduzione alle pp. 16 e 18 (fasi a. e c.).
Soluzione: *guide – libri che danno consigli; dritte – consigli; aspettative – speranze; ripiombarci – farci tornare; gabbia – posto chiuso da cui non si può uscire; impegni – cose che si devono fare; ragionevoli – accettabili; opportunità – possibilità; sfruttare – utilizzare; imprevisto – cosa che non si può prevedere; risorsa – ricchezza; custodire – tenere con cura*

5. Ritorno al testo

Obiettivo: analisi linguistica (*bisogna* e *ci vuole*).
Procedimento: *a.* e *b.* Seguite le indicazioni del manuale e dell'introduzione a p. 21.
Soluzione: a. *bisogna/bisognerebbe + infinito; ci vuole + sostantivo al singolare; esprimono un'idea di necessità.*
b. *ci vogliono + sostantivo al plurale*

Completate l'attività facendo riferimento alla grammatica dell'Eserciziario (p. 235, punto 2), in cui viene trattato l'uso al passato di *bisogna* e *ci vuole* e concludete con lo svolgimento dell'esercizio 3 dell'Eserciziario (p. 224) per accertarvi che sia tutto chiaro.

6. Sì o no? (Lettura tipologia A e produzione orale)

Obiettivo: sviluppo della comprensione della lingua scritta e della competenza comunicativa orale.
Procedimento: *a.* Seguite le indicazioni del manuale e dell'introduzione a p. 17 (fase b.).
Soluzione: *Sì: bisogna fare come se fosse la prima volta, bisogna lasciare a casa i consigli delle guide, bisogna portarsi dietro una valigia leggera, ci vuole rispetto per i posti che si visitano, bisogna conservare il proprio spirito critica; No: non bisogna darsi troppe arie da viaggiatore ottocentesco, non bisogna sentirsi in dovere di condividere ogni costume o usanza che si incontra, non bisogna cercare l'avventura a tutti i costi, non bisogna fare collezione di viaggi ...*

b. Seguite le indicazioni del manuale e dell'introduzione a p. 24.

7. Non si può essere... (Analisi linguistica e produzione libera scritta)

Obiettivo: analisi linguistica (i sostantivi e gli aggettivi con la forma impersonale) e sviluppo dell'abilità di scrittura.
Procedimento: Seguite le indicazioni del manuale e dell'introduzione a p. 26. Prima di procedere all'attività di scrittura, richiamate l'attenzione degli studenti sullo specchietto. Fate anche leggere la frase «per essere davvero liberi bisogna portarsi dietro ...» della lettura al punto 4 (r. 5-6) e chiedete che cosa notano (nello specchietto: il sostantivo è al plurale, nella frase della lettura: l'aggettivo è al plurale). Chiarite la regola facendo riferimento alla grammatica dell'Eserciziario (p. 236, punto 3).

8. Occhio alla lingua!

Obiettivo: analisi linguistica (alcuni connettivi).
Procedimento: Seguite le indicazioni del manuale e dell'introduzione a p. 21.
Soluzione:
a. *tutti, ogni singola persona;*
b. *ogni = aggettivo, invariabile; ognuno = pronome, variabile; alcuni = aggettivo, variabile; qualche = aggettivo, invariabile;*
c. *qualche + sostantivo singolare; alcuni/e + sostantivo plurale;*
d. *si comporta come l'articolo indeterminativo*

Completate l'attività facendo riferimento alla grammatica dell'Eserciziario (p. 236, punto 4) e fate svolgere in classe l'esercizio 5 a p. 226 dell'Eserciziario.

▶II 9. E tu, come viaggi? (Ascolto tipologia A)

Trascrizione del dialogo:

□ Massimo, ti piace viaggiare?
■ Sì, sì, mi piace molto.
□ E dove vai di solito? Preferisci visitare paesi lontani, esotici o rimanere in Europa? Magari in Italia.
■ Ma guarda fino a qualche tempo fa andavo spesso in posti lontani, in paesi anche esotici penso, all'oriente. Adesso che ho due bambini piccoli è un po' più difficile quindi ...
□ Chiaro.
■ ... i nostri viaggi sono un po' più brevi diciamo.
□ Certo. Senti, in genere fai viaggi organizzati o preferisci vacanze individuali?
■ Assolutamente no viaggi organizzati. Non mi piace, non l'ho mai fatti ... di solito vado così libero diciamo ...
□ Quindi niente villaggi...
■ Niente villaggi...
□ ... niente animazione.
■ ... niente animatori sì, esattamente, ma con la guida in mano così a scoperte ...
□ A proposito di guida: come ti organizzi? Ti informi prima di partire?
■ Sì, leggo molto, compro varie guide, sono un po' così il classico maniaco preciso che deve sapere tutto prima di andare, studia tutto, la ... le possibilità di alloggio, gli itinerari e mi informo anche con amici che eventualmente sono stati nei posti dove devo andare, internet ...
□ ... le famose dritte degli amici ...
■ ... esatto, sì, sì. Chiaramente poi è tutto diverso da come uno ha programmato ma anche quello insomma è bello.
□ Certo. A proposito di sorprese: c'è mai stato un viaggio in cui è saltato fuori che il paese visitato non corrispondeva alle tue aspettative?

■ Ma guarda mi viene in mente un viaggio che ho fatto in Turchia qualche anno fa ... in un senso però positivo. Cioè sono stato piacevolmente sorpreso soprattutto del tipo di viaggio che mia moglie soprattutto aveva organizzato. Cioè aveva organizzato un viaggio in barca, si chiama Caicco questa imbarcazione turca ...

□ Caicco?

■ ... sì, che fa il giro della costa fermandosi in tutte le baie, le insenature, molto bello. Io ero un po' scettico insomma, non avevo molta voglia di stare tutto questo tempo su una barca poi con persone che non conoscevo, ero abbastanza prevenuto.

□ Certo, ma una barca grande?

■ Sì di media gran ...con diciamo venti persone, ecco più o meno ci stanno.

□ E dormivate anche ...

■ ... dormivamo lì, mangiavamo lì, ogni tanto ci fermavamo così a fare qualche gita nei posti, nei siti archeologici perché la Turchia ne è piena.

□ Chiaro.

■ Quindi è stato molto piacevole perché era un misto di vacanza culturale diciamo così e vacanza rilassante, bagni ...

□ ... mare certo ...

■ ... mare sì, sole.

□ La rifaresti?

■ Sì, la rifarei, guarda se non avessi come ho detto due bambini molto piccoli, la rifarei subito. Sto aspettando che crescano un po' per ... per ripetere l'esperienza, sì.

Obiettivo: sviluppo della comprensione auditiva.
Procedimento: Come indicato nel manuale e nell'introduzione alle pp. 11-12.
Soluzione: *I viaggi di Massimo prima erano in Paesi esotici, ora sono in posti vicini. A Massimo piacciono le vacanze individuali. Prima di partire Massimo legge guide sul Paese che visiterà, programma gli itinerari e chiede informazioni agli amici. È stato piacevolmente sorpreso in Turchia.*

10. Che viaggiatori siete? (Produzione orale)

Obiettivo: sviluppo della competenza comunicativa orale.
Procedimento: Seguite le indicazioni del manuale.

11. Che vacanza! (Produzione libera scritta)

Obiettivo: sviluppo dell'abilità di scrittura.
Procedimento: Seguite le indicazioni del manuale e dell'introduzione a p. 26.

12. Viaggio in India (Lettura tipologia A)

Obiettivo: sviluppo della comprensione della lingua scritta.
Procedimento: Seguite le indicazioni del manuale e dell'introduzione alle pp. 16-17. Dopo il punto *b.* è consigliabile inserire una fase di analisi lessicale con il procedimento illustrato nell'introduzione a p. 18.
Soluzione: a. *Chi racconta è un uomo. È una persona che non conosce il posto. Viaggia da solo. È in un hotel.*
b. *1. 2ª frase; 2. 1ª frase; 3. 1ª frase; 4. 2ª frase*

Informazioni sull'autore e sull'opera:
Antonio Tabucchi nasce a Pisa nel 1943. Si laurea nel 1969 con una tesi sul Surrealismo in Portogallo. In questi anni egli compie numerosi viaggi a Parigi e a Lisbona che destano in lui interessi letterari. Tra tutti gli autori conosciuti, Tabucchi rimane particolarmente colpito da Fernando Pessoa di cui curerà lo studio e le traduzioni. Il 1984 è l'anno del suo primo romanzo importante, *Notturno indiano*, da cui nel 1989 è stato tratto un film di Alain Corneau. Il protagonista è un uomo che cerca di rintracciare un amico scomparso in India, ma in realtà è in cerca della propria identità.

13. La concordanza dei tempi all'indicativo (II)

Obiettivo: analisi linguistica (concordanza dei tempi con verbo principale al passato).
Procedimento: Come indicato nel manuale e nell'introduzione a p. 21. Sarà bene precisare che i tempi del verbo della frase principale possono essere diversi, tuttavia devono appartenere al gruppo del passato. Sarà utile a questo proposito riprendere il ‹caso› del verbo della principale al passato prossimo (già trattato nell'unità 16, p. 221 dell'Eserciziario alla fine del punto 3) che può avere valore presente o passato.
Soluzione:
a. *1. anteriorità, 2. contemporaneità; 3. contemporaneità, 4. posteriorità;*

b. *Tutti i verbi delle frasi principali sono al passato.*
frase principale: verbo al passato; frase subordinata: anteriorità: verbo al trapassato prossimo, contemporaneità: verbo all'imperfetto, posteriorità: verbo al condizionale passato

14. Massimo in Turchia (Esercizio scritto)

Soluzione: *sarebbe stata, avrebbero visto, aveva organizzato, aveva avuto, era, c'era, potevano*

15. Che testa! (Produzione libera orale)

Obiettivo: sviluppo della competenza comunicativa orale.
Procedimento: Seguite le indicazioni del manuale.

16. La concordanza dei tempi al congiuntivo (II)

Obiettivo: analisi linguistica (concordanza dei tempi con verbo principale al passato).
Procedimento: Come indicato nel manuale e nell'introduzione a p. 21. Alla fine di questo punto fate un riepilogo della concordanza dei tempi trattata in questa unità e nella precedente.
Soluzione:
a. *1. anteriorità; 2. contemporaneità; 3. posteriorità;*
b. *Tutti i verbi delle frasi principali sono al passato.*
frase principale: verbo al passato; frase subordinata: anteriorità: verbo al congiuntivo trapassato, contemporaneità: verbo al congiuntivo imperfetto, posteriorità: verbo al condizionale passato

17. A spasso per l'Italia (Produzione orale e lettura tipologia A)

Obiettivo: sviluppo della competenza comunicativa orale e della comprensione della lingua scritta.
Procedimento:
a. Seguite le indicazioni del manuale e dell'introduzione a p. 24. Riportate poi l'attività in plenum procedendo come segue. Fotocopiate su lucido la piantina di p. 202 SENZA i testi e le linee di congiunzione (per quanto possibile). A libro chiuso, fatevi riferire i risultati della discussione da un portavoce per ogni gruppo, il quale riporterà i luo-

ghi già visti e quelli ancora nei ‹desiderata›, specificando la regione in cui si trovano e la posizione di tale regione (al Nord, al Sud, al Centro). In base alle indicazioni scrivete quindi sul lucido i nomi dei luoghi in due colori diversi, p. es. in blu quelli già visti, in rosso quelli da vedere.
b. Seguite le indicazioni del manuale e dell'introduzione a p. 16 (fase a). Alla fine del punto *b.* è consigliabile inserire una fase di analisi lessicale con il procedimento illustrato nell'introduzione a p. 18. (fase c).

Elementi di civiltà:
Il FAI è la principale fondazione italiana no profit per la tutela, la salvaguardia e la cura del patrimonio artistico e naturalistico ed è la terza in Europa dopo il National Trust inglese e il National Trust scozzese. Il Fondo per l'Ambiente Italiano nasce nel 1975 per volontà di Giulia Maria Mozzoni Crespi, Renato Bazzoni, Alberto Predieri e Franco Russoli che, consapevoli dell'immensa vastità del patrimonio italiano e dell'impossibilità che la sua tutela possa gravare su un solo governo o su un ristretto gruppo di persone, decidono di fondare il FAI ispirandosi al National Trust inglese. Al momento conta oltre 70.000 aderenti e gestisce 36 beni.

18. Nei secoli dei secoli (Lettura tipologia B ed esercizio scritto)

Obiettivo: analisi linguistica (definizione dei secoli).
Procedimento:
a. Seguite le indicazioni del manuale e dell'introduzione a p. 21.
Soluzione: *899-800 a.C. = il IX secolo a.C.; 1500-1599 = il Cinquecento; 1700-1799 = il '700; 1800-1899 = l'800*

b. Seguite le indicazioni del manuale.
Soluzione: *1200-1299 = il Duecento (il '200) = il XIII secolo; 1300-1399 = il Trecento (il '300) = il XIV secolo; 1400-1499 = il Quattrocento (il '400) = il XV secolo; 1600-1699 = il Seicento (il '600) = il XVII secolo; 1900-1999 = il Novecento (il '900) = il XX secolo*

19. Operazione porte aperte (Produzione libera orale)

Obiettivo: sviluppo della competenza comunicativa orale.
Procedimento: Seguite le indicazioni del manuale.

Tema: diversi aspetti dell'Italia di oggi
Obiettivi comunicativi: esprimere una necessità, riferire cose sentite o lette, parlare di esperienze interculturali, dare consigli; *lingua scritta:* riassumere un'intervista, redigere un breve testo (lettera informale) sul proprio Paese.
Elementi morfosintattici: *come se* + congiuntivo, la forma passiva per esprimere una necessità (*andare* + participio passato), *da* + infinito, il discorso indiretto, la domanda indiretta.

1. I simboli del Belpaese (Produzione libera orale)

Obiettivo: introduzione al tema dell'unità e sviluppo della competenza comunicativa orale.
Procedimento: Seguite le indicazioni del manuale.

2. Un turco... italiano (Lettura tipologia A)

Obiettivo: sviluppo della comprensione della lingua scritta.
Procedimento: Seguite le indicazioni del manuale e dell'introduzione alle pp. 16-18.
Soluzione: b. *Quando Ozpetek è arrivato in Italia era ancora un ragazzo. Perché gli interessava il cinema; all'inizio è rimasto stupito. Si sente come a casa sua, ma a volte anche un po' come ospite, il che lo aiuta a vedere le cose con un certo distacco e quindi a rispettarle di più. Dell'Italia: la varietà del Paese, le bellezze naturali, culturali e culinarie e la sua storia che si può respirare dappertutto; degli italiani: la capacità di spremere il buono anche da vicende tristi.*
c. *trappola, retrogusto, miniera, impasto, ti imbatti, sentore, traccia, inclinazione, spremere*

Informazioni sugli autori e sul libro:
Ferzan Özpetek (spesso scritto Ozpetek in italiano) nasce il 3 febbraio 1959 a Istanbul.
Il suo debutto cinematografico come regista avviene nel 1997 con il film *Il bagno turco (Hamam)* che ottiene grande successo di critica e pubblico.
Nel 1999 realizza *Harem Suare* che, come il suo primo film, parla del suo paese natale, la Turchia.
Negli anni seguenti gira *Le fate ignoranti* e *La finestra di fronte*, che gli valgono molti premi e riconoscimenti. Seguono nel 2005 *Cuore sacro* e nel 2007 *Saturno contro*.

Il talento e la passione è una raccolta di interviste che Aldo Carboni ha pubblicato per circa tre anni ogni domenica nella rubrica *Italiani* del *Sole 24 Ore*, di cui è vicedirettore. In queste pagine nomi conosciutissimi si alternano ad altri noti solo a pochi nell'intento di offrire una mappa dell'Italia di oggi attraverso la voce di cittadini, italiani per nascita o per scelta, fortemente impegnati nel costruire il futuro del Paese.

3. Vivere all'estero (Produzione libera orale)

Obiettivo: sviluppo della competenza comunicativa orale.
Procedimento: Seguite le indicazioni del manuale e dell'introduzione a p. 24.

4. Ritorno al testo

Obiettivo: analisi linguistica (*come se* + congiuntivo).
Procedimento: Seguite le indicazioni del manuale. Completato il punto *a.*, potete far cercare e aggiungere i due esempi che ci sono nell'unità 17, punto 4: righe 2 e 21. Dopo la verifica in plenum sottolineate che gli altri tempi del congiuntivo non si usano mai dopo *come se*. Fate anche notare che la presenza o assenza di ‹se› dopo ‹come› è irrilevante sia semanticamente, sia ai fini dell'uso di modi e tempi.
Soluzione: a. *Qua mi sento come fossi a casa mia. Qui è passato di tutto ed è come se nell'aria ne fosse rimasto il sentore.*
b. *modi e tempi verbali: congiuntivo imperfetto e congiuntivo trapassato; espressione: come se; uso: contemporaneità = congiuntivo imperfetto, anteriorità = congiuntivo trapassato*

5. Quale tempo? (Esercizio scritto)

Soluzione: *come se fosse nato lì; come se attraversasse una miniera a cielo aperto; come se non avesse mai vissuto altrove; come se fosse la cosa più naturale*

6. Mi ha raccontato che ...

Obiettivo: analisi linguistica (discorso indiretto introdotto da un verbo al presente).

Procedimento: Seguite le indicazioni del manuale e dell'introduzione a p. 21.
Soluzione: a. *«Talvolta viene a trovarmi Beatrice, quella di Dante, ed è bellissima, vestita di bianco.» «Ho appena finito di guardare la televisione insieme a un gruppo di talebani, che sono andati via rubandomi le coperte.»*

Dopo il punto c. soffermatevi sul fatto che le frasi al discorso indiretto sono introdotte da un verbo dichiarativo (qui al presente ovvero passato prossimo con lo stesso valore) e da una congiunzione (qui ‹che›), che i pronomi personali e le persone verbali sono cambiati secondo la logica (ovvero la prospettiva), che i tempi verbali sono rimasti uguali, che ‹venire› è diventato ‹andare›. La cosa più importante sarà riflettere sul cambiamento di prospettiva.
Soluzione: d. *«Qua mi sento come se fossi a casa mia.»; sono cambiati: qua ▷ là, a casa mia ▷ a casa sua (indicatori di spazio e possessivi)*

7. Ferzan Ozpetek dice/ha detto che ... (Esercizio scritto)

Soluzione: *Ozpetek dice: [...] che l'Italia per lui è stata una trappola meravigliosa: è arrivato che era un ragazzo, pensava di fermarsi poco: sono passati 26 anni ed è felice di essere ancora lì. [...] che il proposito in famiglia era che raggiungesse i suoi fratelli negli Stati Uniti. [...] che gli interessava il cinema, che andò a Roma e che si sarebbe fermato quattro anni ...*
Alla fine di questo punto è consigliabile far svolgere in classe l'esercizio 5 a p. 241 dell'Eserciziario per un approfondimento riguardo ai cambiamenti degli indicatori di spazio e di tempo nel passaggio dal discorso diretto a quello indiretto.

8. «Dell'Italia amo ...» (Produzione libera orale)

Obiettivo: sviluppo della competenza comunicativa orale.
Procedimento: Seguite le indicazioni del manuale e dell'introduzione a p. 24.

▶II 9. I come Italia (Ascolto tipologia A)

Trascrizione dell'intervista:

□ Signor Severgnini, nel Suo libro «La testa degli italiani» Lei scrive che l'Italia ci manda in bestia e in estasi nel raggio di cento metri e nel giro di dieci minuti. Quali sono le tre cose che La mandano maggiormente in bestia e le tre che La mandano in estasi?

■ Le cose che non mi piacciono e che in qualche caso mi fanno arrabbiare e talvolta mi mandano in bestia sono l'intelligenza, l'intuizione, l'indulgenza, tre ‹i› che però vanno spiegate. L'intelligenza vuol dire la ... la pretesa di decidere se qualsiasi norma sia adatta al nostro caso particolare lì in quel momento, questo è indisponente. L'intuizione vuol dire pensare che appunto la nostra intuizione che ha qualcosa di paranormale tant'è sviluppata ... eh ... ecco questa intuizione basti e non occorra il lavoro, il metodo, la disciplina, l'affidabilità, questo non va bene. E l'indulgenza è una sorta di patologia della ... della tolleranza, vuol dire pensare che in qualche modo si ha il diritto al perdono e dobbiamo concederlo anche agli altri sempre. Questo vuol dire che ... che dai comportamenti stradali ad altro ci sono alcuni atteggiamenti italiani che sono dav... veramente snervanti. Le cose che mi piacciono sono la generosità, il gusto e il genio, tre ‹g›. Generosità vuol dire una bontà di fondo che si trasforma in gesti generosi e nobili, e la difficoltà semmai qualche volta è trasformare dieci bei gesti in un buon comportamento. E il gusto è ... è ... è infallibile in materia estetica ma anche alimentare. Noi italiani non è che pensiamo che una pasta sia cos... cotta al punto giusto o un vino sia buono. Noi lo sappiamo. E il genio. Il genio è la capacità straordinaria di uscire da situazioni difficili e qualche volta di trasformare una crisi in una festa. Questa direi siamo i campioni mondiali. Se ci fossero le olimpiadi di questa specialità, vinceremmo la medaglia d'oro.

□ Dal Suo libro esce il ritratto di un Paese che sta cambiando anche se lentamente. Quali sono secondo Lei i cambiamenti più notevoli verificatisi fin qui e quali tratti invece sono rimasti costanti?

■ Un tratto rimasto costante è una sorta di rassegnazione al peggio. Vuol dire che ci sono alcuni comportamenti, penso ad esempio alle ... alla massiccia evasione fiscale, ad alcuni comportamenti stradali che sono indisciplinati e pericolosi, alla faccenda che alcuni ... alcuni concorsi, per esempio concorsi pubblici e non soltanto in Italia, penso ai concorsi universitari, non avvengano secondo le regole. Ecco questa rassegnazione è una cosa secondo me che è rimasta e non mi piace. Una cosa che è cambiata invece, c'è stato ogni tanto degli scatti di orgoglio civico forse perché le città sono molto legate al nostro dna ... eh ... storico e sociale e mi spiego meglio. Abbiamo cominciato a allacciare le cinture di sicurezza, a portare i caschi semplicemente perché sono regole che vengono fatte rispettare e abbiamo per esempio rispettiamo una ... una regola forse la più drastica in Europa sul divieto di fumo in qualsiasi locale chiuso pubblico e questa è una cosa che gli italiani dopo aver mugugnato un po' rispettano e nessuno se lo aspettava da noi.

Obiettivo: sviluppo della comprensione auditiva.
Procedimento: Seguite le indicazioni del manuale e dell'introduzione alle pp. 11-12.
Soluzione: b. +: *generosità, genio, gusto;* – : *intuizione, intelligenza, indulgenza; è rimasta costante la rassegnazione al peggio; l'aspetto nuovo: l'orgoglio civico*

▶II 10. Severgnini ha detto che ... (Ascolto tip. A ed es. scritto e orale)

Obiettivo: fissaggio delle strutture viste ai punti precedenti.
Procedimento:
a. Seguite le indicazioni del manuale e dell'introduzione alle pp. 11-12.
b. e *c.* Seguite le indicazioni del manuale.

▶II 11. Ma non è tutto (Ascolto tipologia A)

Trascrizione dell'intervista:

□ Cito dal Suo libro: «Dieci giorni fa avevate poche idee chiare, ora ne avete molte e confuse. Buon segno. Se l'Italia non vi lascia perplessi, vuol dire che vi ha imbrogliato.» Queste le parole con cui inizia l'ultimo capitolo del suo libro. Capire l'Italia e gli italiani pare una missione quasi impossibile dunque. Che cosa consiglia allora a chi voglia venire nel nostro Paese per motivi di lavoro o di studio. Due cose da fare, due cosa da evitare.

■ Le cito le prime parole del mio libro che sono: «Essere italiani è un lavoro a tempo pieno.» Noi sappiamo benissimo chi siamo e ci divertiamo confondere chi ci guarda. L'Italia è un Paese in cui spesso le virtù sono camuffate da difetti e viceversa. Allora le due cose da non fare. La prima è att... assumere l'atteggiamento diciamo dei ... di molti visitatori che trovano l'Italia pittoresca. L'Italia non è un'immensa Toscana mentale che comincia al Tarvisio e finisce a Trapani. E non è un posto pieno di olivi, limoni, tovaglie a quadri, fiaschi, tramonti e signore americane che bevono Chianti al ...

con ... l'aperitivo con un idraulico che si chiama Luigi. Questa non è l'Italia. Questa è una ... è una parodia dell'Italia che è meglio lasciar perdere. Il secondo errore da evitare è quello di arrivare e atteggiarsi a giudici. Credo che i Paesi vadano amati prima di essere giudicati. E se un qualsiasi visitatore, tedesco o inglese o francese, di qualsiasi nazione, arriva in Italia deve prima amarla e poi par... e poi giudicarla. Mai invertire queste due atteggiamenti, altrimenti diventa pericoloso e antipatico.
Due cose da fare. La prima, l'ho già detto, voler bene all'Italia che è una bambina bellissima, intelligente ma estremamente indisciplinata. E ci vuole pazienza, ma nello stesso tempo amore, una cosa non funziona senza l'altra. E forse la seconda cosa da fare e prendere un po' di tempo e evitare di trasformare questi viaggi in Italia in corse disperate tra il Lago di Garda e Venezia, poi tagliare l'Italia arrivare a Firenze, scendere a Roma e risalire frettolosamente verso il Brennero. Forse l'Italia ha bisogno di tempo. Suggerisco di sedersi in una piazza in un caffè, ordinare una birra e guardare. Gli italiani sono ... vivono all'aperto e una piazza italiana è la migliore università per imparare a conoscere questo Paese che è un paese che, come dicevo, manda in estasi e in bestia nel raggio di cento metri e nel giro di dieci minuti, non soltanto voi che ci venite a visitare, ma anche noi che ci abitiamo.

□ L'ultima domanda. Se gli italiani non ci fossero, bisognerebbe inventarli?

■ Sì, però occorrerebbe un Dio con un grande senso dell'umorismo e una certa pazienza.

□ Va bene, La ringrazio.

Obiettivo: sviluppo della comprensione auditiva.
Procedimento: Seguite le indicazioni del manuale e dell'introduzione alle pp. 11-12.
Soluzione: b. *Dice che bisogna evitare di trovare l'Italia pittoresca e che prima di giudicare l'Italia bisogna amarla. Inoltre suggerisce di prendersi un po' di tempo per imparare a conoscere l'Italia.*

▶II 12. Ritorno al testo (Ascolto tipologia B)

Obiettivo: analisi linguistica (*da* + infinito).
Procedimento: Seguite le indicazioni del manuale e dell'introduzione a p. 21.

Soluzione: a. *Due cose da fare, due cose da evitare.*
b. *«Cose da fare» significa «cose che bisogna fare». «Cose da evitare» significa «cose che non bisogna fare». La costruzione da + infinito esprime l'idea di necessità.*

L'esercizio 10 nell'Eserciziario prevede uno scambio di informazioni a coppie.

13. Com'è stato per voi? (Produzione libera orale)

Obiettivo: sviluppo della competenza comunicativa orale.
Procedimento: Seguite le indicazioni del manuale e dell'introduzione a p. 24. Specificate che per ‹incontro› può intendersi anche una lettura, la conoscenza di una persona, ecc., quindi non è necessario essere già stati in Italia.

14. Una lettera (Produzione libera scritta)

Obiettivo: sviluppo dell'abilità di scrittura.
Procedimento: Seguite le indicazioni del manuale e dell'introduzione a p. 26.

15. Occhio alla lingua!

Obiettivo: analisi linguistica (*andare* + participio passato).
Procedimento: Seguite le indicazioni del manuale e dell'introduzione a p. 21.
Soluzione: b. *andare + participio; esprime una necessità, un dovere espressi al passivo*

16. Questo va fatto! C'è ancora molto da fare! (Esercizio scritto)

Procedimento: Seguite le indicazioni del manuale. Alla fine dell'attività fatevi dire dagli studenti alcune frasi, in modo da poter effettuare un controllo.

17. Quale Italia? (Lettura tipologia A e produzione orale)

Obiettivo: sviluppo della comprensione della lingua scritta e della competenza comunicativa orale.

Procedimento: Seguite le indicazioni del manuale e dell'introduzione alle pp. 16-18. Alla fine del punto *b.* riportate l'attività in plenum facendovi riferire da un portavoce per gruppo i risultati della discussione. Alla fine del punto *e.* evidenziate l'espressione ‹c'ha› (riga 6) e spiegate che si tratta di un'espressione colloquiale.
Soluzione: d. *argomento: la superstizione; la signora Russo crede alle profezie della maga, la madre della persona che racconta invece non è superstiziosa;*
e. *cartella – borsa in cui si mettono libri, quaderni, penne, ecc.; superstizione – credere in fatti soprannaturali e magici; fallimento – insuccesso; rivincita – possibilità di vincere dopo aver perso; scricchiolò – fece un rumore come se stesse per rompersi; polacchine – scarpe alte invernali; sconvolti – traumatizzati*

Informazioni sull'autrice e sull'opera:
Nata a Torre del Greco (Na) nel 1974, Valeria Parrella vive a Napoli. Laureata in Lettere classiche, collabora con la redazione napoletana de *la Repubblica* e con *marie claire*. Nella sua prima raccolta di racconti, *Mosca più balena* (2003, Premio Campiello opera prima 2004) si trova *Quello che non ricordo più*, in cui il progressismo ‹volteriano› di due genitori è costretto a naufragare davanti allo scetticismo della giovane figlia e alle convinzioni di comari e fattucchiere. Con la seconda raccolta di racconti *Per grazia ricevuta* è entrata nella cinquina finale del Premio Strega nel 2005.

18. Mille Italie, mille lingue

Obiettivo: analisi linguistica (individuazione e spiegazione di parole dialettali).
Procedimento: Seguite le indicazioni del manuale.
Soluzione: a. *ora, adesso = mo'; lavorate = faticate; bambina = creatura;*
b. *usano la seconda persona plurale; si usa il ‹voi› invece del ‹Lei›*

19. A proposito di maghi... (Lettura tipologia A)

Obiettivo: sviluppo della comprensione della lingua scritta e approfondimento tematico.
Procedimento: Seguite le indicazioni dell'introduzione a p. 16. Alla fine della lettura portate l'attività in plenum: le informazioni erano prevedibili o hanno portato qualcosa di nuovo?

20. Siete come la signora Russo? (Produzione libera orale)

Obiettivo: sviluppo della competenza comunicativa orale.
Procedimento: Per cominciare chiedete alla classe se sa che cosa rappresentano i disegni (sono tutte situazioni che portano sfortuna) poi seguite le indicazioni del manuale e dell'introduzione a p. 24.

21. Ritorno al testo

Obiettivo: analisi linguistica (discorso indiretto introdotto da un verbo al passato).
Procedimento: Seguite le indicazioni del manuale e dell'introduzione a p. 21.
Soluzione: a. *si veda il testo a p. 209-210 del manuale;*
b. *al passato; presente ▹ imperfetto o condizionale passato (quando il presente ha valore di futuro); futuro ▹ condizionale passato; passato prossimo ▹ trapassato prossimo; imperativo ▹ di + infinito; questa ▹ quella, qui ▹ lì, si sono aggiunti verbi come: dire, chiedere, rispondere*
Concludete l'attività con un approfondimento che comprenda anche le domande indirette (si veda la grammatica dell'Eserciziario alle pp. 250-251).

22. Lasciare l'Italia (Esercizio scritto)

Procedimento: Seguite le indicazioni del manuale. Prima di cominciare fate presente lo specchietto con la variante regionale. Fate anche notare come nelle parole dei genitori della protagonista si legga quella rassegnazione al peggio a cui accennava Severgnini nell'intervista.
Soluzione: *I miei genitori mi annunciarono che erano/sarebbero stati solo tre anni. Mi dissero che avrei imparato l'inglese e che mi sarebbe servito. Poi dissero che in quella città, o eri camorrista, o tenevi le conoscenze, o facevi il mago per televisione. Conclusero che non ci perdevamo/avremmo perso niente.*

23. La parola ‹fine› (Produzione libera orale)

Obiettivo: sviluppo della competenza comunicativa orale.
Procedimento: Seguite le indicazioni del manuale e dell'introduzione a p. 24. Portate poi l'attività in plenum facendovi riferire i risultati della discussione da un portavoce per gruppo.